教育部"地方高校农科人才思政教育与'大国三农'教育实践探索"课题研究成果

乡村振兴与我国农业现代化

张德化　郝世绵　刘宗飞　主编

合肥工业大学出版社

图书在版编目(CIP)数据

乡村振兴与我国农业现代化/张德化,郝世绵,刘宗飞主编.—合肥:合肥工业大学出版社,2023.5

ISBN 978-7-5650-6325-1

Ⅰ.①乡… Ⅱ.①张… ②郝… ③刘… Ⅲ.①农村—社会主义建设—研究—中国②农业现代化—研究—中国 Ⅳ.①F320

中国国家版本馆 CIP 数据核字(2023)第 076096 号

乡村振兴与我国农业现代化

张德化 郝世绵 刘宗飞 主编	责任编辑 马栓磊 许璘琳 毛 羽
出 版 合肥工业大学出版社	版 次 2023 年 5 月第 1 版
地 址 合肥市屯溪路 193 号	印 次 2023 年 5 月第 1 次印刷
邮 编 230009	开 本 710 毫米×1010 毫米 1/16
电 话 基础与职业教育出版中心:0551-62903120	印 张 12.75
营销与储运管理中心:0551-62903198	字 数 215 千字
网 址 press.hfut.edu.cn	印 刷 安徽联众印刷有限公司
E-mail hfutpress@163.com	发 行 全国新华书店

ISBN 978-7-5650-6325-1   定价:42.00 元

本书编委会

主　编　张德化　郝世绵　刘宗飞

参　编　张德化　郝世绵　李　强

　　　　刘宗飞　李宝礼　段玉彬

　　　　王学鹏　赵献军　姜　勇

　　　　钟德仁

代　序

习近平总书记 2019 年 9 月 5 日在给全国涉农高校的书记校长和专家代表的回信中指出，中国现代化离不开农业农村现代化，农业农村现代化关键在科技、在人才。习近平总书记希望全国涉农高校继续以立德树人为根本，以强农兴农为己任，拿出更多科技成果，培养更多知农爱农新型人才。安徽科技学院作为涉农高校，认真学习贯彻习近平总书记重要回信精神，坚持以立德树人为根本，以强农兴农为己任，着力培养"知农、爱农、事农"应用型人才，致力探索加强大学生思想政治教育与厚植"大国三农"情怀的路径。2020 年学校获批教育部新农科研究与改革实践项目（教高厅函〔2020〕20号）"地方高校农科人才思政教育与'大国三农'教育实践探索"。这既充分展现了学校在农科人才培养思想政治教育方面的深厚工作基础，又充分表明了学校积极面对大学生思想政治教育新形势新任务与深化探索农科人才思想政治教育的信心和能力。

2021 年初，项目组全体成员认真研究了项目研究与改革实践的目标任务、具体内容、方法路径，进行了任务分工，确定在推进改革实践的同时，加强"大国三农"情怀教育研究，决定将组织编写《新时代大学生劳动教育》《中国农业发展简史》《淮河流域农耕文明简史》《乡村振兴与我国农业现代化》《"大国三农"课程思政案例》作为课题研究的主要任务，以推动地方高校农科人才思政教育的高质量发展。课题组成员经过一年多的共同努力，研究探索已初具成果，现呈现给各位读者。

劳动是人维持自我生存和发展的唯一手段，是人类的本质特征。社会的一切物质、文化财富都始于劳动。劳动始终是文明进步的重要源泉，劳动者的创造始终是历史前进的根本动力。《新时代大学生劳动教育》是学校面向全体本科生开展劳动教育的校本教材，旨在对大学生尤其是农科大学生进行马克思主义劳动观教育，引导大学生崇尚劳动、尊重劳动、热爱劳动，自觉投身劳动实践，提升综合劳动素养，是学校构建德智体美劳"五育并举"人才培养体系，加强劳育，提高人才培养质量的必然要求，也是教育农科大学生学农爱农践农的内在要求。

历史是一面镜子，以史为鉴可以知兴替。中国自古以农立国，在绵绵不息的历史长河中，中华民族创造了五千多年灿烂辉煌的农耕文明。中华传统农耕文明是中国劳动人民五千多年来生产、生活实践的积累和智慧的结晶，包含了众多特色耕作技术和科学发明，是先人留给我们的宝贵财富。《中国农业发展简史》旨在帮助大学生尤其是农科大学生了解中国农业发展史、特色耕作技术、民风民俗等，感受中华民族祖先的生产和生活智慧，帮助他们知古鉴今，提高历史思维能力，进而善于运用历史眼光认识农业发展规律、把握农业发展前进方向、指导"三农"工作实践。

淮河流域是中华文明的重要发祥地之一，淮河流域农耕文明在中华民族五千多年灿烂辉煌的农耕文明中占有重要地位，是中华农耕文明史的重要组成部分。《淮河流域农耕文明简史》旨在回溯淮河流域农耕文明的起源、生存与演进、传承与保护，展示其悠久、厚重的农耕文明史，引导大学生特别是农科大学生重视农业，关注农耕生产，传承农耕文明，了解农耕文化，增强其对中华民族的文化自信和乡村振兴的历史责任感。

党的二十大报告强调，坚持农业农村优先发展。从全面建设社会主义现代化国家的奋斗目标来看，农业和农村工作"重中之重"的地位没有改变。从面临的形势和问题来看，农业和农村仍然是发展不平衡、不充分问题的重点部位和节点，是推进"四化同步"发展的短腿和弱项。全面推进乡村产业、人才、文化、生态、组织振兴，走中国特色社会主义乡村振兴道路，是加快农业农村现代化的必由之路。《乡村振兴与我国农业现代化》阐述了乡村振兴与农业现代化的内在逻辑，探讨了乡村振兴背景下农业现代化的主要内容及建设路径，深入剖析了乡村振兴背景下农业现代化的典型案例，旨在向涉农大学生和"三农"工作者普及乡村振兴背景下的农业现代化的基本知识，增强其对推进农业现代化的社会责任感。

　　课题研究与实践的阶段性成果已经呈现，研究既有高度也有深度，有待继续提高和深入，实践没有止境，有待继续探索。期待本课题阶段性成果的出版能够给大学生特别是农科大学生及广大读者带来启迪和智慧，增添其爱农践农、服务"三农"的动力。

蒋德勤
2022 年 12 月于合肥中共安徽省委党校（安徽行政学院）

前　言

习近平总书记在党的二十大报告中明确提出："全面建设社会主义现代化国家，最艰巨最繁重的任务仍然在农村。坚持农业农村优先发展，坚持城乡融合发展，畅通城乡要素流动。加快建设农业强国，扎实推动乡村产业、人才、文化、生态、组织振兴。"这是中国共产党建党100多年来，在党的全国代表大会上首次提出"加快建设农业强国"。这是以习近平同志为核心的党中央从全面建成社会主义现代化强国的宏伟目标大局出发，基于新时代新征程以中国式现代化全面推进中华民族伟大复兴的使命任务，所进行的重大战略部署。在全党全国各族人民迈上全面建设社会主义现代化国家新征程、向第二个百年奋斗目标进军的关键时刻，加快农业强国建设的战略地位愈发凸显。

习近平总书记多次强调："中国要强，农业必须强；中国要美，农村必须美；中国要富，农民必须富。"全面建设社会主义现代化国家，最艰巨最繁重的任务在农村，最广泛最深厚的基础在农村，最大的潜力和后劲在农村。

在实现第一个百年目标，迈向第二个百年目标的征程中，最突出的短板在"三农"，大头重头在"三农"，全面建成社会主义现代化强国的基础在"三农"。加快建设农业强国作为全面推进乡村振兴的主要任务，实现我国农业现代化是乡村振兴的应有之义，更是建设农业强国的重要组成部分。

由安徽科技学院蒋德勤教授主持的教育部新农科项目——地方高校农科人才思政教育与"大国三农"教育实践探索，紧紧围绕大国三农人才教育研究目标，致力于培养推进乡村全面振兴的"一懂两爱"应用人才。组织项目组成员编写了《乡村振兴与我国农业现代化》供涉农高校大学生、农村干部队伍和农业管理者学习使用。本书具体分工如下：第一章：张德化教授；第二章：李强教授；第三章：刘宗飞博士；第四章：李宝礼博士、段玉彬副教授；第五章：王学鹏副教授；第六章：赵献军副教授；第七章：姜勇博士；第八章：郝世绵教授、钟德仁副教授。

由于项目研究周期较短，时间紧、任务重，对实施乡村振兴战略和农业农村现代化理论研究还有待深入，案例还有待进一步凝练，文中不当之处在所难免，敬请批评指正。

编　者

2023 年 5 月

目　　录

第一章 乡村振兴与我国农业现代化

　　中国是世界人口大国，也是农业大国。但中国农业大而不强的问题仍很突出，根据世界银行 2019 年公布的世界农业强国的农业劳动生产率以及农业比较劳动生产率，中国的农业数据都比较靠后。就我国的国情来说，农业是国民经济的基础，"三农"问题事关党和国家工作全局，事关中华民族伟大复兴。

　　一个现代化的国家，一定有现代化的农业和农村。如果没有农业的现代化，就没有国家的现代化。新中国成立后，党和政府一直在工业化、城镇化深入发展中同步推进农业现代化，这是关系全面建成小康社会和现代化建设全局的一项重大任务。推进农业现代化，必须充分认识我国基本国情和发展阶段，必须顺应世界农业发展的普遍规律和发展趋势。从党的十七届五中全会通过的《中共中央关于制定国民经济和社会发展第十二个五年规划的建议》提出"在工业化、城镇化深入发展中同步推进农业现代化"的"三化同步"到党的十八大报告提出具有中国特色的"四化"目标，即坚持走中国特色新型工业化、信息化、城镇化、农业现代化道路。

　　进入新时代，我国城乡经济发展水平与农民收入状况不平衡，城乡基础设施建设发展和公共服务水平不平衡，农村区域发展不平衡。在实现第一个百年奋斗目标，迈向第二个百年奋斗目标的征程中，最突出的短板在"三农"，大头重头在"三农"，全面建成社会主义现代化强国基础在"三农"。为破解这一历史难题，2017 年 10 月，党的十九大报告首次提出"农业农村现代化"，要全面推进乡村振兴建设。

　　党的十九大报告提出实施乡村振兴战略，史无前例地把这一战略庄严地写入党章，这是以习近平同志为核心的党中央对"三农"工作做出的一个新的战略部署，是决胜全面建成小康社会、全面建设社会主义现代化国家的重大历史任务，是新时代"三农"工作的总抓手。2018 年，中央一号文件再次聚焦"三农"，对实施乡村振兴战略进行了全面部署，明确了实施乡村振兴战略"三步走"的时间表，提出让农业成为有奔头的产业，让农民成为有吸引力的职业，让农村成为安居乐业的美丽家园。2022 年 10 月，党的二十大报告提出加快建设农业强国。未来实现农业现代化迫在眉睫，时不我待！

第一节　乡村振兴战略的时代背景和内涵

一、乡村振兴战略的时代背景

（一）我国社会主要矛盾的转化对"三农"发展提出了新要求

党的十九大报告指出，中国特色社会主义进入新时代，我国社会主要矛盾已经转化为人民日益增长的美好生活需要和不平衡不充分的发展之间的矛盾。随着农业、农村发展进入新的阶段，"三农"工作面临的形势正发生深刻变化，农产品供求关系已由总量不足转变为结构性矛盾，农业发展已由增产导向转变为提质导向，城乡关系已由二元结构向加快融合发展转变，农业劳动力供求已由大量富余转变为总量过剩与结构性、区域性短缺并存。这些变化给农业、农村发展提出了一系列新的要求。

（二）解决乡村发展不平衡不充分问题内在要求

改革开放以来，我国农业、农村发展取得了巨大成就，但城乡二元结构问题仍然没有得到根本解决，城乡差距依然较大。从城乡居民收入和消费情况来看，2017 年城乡居民收入倍差达 2.7，城乡居民消费支出倍差达 2.27；从城乡基础设施和基本公共服务来看，农村基础设施建设滞后于城市，农村的医疗、教育、文化、养老等社会保障等公共产品供给不足，农村公共服务水平也不高，农民共享现代社会发展成果不充分等；从城镇居民需求角度来看，对农产品数量的需求已不是问题，但对农产品质量的要求却没有得到很好的满足，尤其是对食品安全要求更高。农村环境和农业生产的生态问题比较突出；农业投入和农民增收的渠道还不够宽；乡村"空心化""老龄化"态势不断加剧，乡村人才缺失，乡村治理体系和治理能力亟待强化。这对乡村振兴提出了新的更高的要求。

（三）解决中国人粮食安全的客观需要

中国是人口大国，民以食为天，粮食安全历来是国家安全的根本。习近平总书记说，要把中国人的饭碗牢牢端在自己手中。粮食安全首先是数量安全，就是要让粮食生产这一农业生产的核心成为重中之重，乡村振兴战略就是要使农业大发展、粮食大丰收。其次是数量安全，要强化科技农业、生态农业、智慧农业，减少农村化肥农药过量使用，农田土壤污染，确保 18 亿亩耕地红线不被突破，从根本上解决中国粮食安全问题，而不会受国际粮食市场的左右和支配，从而把中国人的饭碗牢牢端在自己手中。围绕实施国家粮食安全战略和乡村振兴战略、健康中国战略，守住安全底线，在乡村振兴中构建更高层次、更高质量、更有效率、更可持续的粮食安全保障体系。

（四）实现"两个一百年"奋斗目标的必然要求

党的十九大报告提出了"两个一百年"奋斗目标，对中国社会主义现代化建设作出新的战略安排。2017 年到 2020 年，是全面建成小康社会决胜期。2020 年到 21 世纪中叶分两个阶段：到 2035 年基本实现社会主义现代化；到 21 世纪中叶，中国将成为富强、民主、文明、和谐、美丽的社会主义现代化强国。在实现第一个百年奋斗目标，迈向第二个百年奋斗目标的征程中，最突出的短板在"三农"，大头重头在"三农"，全面建成社会主义现代化强国的基础在"三农"。全面建设社会主义现代化国家，最艰巨最繁重的任务在农村，最广泛最深厚的基础在农村，最大的潜力和后劲在农村。习近平总书记多次强调："中国要强，农业必须强；中国要美，农村必须美；中国要富，农民必须富。"

二、乡村振兴战略的内涵

党中央制定实施乡村振兴战略，是要从根本上解决目前我国农业不发达、农村不兴旺、农民不富裕的"三农"问题，是一项前无古人的大系统工程，需要循序渐进、按照既定的目标、总体要求和路径，稳扎稳打一步一个脚印来贯彻落实推进，统筹推进乡村产业、人才、文化、生态、组织振兴，推动农业全面升级、农村全面进步、农民全面发展。

（一）乡村振兴战略目标任务

按照党的十九大报告提出的决胜全面建成小康社会、分两个阶段实现第二个百年奋斗目标的战略安排，实施乡村振兴战略的目标任务是：

1. 近期目标

到 2020 年，乡村振兴的制度框架和政策体系基本形成，各地区各部门乡村振兴的思路和举措得以确立，全面建成小康社会的目标如期实现。

到 2022 年，乡村振兴的制度框架和政策体系初步健全。国家粮食安全保障水平进一步提高，农业现代化体系初步构建，农业绿色发展全面推进；农村一二三产业融合发展格局初步形成，乡村产业加快发展，农民收入水平进一步提高，脱贫攻坚成果得到进一步巩固；农村基础设施条件持续改善，城乡统一的社会保障制度体系基本建立；农村人居环境显著改善，生态宜居的美丽乡村建设扎实推进；城乡融合发展体制机制初步建立，农村基本公共服务水平进一步提升；乡村优秀传统文化得以传承和发展，农民精神文化生活需求基本得到满足；以党组织为核心的农村基层组织建设明显加强，乡村治理能力进一步提升，现代乡村治理体系初步构建。探索形成一批各具特色的乡村振兴模式和经验，乡村振兴取得阶段性成果。

2. 远景目标

到 2035 年，乡村振兴取得决定性进展，农业农村现代化基本实现。农业结构得到根本改善，农民就业质量显著提高，相对贫困进一步缓解，共同富裕迈出坚实步伐；城乡基本公共服务均等化基本实现，城乡融合发展体制机制更加完善；乡风文明达到新高度，乡村治理体系更加完善；农村生态环境根本好转，生态宜居的美丽乡村基本实现。到 2050 年，乡村全面振兴，农业强、农村美、农民富全面实现。

（二）乡村振兴战略基本要求

党的十九大报告指出：乡村振兴战略要按照"产业兴旺、生态宜居、乡风文明、治理有效、生活富裕"的总要求，建立健全城乡融合发展体制机制和政策体系，加快推进农业农村现代化。短短二十个字，内涵却非常丰富，深刻反映出新时代农业农村发展的新阶段目标，代表着农民新期待。乡村振兴不仅是经济单方面的振兴，还是生态、社会、文化、教育、科技的全面振兴，要从整体分析认识，准确把握。乡村振兴以产业兴旺是重点，以生态宜居是关键，以乡风文明是保障，以治理有效是基础，以生活富裕是根本。

1. 以产业兴旺为重点

发展农业现代化属于产业兴旺最重要的内容，重点是通过产品、技术、制度、组织与管理创新，提升良种化、机械化、科技化、信息化、标准化、制度化以及组织化水平，推进农业、林业、牧业、渔业和农产品加工转型升级。一方面，大力发展以新型职业农民、适度经营规模、作业外包服务与绿色农业为主要内容的农业现代化；另一方面，推动农村三大产业融合发展，推动农业产业延伸，给农民创造更多就业与增收机会。

2. 生态宜居为关键

生态宜居就是要加强农村资源环境保护，以保护自然、顺应自然、敬畏自然的生态文明理念，纠正单纯以人工生态系统替代自然生态系统的错误做法等，统筹山水林田湖草保护建设，保护好绿水青山和清新清净的田园风光。提倡保留乡土气息、保存乡村风貌、保护乡村生态系统、治理乡村环境污染，实现人和自然和谐共生，让乡村的环境变得更加美丽。

3. 乡风文明为保障

乡风文明就是要促进农村文化教育、医疗卫生等事业发展，推进移风易俗、文明进步，弘扬农耕文明和优良传统，使农民综合素质进一步提升、农村文明程度进一步提高。大力弘扬社会主义核心价值观，传承遵规守约、尊老爱幼、邻里互助、诚实守信等乡村优良习俗，努力实现乡村传统文化与现代文明的结合，实现乡风文明与时俱进，推动形成文明乡风、良好家风、淳朴民风。

4. 治理有效为基础

治理越有效，乡村振兴战略的实施效果就越好。应加快建立完善党委领导、政府负责、社会协同、公众参与、法治保障的当代乡村社会治理体制，健全自治、法治、德治相结合的乡村治理体系，增强农村基层基础工作，加强农村基层党组织建设，推进村民自治实践，建设平安乡村。进一步密切党群、干群关系，有效协调小农户利益与集体利益、短期利益与长期利益，保证乡村社会充满活力、和谐有序。

5. 生活富裕是根本

就是要让农民有持续稳定的收入来源，经济宽裕，衣食无忧，生活便利，共同富裕。农民既是乡村振兴的主体，也是乡村振兴的受益者，必须把农民群众的积极性、主动性、创造性调动起来，投入农业农村现代化建设中去。乡村振兴要让农民富起来，持续减少农村居民的恩格尔系数，持续缩小城乡居民贫富差距，让广大农民群众和全国人民一道进入全面小康社会，朝着共同富裕目标稳中有进，把乡村建设成为幸福美丽新家园。

（三）乡村振兴战略的"五大振兴"路径

2018年3月8日两会期间，原中共中央总书记、国家主席、中央军委主席习近平在参加山东代表团审议时提出，实施乡村振兴战略要从产业振兴、人才振兴、文化振兴、生态振兴和组织振兴五个方面着手。

1. 产业振兴

产业振兴是乡村振兴的物质基础，就是要形成绿色安全、优质高效的乡村产业体系，为农民持续增收提供坚实的产业支撑；要坚守耕地红线，严格划定和永久保护基本农田，建立完善农业生态补偿制度，始终绷紧国家粮食安全这根弦；要实施质量兴农、绿色兴农、品牌兴农战略，大力发展现代高效绿色农业，加快转变农业生产方式，提高农业供给体系的质量和效益，全面推进农业农村现代化；要充分挖掘和拓展农业的多维功能，促进农业产业链条延伸以及农业与工业、现代物流、文化创意、旅游观光、电商的深度融合，推动农村一二三产业融合发展。

2. 人才振兴

人才振兴是乡村振兴的关键因素，实现乡村全面振兴，人是最关键、最活跃，起决定性作用的因素。乡村人才振兴的关键，就是要让更多人才愿意来、留得住、干得好、能出彩。要创造有利于各类人才成长和发挥作用的良好环境，要有一个好的制度安排，把现有农村各类人才稳定好、利用好，充分发挥现有人才的作用；要积极创造条件，鼓励城市企业家、高校毕业生和各类人才到乡村创新创业，大力支持"城归"群体和外出农民工回乡创业就业；整合社会力量开展农村人才培养，切实做好农村干部、农民企业家、新型农业经营主体和农民的培训工作，构建满足乡村振兴需要的人才体系。

3. 文化振兴

文化振兴是乡村振兴的精神基础。乡村振兴是一项系统性、整体性、综合性的大工程，不仅要推动乡村物质文明的深化发展，而且要推动乡村精神文明的高度繁荣，促使乡村用精神与物质"两条腿走路"。习近平总书记曾强调："乡村振兴既要塑形，也要铸魂"，以社会主义核心价值观为引领，加强村风民俗和乡村道德建设，倡导科学文明的健康生活方式，传承发展农村优秀传统文化，健全农村公共文化服务体系，培育文明乡风、良好家风、淳朴民风，促进农耕文明与现代文明有机结合，实现乡村文化振兴。保护好传统村落、民族村寨、传统建筑，用心留住文化记忆。

4. 生态振兴

生态振兴是乡村振兴的重要支撑。乡村生态振兴，实现农业农村绿色发展，打造山清水秀的田园风光，建设生态宜居的人居环境，要坚持人与自然和谐共生，走乡村绿色发展之路，让良好生态成为乡村振兴的支撑点。牢固树立和践行绿水青山就是金山银山的理念，从统筹山水林田湖草系统治理、加强农村突出环境问题综合治理、建立市场化多元化生态补偿机制、加快转变生产生活方式、提升村容村貌等方面统筹推进生态振兴。

5. 组织振兴

组织振兴是乡村振兴的保障条件。乡村组织振兴，就是要培养造就一批坚强的农村基层党组织和优秀的农村基层党组织书记，建立更加有效、充满活力的乡村治理新机制。着力加强党在基层的领导力量，打造坚强的农村基层党组织，培养优秀的农村基层党组织书记；建立符合中国国情、更加完善有效、多元共治的新型乡村治理体系。进一步深化村民自治实践，强化信息公开和村民参与，全面推进基层民主治理和依法治理，促进治理方式和手段多元化，因地制宜探索各具特色的治理模式，要将自治、法治与德治相结合，促进乡村善治，确保乡村社会充满活力、安定有序。

第二节　农业现代化基本要义与我国农业现代化历史沿革

一、农业现代化基本要义

"加快推进农业农村现代化"是党的十九大报告对"三农"工作的重大部署，这是党和国家首次将农业现代化与农村现代化融合规划，体现了中国共产党"三农"工作理念的进步与创新，标志着我国"三农"工作进入新的阶段。乡村振兴战略实施是推进和实现农业农村现代化重要手段与举措。产业振兴是乡村振兴重点，产业振兴的重要方面就是实现农业现代化，两者具有重要的辩证关系。推进乡村振兴必须首抓农业现代化这一龙头。

（一）农业现代化的含义

美国学者舒尔茨在《改造传统农业》一书中指出，农业现代化就是传统农业向农业现代化转变过程，就是将现代要素投入农业来代替传统要素的过程。纵观世界农业发展史，各国资源禀赋决定其农业现代化路径各有差异，但都可以从国家经济结构变迁、现代要素投入、农业组织制度变迁、人地关系变化和全要素生产率变化观察农业现代化进程。

1. 农业现代化的含义

综上所述，农业现代化是用现代工业装备农业、用现代科学技术改造农业、用现代管理方法管理农业、用现代科学文化知识提高农民素质的过程；是建立高产优质高效农业生产体系，把农业建成具有显著社会效益和生态效益的可持续发展的农业的过程；也是大幅度提高农业综合生产能力、不断增加农产品有效供给和农民收入的过程。

2. 农业现代化与农业现代化的区别

农业现代化是相对于传统农业而言的，是从传统农业向农业现代化转化的过程。在这个过程中，农业日益用现代工业、现代科学技术和现代经济管理方法武装起来，使农业生产力的由落后的传统农业日益转化为先进水平的农业。

农业现代化是以现代科学技术为主要特征的农业，是广泛应用现代市场理念、经营管理知识和工业装备与技术的市场化、集约化、专业化、社会化的产业体系，是将生产、加工和销售相结合，产前、产中和产后相结合，生产、生活和生态相结合，农业、农村、农民发展，农村与城市、农业与工业发展统筹考虑，资源高效利用与生态环境保护高度一致的可持续发展的新型产业。

（二）农业现代化的主要特征

1. 生产过程机械化

运用先进设备代替人力的手工劳动，在产前、产中、产后各环节中大面积采用机械化作业，从而降低劳动的体力强度，提高劳动效率。

2. 生产技术科学化

是指把先进的科学技术广泛应用于农业，从而提高产品产量、提升产品质量、降低生产成本、保证食品安全。实现农业现代化的过程，其实就是不断将先进的农业生产技术应用于农业生产的过程，不断提高科技对增产贡献率的过程。新技术、新材料、新能源的出现，将使农业现状发生巨大的变化，农业增长方式从粗放经营转变为集约经营。科技将在对传统农业的改造过程中，发挥至关重要的作用。

3. 生产方式产业化

农业产业化是指农业生产单位或生产地区，根据自然条件和社会经济条件的特点，以市场为导向，以小农户为基础，以龙头企业或合作经济组织为依托，以经济效益为中心，以系列化服务为手段，通过实现种养加、产供销、农工商一条龙综合经营，将农业再生产过程的产前、产中、产后诸环节联结为一个完整的产业系统的过程。可以说，农业产业化的发展过程就是农业现代化的建设过程。一方面，农业产业化促进了农业专业化和规模经营的发展；另一方面，农业专业化和规模经营又促进了农业先进技术和设备的推广应用，加快了农业现代化的进程。需要指出的是，农业产业化模式不是万能的，不同区域采取农业产业化模式时，需要对该模式产生的历史背景、运作机制、绩效评价等进行评价，盲目引进外界模式往往会导致失败。

4. 生产手段信息化

它是指利用现代信息技术和信息系统为农业产供销及相关的管理和服务提供有效的信息支持，以提高农业的综合生产力和经营管理效率的过程；就是在农业领域全面发展和应用现代信息技术，使之渗透到农业生产、市场、消费以及农村社会、经济、技术等各个具体环节，加速传统农业改造，大幅度提高农业生产效率和农业生产力水平，促进农业持续、稳定、高效发展的过程。农业信息产业化是发展一优两高农业的需要，是农民进入市场的需要，是推进农村社会化服务的需要，是农业信息部门转变职能、自我发展的需要，是农村经济发展的必然趋势。它是以信息化的方式改造传统农业，把农业发展推进到更高阶段，实现信息时代的农业现代化。

5. 劳动者智能化

农业不仅要依靠现代的工业装备以及先进的科学技术，而且还要依靠先进的管理手段在农业上的应用。这就需要从事农业生产或经营的人具备现代化的知识和技能水平。随着农业现代化的进程，必然要求农民提高素质，使之同农业现代化的要求相适应，即农业现代化与农民素质是互相影响、互相促进的。

6. 农业发展可持续化

坚持绿水青山就是金山银山理念的生态良性循环的指导思想，维持一个良好的农业生态环境，不滥用自然资源，兼顾眼前利益和长远利益，合理地利用和保护自然环境和自然资源，实现农业生产资源持续利用。建立资源节约型社会也是统筹人与自然和谐发展的前提。

二、我国农业现代化历史沿革

改革开放以来，我国农村社会生产关系逐步发生了一些重大变化，人们对农业现代化的认识和中央关于农业现代化的政策导向一直处于发展状态，大体上农业现代化发展过程可以划分为"老四化""多化并举"（探索中国特色的农业现代化）、"三化协调""四化同步"（"新四化"）、农业农村现代化一体等五个不同的重要阶段。

（一）计划经济体制下确立"四化"目标

1. 确立以"四化"为内容的农业现代化目标

中华人民共和国成立后，农业现代化很快被中央纳入我国社会主义建设的重要议事日程，当时党和国家主要领导人已经认识到，要把我国建设成为一个工业化国家，同时必须实现农业现代化。1949 年 12 月召开的第一次全国农业生产会议上，周恩来就提出我国要走农业现代化道路。在 1954 年 9 月召开的第一次全国人民代表大会上，他又提出我国要建设强大的现代化的工业、现代化的农业、现代化的交通运输业和现代化的国防，这是在我国政府文件中第一次提出建设"四个现代化"和实现"农业现代化"的任务。党中央于 1959 年 10 月在批转农业机械部的报告时指出，从 1958 年起以 10~15 年的时间实现农业现代化，即实现农业机械化、水利化、化学化、电气化。1959 年，毛泽东又强调指出，农业的根本出路在于机械化。后来随着人们发现一些发达国家现代科学技术在农业领域的推广应用，不仅促进了农业生产突飞猛进地发展，而且农业的内涵、结构和体系都发生了重大变化，人们逐渐意识到农业现代化应当是一个伴随着科技进步而不断创新和发展的动态范畴。邓小平曾强调，农业现代化不单单是机械化，还包括应用和发展科学技术等。20 世纪 60 年代初，周恩来提出我国今后发展国民经济的主要任务，就是要在不太长的历史时期内，把我国建设成为一个具有农业现代化、现代工业、现代国防和现代科学技术的社会主义强国。1961 年 3 月，他在广州中央工作会议上又提出，必须从各方面支援农业，有步骤地实现农业的机械化、水利化、化肥化、电气化，明确将"四化"作为农业现代化的内涵。

2. "老四化"成为农村生产力和生产关系变革的目标

由于受苏联模式的影响，早期我国领导人对农业现代化的理解就是"集体化+机械化"，因此在中华人民共和国成立之初提出了"农业的根本出路在于机械化"的论断，以后逐渐确立了以机械化为主的"四化"模式，希望通过实现农业机械化尽快提高农业劳动生产率，实现水利化，解决旱、涝、洪和水土流失问题，以确保农业不断获得大丰收，通过大力建设农村电站，促进农业电气化，迅速发展农业生产。中华人民共和国成立后，以毛泽东为代表的中国共产党人，积极进行中国农业现代化的探索，直到 1978 年年底中国兴起农村改革以前，可以说与农业相关的一系列生产关系的调整和生产力的变革，包括进行的土地改革、农业合作化运动、兴修水利和大搞农田基本建设等，实际上都是紧紧围绕农业现代化展开的。

（二）探索"多化并举"的中国特色农业现代化道路

1. 改革开放开启了特色农业现代化模式的探讨

1978 年，党的十一届三中全会作出了关于加快农业发展的重大决策，对农业现代化建设进行相应的部署。1979 年，党的十一届四中全会通过的《中共中央关于加快农业发展若干问题的决定》提出，只有加快发展农业生产，逐步实现农业现代化，才能使占我国人口 80% 的农民富裕起来，也才能促进整个国民经济蓬勃发展，走出一条适合我国情况的农业现代化道路。关于全面实现农业现代化，中央强调要尽快提高农业的科学化、机械化、区域化、专业化、社会化和农工商一体化等水平，这显然已对原来的"四化"理念进行了突破，可谓开启了"多化并举"的农业现代化探索阶段。这主要包括农业规模经营问题、农村工业化问题、剩余劳动力转移问题、农业投入问题、正确处理工农关系问题、农业社会化服务问题和如何借鉴国外农业现代化的经验教训等，为探索具有中国特色的农业现代化道路奠定了理论基础。

2. 市场取向改革推动了多元的农业现代化探索

改革开放以后，随着思想解放，都朝着鼓励发展社会主义商品经济和加强市场调节的方向演进，在市场取向改革条件下，农业现代化理论与实践逐步进入一个崭新的历史时期。1982—1986 年，连续 5 年的中央一号文件持续聚焦"三农"，强调在着重抓好农业水利、农机、化肥等投资的基础上，积极改善农业生产条件，重视农业技术现代化以及农业集约化、商品化、社会化、专业化、生态化发展。1992 年，党的十四大明确提出建立社会主义市场经济体制的改革目标，农业的商品化、市场化问题越来越受到关注，在市场化改革中小农户成为农村经济的微观主体，经济利益成为推动农业现代化的基本动力，农业现代化建设投资主体多元化。1998 年，党的十五届三中全会通过的《中共中央关于农业和农村工作若干重大问题的决定》强调了实现农业专业化、市场化、现代化及其政策扶持的重要意义。2002 年，党的十六大报告明确提出走中国特色农业现代化道路，建立以工促农、以城带乡的长效机制，形成城乡一体化新格局。2004—2008 年的中央一号文件分别就实现农业科学化、产业化、生态化、良种化、集约化、市场化、国际化、信息化、标准化、多功能化等进行了全面阐述。2007 年，党的十七大报告重申要在科学发展观指导下，坚持把发展农业现代化、繁荣农村经济作为首要任务，走中国特色农业现代化道路。

（三）"三化协调"发展的农业现代化政策提出

2008 年 10 月，中共中央出台《关于推进农村改革发展若干重大问题的决定》，强调必须统筹城乡经济社会发展，统筹工业化、城镇化、农业现代化建设，加快建立健全以工促农、以城带乡的长效机制，实现城乡、区域协调发展。文件的出台标志着我国农业现代化政策进入一个新阶段和对中国特色农业现代化的认识进一步深化。新政策导向下重视农业现代化外延的研究，关注如何正确处理我国农业现代化与工业化、城镇化的关系，以及如何实现"三化"之间的协调发展等。2010 年 10 月，党的十七届五中全会进一步强调了工业化、城镇化和农业现代化"三化"同步协调发展的政策，通过"三化"互动协调发展促进农业现代化建设。

1. 实现由以农补工到工业反哺农业的战略转变

首先，由反哺农业实现"三化"协调发展符合现代化发展的一般规律。从农业弱质性理论、农业多功能性理论等阐明国家需要实施农业保护和以工补农政策；从工农业和城乡均衡发展理论、反哺论等出发，认为工业化、城镇化和农业现代化可以相互促进和共荣共生，工农业的共生发展一般要经历以农补工、工农业均依靠自身积累和工业反哺农业三个阶段，工农关系的这种演变及其政策调整，在世界各国工业化进程中是一个共同趋势。我国农业长期为工业和城镇建设发展大量"输血"，造成农业自身"造血"功能不足，为了加快我国农业现代化进程，现在工业需要反哺农业，通过加快农业发展最终达到工农业协调发展的目标。其次，我国已经具有反哺农业的能力和条件。随着我国工业化和城镇化水平不断提升，综合国力大大增强，已经基本具备工业反哺农业的经济实力。2008 年，我国的工业化率、城镇化率分别达到 41.48% 和 46.99%，按照有关国际组织的划分标准，我国现代化进程已经进入工业化中期阶段，特别是我国城镇化进程加快，城镇化率年均增长速度超过1%，应当积极实施以工促农、以城带乡的政策。

2. 通过"三化"协调发展加快农业现代化进程

首先，"三化"协调发展政策指明了农业现代化的基本路径。工业反哺农业只是国民经济发展的短期目标，长期目标是实现工农业协调发展，当然工业反哺农业是实现工农业协调发展的前提条件，只有工农业和城乡经济发展水平比较接近时，才能实现资源要素的合理配置与公平竞争，最终达到协调发展的目标。

其次，"三化"协调发展的重点和着眼点在于推动农业现代化建设。工业化、城镇化和农业现代化协调发展政策的提出，从表面上看是"三化"同时推进或同步发展，其着眼点和落脚点在于促进农业现代化发展，我国农业现代化发展相对滞后是国民经济发展的短板，让农业现代化在与工业化、城镇化协调发展中快速进步，从而促进农业现代化水平不断提高。

（四）通过"四化同步"发展推动农业现代化的理论探索

2012年11月，党的十八大报告结合新时代经济社会形势的变化，在原来新型工业化、城镇化和农业现代化"三化协调"发展的基础上，又增加了信息化的内容，进一步提出了"四化同步"的发展战略，表明对农业现代化的认识进一步深化。

首先，通过"四化同步"加快农业现代化进程。党的十八大以及2013年的中央一号文件提出了工业化、信息化、城镇化、农业现代化"四化同步"的发展政策（"新四化"）。对农业发展来说，工业化、城镇化可以为国民经济创造供给与需求，工业化又可以带动和装备农业现代化，城镇化可以吸纳农村剩余劳动力，为农业规模经营和提高带动生产率创造条件，并为农业现代化创造消费需求；随着信息技术迅猛发展，信息化已经成为社会经济发展的大趋势，各行各业离开信息化的支持已难有大的作为，促进信息农业发展也是当代农业现代化的基本要求。

其次，"四化同步"理论丰富发展了农业现代化思想。当前我国小农经济还占有相当大的比重，其困境是"人多地少"的刚性资源禀赋约束的结果，"四化同步"发展战略为破解小农经济难题指明了方向。由于我国长期存在城乡分隔的二元经济结构，农业基础设施条件薄弱和城乡收入差距扩大是"四化"失衡发展的集中反映，严重影响了国民经济整体协调发展，必须在推进新型工业化、信息化、城镇化的同时加快农业现代化进程，才能尽快从根本上改变农业农村发展滞后的局面。特别是在新常态背景下，农业发展的环境、条件和要求已发生了相应变化，各种风险和结构性矛盾积累聚集，农业现代化的短板更加凸显。只有主动适应经济新常态，按照"四化同步"发展思路，夯实农业生产基础，转变农业发展方式，提高农业综合生产能力，才能形成加快推进农业现代化可持续发展的强大合力。

最后，利用信息化全面提升农业现代化水平。随着计算机技术、网络技术、信息科学的迅猛发展，农业现代化要与信息化深度融合，尽快走向农业信息化发展道路，充分利用信息化发展及其所带来的技术进步、生产生活方式的改变，加强对农业发展的影响、渗透和融合，着力发展信息农业和提升农业信息化水平。农业信息化逐渐成为新时期农业现代化题中应有之义，只有紧紧抓住信息化快速发展的机遇，确立农业信息化发展战略，才能尽快让农业现代化插上腾飞的翅膀。

（五）通过实施乡村振兴战略实现农业农村现代化

2017 年 10 月，党的十九大报告作出了实施乡村振兴战略的决策部署，2018 年和 2019 年的中央一号文件具体提出了通过实施乡村振兴战略加快农业农村现代化进程的基本路径。特别是中央提出农业、农村现代化共同推进，既体现了新时代解决"三农"问题的客观需要，又从广义上阐释了农业现代化的定义，揭示了农业现代化和农村现代化具有不可分割的关系。

第三节　乡村振兴与农业现代化逻辑关系

习近平总书记强调："没有农业农村现代化，就没有整个国家现代化。"这个重要判断科学地回答了新时代如何实现乡村全面振兴的理论逻辑与现实关切。在向第二个百年奋斗目标迈进的历史关口，最艰巨最繁重的任务依然在农村，乡村振兴战略将成为未来中国现代化战略的关键环节，其实施成效好坏将决定中国能否实现全面建成社会主义现代化强国的目标。而实现乡村振兴战略则必须立足于农业农村现代化。"加快推进农业农村现代化"是党在十九大报告中对"三农"工作的重大部署，这是党和国家首次将农业现代化与农村现代化融合规划，体现了中国共产党"三农"工作理念的进步与创新，标志着我国"三农"工作进入新的阶段。乡村振兴战略实施是推进和实现农业农村现代化的重要手段与举措。产业振兴是乡村振兴重点，产业振兴的重要方面就是实现农业现代化。两者具有重要的辩证关系。

乡村振兴战略为新时代农业农村现代化提供了新的发展契机。同时，只有农业农村实现现代化，才能真正激发乡村振兴的内生动力，只有城乡实现真正的有机互动，才能实现整个乡村社会的持久振兴。乡村振兴的"产业兴旺"精准对标农业产业现代化发展，农村现代化也对应了"生态宜居、乡风文明、治理有效、生活富裕"等其他维度的发展。因此，乡村振兴与农业农村现代化发展两者间的关系是相融与共、同存同生的。

一、举措与目标的关系

目标和举措之间存在着相互影响、相互制约、相互作用的关系，在两者的关系中，目标处于支配地位，而举措则围绕目标提供相应的服务和支撑。举措缺少了目标就会迷失方向，变得抽象化，而目标缺少了举措的支持也只能是束之高阁的空想。乡村振兴战略是以习近平同志为核心的党中央着眼于我国全面建成小康社会、顺应广大农民对美好生活向往提出的未来乡村发展的重大战略举措，根本目的在于实现农业农村现代化。马克思主义政治经济学认为，生产方式是社会发展的根本力量，要想促进农业农村现代化，最重要的手段是加快生产方式的转变，即充分利用现代科技，解放与发展生产力。如果没有农业现代化，那么乡村振兴便只是"空谈"。在农业现代化与乡村振兴基本方略中，农业现代化是乡村发展的最终目标之一，处于支配地位；而乡村振兴则是实现农业现代化最关键的战略举措，为实现农业现代化服务。一旦乡村振兴战略偏离了农业现代化的目标导向，乡村振兴必然陷入空洞和抽象，人们对其长远发展也会失去信心，进而会因目标偏离而导致过程与结果的偏差。乡村振兴战略在实施过程或动态调整中，要始终明确战略举措的前进方向，如此才能够避免效率损失和目标偏差。同样，农业现代化的目标实现也必然要通过乡村振兴的"二十字"方针等一系列举措和方法支撑，缺少乡村振兴战略的扎实推进，农业现代化也只能是被束之高阁的空想，可见举措与目标之间相辅相成、共荣共生。

二、过程与结果的关系

过程与结果相辅相成，过程是事物发展所经过的程序、阶段，而结果是在某一阶段内，事物达到的最后状态，简言之，过程是结果的前提，结果是过程的延续。过程与结果的关系适用于乡村振兴和农业农村现代化，在乡村振兴和农业农村现代化的辩证关系中，可以将乡村振兴战略理解为过程，将农业农村现代化视为结果。一直以来，我国都高度重视农业工作，提出了一系列农业发展的政策方针，包括新农村建设等，乡村振兴是适应我国农业农村发展新形势、新特点的必然结果，农业现代化则是我国全面建成社会主义现代化强国的必要前提。因此，乡村振兴战略的各项方针举措的实施过程能否落地、持续和有效，决定了农业现代化能否在2035年基本实现。因此，乡村振兴战略需要通过制度改革、体制建设，深化农业供给侧结构性改革等政策举措，打造符合时代发展和新农村建设要求的新产业体系、经营模式、运行机制，以此促进农村三大产业协同发展、高质量发展，在此基础上提高我国农业经济效益；另外，还要充分激发农村市场主体的主观能动性，激发其创造活力，加快农业科技创新，促进农村产业高质量发展，实现农业现代化。

三、量变与质变的关系

质量互变规律是唯物辩证法的三大基本规律之一。它揭示了事物发展量变和质变的两种状态以及事物内部矛盾所决定的由量变到质变，再到新的量变的发展过程。质量互变规律揭示了事物发展过程是连续性和阶段性的统一，乡村振兴和农业现代化也存在着这种辩证关系。在乡村振兴与农业现代化的辩证关系中，乡村振兴发展战略中的"二十字"方针：产业兴旺、生态宜居、乡风文明、治理有效、生活富裕，是量的积累，农业农村现代化则是质的飞越与升华。乡村振兴战略是我国在农业农村建设取得一定成就的一般量变基础上发生的在特殊历史时期节点的量变，是农业现代化质变前的关键性量变，进而实现农业现代化和建设社会主义现代化强国的质变。在由量变向质变突破的过程中，因为乡村振兴战略的规划期足够长，形式上的和非持续性的乡村振兴举措可能导致在实践过程中出现倒退性量变方向演化的情况，从而造成倒退性质变，即乡村振兴战略未能准确地朝着农业现代化的目标推进，出现目标偏差。

同时，乡村振兴和农业现代化之间也存在着相互交错和相互渗透，从乡村振兴的量变到农业现代化的质变，在不同地区发生的时间进程和实现效果都会有所不同。已经实现农业现代化的地区又有可能因为自然灾害等一些不利因素的出现，从而导致重新进入乡村振兴的量变过程。因此，在乡村振兴和农业农村现代化的过程中，不仅要预防形式上和不可持续的乡村振兴在推进过程中出现的倒退性量变演化，而且应构筑更加完善的农业保障体系，确保农业现代化是能够经受住各种考验的真正社会主义现代化。

第四节　农业现代化评价体系

中国共产党历来高度重视农业农村问题，在谋划国家现代化建设时把农业农村现代化摆在突出位置，注重对实践经验的总结，不断深化对国家现代化建设中农业农村发展规律的认识。农业现代化是一个动态过程，不同发展阶段农业现代化的内涵和特征不尽相同。中国农业科学院立足对新发展阶段农业农村现代化内涵特征的认识和把握，为贯彻落实《全国农业现代化规划（2016—2020 年）》关于"建立农业现代化监测评价指标体系，分级评价各地农业现代化进程和规划实施情况，定期发布结果"的要求，科学评价我国农业现代化发展水平，加快全国农业现代化建设步伐，构建了一套包括三个层级、23 项具体指标的农业农村现代化评价体系，并设定了各指标 2035 年基本实现现代化和 2050 年全面建成现代化的目标值。

一、指标构建的依据

（一）构建原则

一是体现引领性。贯彻落实党的十九大报告和党中央国务院关于推进农业现代化的部署要求，突出构建农业现代化产业体系、生产体系、经营体系等"三大体系"，突出产出高效、产品安全、资源节约、环境友好目标导向，发挥评价指标对农业现代化建设的引领作用。

二是体现指导性。突出结果和过程的有机结合，既有度量农业现代化发展水平的结果性指标，又有突出推进农业现代化建设重点工作的过程性指标，为推进农业现代化工作提供指导借鉴。

三是体现操作性。原则上选择社会公认的、反映农业现代化发展水平的指标，突出权威性、透明性；指标数据符合国家统计制度特点，均能从现有统计数据获得。

四是体现连续性。在已开展的相关农业现代化监测评价工作的基础上，大稳定、小调整，确保一个方法、一个标准对外，尽量减少办法调整对各地农业现代化评价工作带来的影响。

（二）指标选择

从产业体系、生产体系、经营体系、质量效益、绿色发展、支持保护等 6 个方面选取 23 个指标对农业现代化水平进行评价（见表 1－1 所列）。前三个方面侧重对农业现代化建设的过程评价，后三个方面侧重对农业现代化建设的结果评价。

表 1－1　全国农业现代化监测评价指标体系及数据来源

一级指标	测算指标	数据来源
产业体系	（1）口粮生产稳定度	《中国统计年鉴》
	（2）养殖业产值占农业总产值比重	《中国统计年鉴》
	（3）农产品加工业与农业总产值之比	农业农村部农产品加工局农产品加工业运行信息月报
	（4）农林牧渔服务业增加值占农林牧渔业增加值的比重	《中国农村统计年鉴》
生产体系	（5）农作物耕种收综合机械化率	农业农村部农机化司行业统计数据
	（6）农业科技进步贡献率	各省（区、市）近年公布数据
	（7）农业信息化率	《中国统计年鉴》
经营体系	（8）土地适度规模经营比重	经管部门土地规模经营统计资料
	（9）畜禽养殖规模化水平	畜牧部门行业统计资料
	（10）水产养殖规模化率	各省（区、市）上报数据、中国渔业统计年鉴
	（11）初中及以上农业劳动力比例	《中国农村统计年鉴》
质量效益	（12）农业劳动生产率	《中国农村统计年鉴》、各省（区、市）统计年鉴、中国农村经营管理统计年报
	（13）农业土地产出率	中国农业统计资料
	（14）农民人均可支配收入	《中国统计年鉴》
	（15）农产品质量安全例行监测合格率	农业农村部行业统计数据

（续表）

一级指标	测算指标	数据来源
绿色发展	（16）万元农业 GDP 耗水	《中国统计年鉴》
	（17）万元农业 GDP 耗能	《中国能源统计年鉴》
	（18）农药减量化	《中国农村统计年鉴》
	（19）化肥减量化	《中国统计年鉴》
	（20）农作物废弃物利用率	农业农村部行业统计
支持保护	（21）农林水事务支出占农林牧渔业增加值的比重	《中国统计年鉴》
	（22）单位农林牧渔业增加值的农业贷款投入	各地中国人民银行分支机构统计资料
	（23）农业保险深度	《中国保险年鉴》

二、评价方法

（一）定量评价

评价指标数据属于统计部门统计范围内的，直接采用统计年鉴数据；属于行业部门统计范围内的，采用行业统计数据。确保评价指标数据真实有效，年度间口径一致、相互衔接。

测算指标得分为指标现状值与全面现代化目标值的比值乘以权重，综合得分为各测算指标得分之和。

各测算指标基本实现农业现代化目标值与全面实现农业现代化目标值的比值乘以权重之和，即基本实现农业现代化的标准值。

基本实现农业现代化目标值、全面实现农业现代化目标值测算依据包括两个方面：一是参照国际经验；二是以 2035 年基本实现农业现代化、2050 年全面实现农业现代化为标杆，结合当前发展水平及趋势，确定目标值。

（二）评价模型

农业现代化发展水平评价采用多指标综合测度法，其数学表达式如下：

$$AT_i = \sum_{i=1}^{n} W_i B_i$$

式中：AT_i 为农业现代化发展水平综合指数；W_i 为指标权重；B_i 为指标计算值；T_i 为评价区域；n 为指标个数。

（三）数据标准化

采用比重法对指标值进行标准化：

$$S_i = 100 \times \frac{i_{实际值}}{i_{目标值}}（正指标，0 < S_i \leqslant 100）$$

$$S_i = 100 \times \frac{i_{目标值}}{i_{实际值}}（逆指标，0 < S_i \leqslant 100）$$

其中，S_i 为某一指标的标准化值。

测算指标得分为指标现状值与全面现代化目标值的比值乘以权重，综合得分为各测算指标得分之和。

各测算指标基本实现农业现代化目标值与全面实现农业现代化目标值的比值乘以权重之和，即为基本实现农业现代化的标准值。

基本实现农业现代化目标值、全面实现农业现代化目标值测算依据：一是参照国际经验；二是以 2035 年基本实现农业现代化、2050 年全面实现农业现代化为标杆，结合当前发展水平及趋势，确定目标值。

（四）权重设定

各评价指标权重由技术、管理、政策等方面专家分别打分，加权平均确定。

（五）阶段划分

在参考国内外农业现代化评价研究的基础上，根据发达国家的历程和农业发展的特点，可将农业现代化划分为发展起步阶段、转型跨越阶段、基本实现阶段以及全面实现阶段（见表 1-2 所列）。

表 1-2　农业现代化阶段划分

分值范围	农业现代化发展阶段
0 ~ 60	发展起步阶段
61 ~ 75	转型跨越阶段
76 ~ 85	基本实现阶段
85 以上	全面实现阶段

三、指标解释及计算方法

（一）产业体系

1. 口粮生产稳定度

指标内涵：本指标反映口粮产量的稳定程度。以过去 5 年平均水平为基数，将本年度产量与过去产量进行比较，根据增减幅度计算得分。口粮包括小麦和水稻。

目标值设定（计算方法）：以过去 5 年平均水平为基数，将本年度产量与过去 5 年平均产量进行比较，基准分为 4 分，每增加 0.1 个百分点加 0.1 分，每减少 0.1 个百分点减 0.1 分。上限为 5 分，下限为 2 分。综合考虑，将基本实现农业现代化目标值设定为 4 分，全面实现农业现代化目标值为 5 分。2016 年口粮生产稳定度得分为 5 分。

2. 养殖业产值占农业总产值比重

指标内涵：本指标是农业产业结构调整的重要指标，养殖业发展水平代表着农业的发展水平。养殖业指畜牧业和渔业，二者产值合计为养殖业产值。

目标值设定（计算方法）：《全国农业现代化规划（2016—2020 年）》将养殖业产值比重从 2015 年的 38% 提高至 2020 年的 40% 以上。美国畜牧业产值占农业总产值的 40% 以上，日本、韩国和德国畜牧业产值都占农业产值的 60% 以上，荷兰、丹麦在 80% 以上。综合考虑国际经验及我国实际，将基本实现农业现代化目标值定为 45%，全面实现农业现代化目标值定为 60%。2016 年养殖业产值占农业总产值的比重是 38.63%。

3. 农产品加工业与农业总产值之比

指标内涵：本指标是农产品加工业产值与农业总产值的比值，是反映农业加工水平的国际通用指标。计算公式：农产品加工业产值与农业总产值比值＝农产品加工业产值/农业总产值。农产品加工业的统计范围为年主营业务收入 2000 万元及以上的农副食品加工业，食品制造业，酒、饮料和精制茶制造业，烟草制品业，纺织业，皮革、毛皮、羽毛及其制品和制鞋业，木材加工和木、竹、藤、棕、草制品业，家具制造业，造纸和纸制品业，橡胶和塑料制品业、医药制造业等 11 个大类行业，扣除部分中类和小类行业。

目标值设定（计算方法）：2016 年，全国农产品加工业产值与农业总产值之比为 1.65，已超过发达国家该指标值的下限，但与农产品加工业水平较高的国家相比，仍存在明显差距。考虑到农产品加工业发达国家的农产品加工业产值已经达到农业产值的 4 倍，江苏和山东的部分示范区 2014 年该比值也已达 4 以上，该项指标值的基本实现农业现代化的目标值设为 3.5，全面实现农业现代化的目标值设定为 4.5。

4. 农林牧渔服务业增加值占农林牧渔业增加值的比重

指标内涵：指农林牧渔服务业增加值与农林牧渔业增加值的比值，是反映农业社会化服务水平的重要指标。计算公式：农林牧渔服务业增加值占农林牧渔业增加值的比重＝农林牧渔服务业增加值/农林牧渔业增加值×100%。农林牧渔服务业增加值＝农林牧渔业增加值－农业增加值－林业增加值－渔业增加值－牧业增加值。

目标值设定（计算方法）：2016 年，全国农林牧渔服务业增加值为 2302 亿元，占全国农林牧渔业增加值（65968 亿元）的比重为 3.5%。"十二五"期间，年均增长 0.1 个百分点。综合考虑确定该指标基本实现农业现代化的目标值为 4.8%，全面实现农业现代化的目标值为 8%。

（二）生产体系

1. 农作物耕种收综合机械化率

指标内涵：指各种农作物机耕、机播（栽、插）、机收的综合作业水平，是反映农业机械化发展水平的重要指标。农作物耕种收综合机械化率按农作物机耕、机播（栽、插）、机收率分别占 40%、30%、30% 的权重加权求和计算。计算公式：农作物耕种收综合机械化率＝机耕率×40%＋机播（栽、插）率×30%＋机收率×30%。其中，机耕率是指机耕面积占各种农作物播种面积中应耕作面积的百分比，农作物播种面积中应耕作面积等于农作物播种面积减去免耕播种面积；机播（栽、插）率指机播（栽、插）面积占各种农作物播种总面积的百分比；机收率指机收面积占各种农作物收获总面积的百分比。

目标值设定（计算方法）：2016 年，全国农作物耕种收综合机械化率为 64.2%。根据《全国农业现代化规划（2016—2020 年）》，2020 年全国农作物耕种收综合机械化率将达到 71% 左右。目前，日本农业生产机械化率已达 90% 以上，美国农业已 100% 实现机械化。综合考虑，确定该指标基本实现农业现代化的目标值为 75%，全面实现农业现代化的目标值为 90%。

2. 农业科技进步贡献率

指标内涵：农业科技进步贡献率是农业总产值增长率中扣除新增投入量产生的总产值增长率之后的余额。数据来源：地方历年统计年鉴公开数据，如该省无 2015 年数据，按照每年 0.8% 的增速估算 2015 年数据。

目标值设定（计算方法）：2015 年，我国农业科技进步贡献率为 56%。根据《全国农业现代化规划（2016—2020 年)》，2020 年要达到 60.7%。通过分析各省水平并结合发达国家农业科技贡献率水平（80% 以上），确定该指标基本实现农业现代化的目标值为 65%，全面实现农业现代化的目标值为 75%。

3. 农业信息化率

指标内涵：综合运用农村互联网普及率、农业物联网等信息技术应用比例、农产品网上零售额占农业总产值比重、信息进村入户村级信息服务站覆盖率等四个指标衡量，数据来源为行业统计。在试测算阶段，暂时选取农村互联网普及率代表信息化发展水平。

目标值设定（计算方法）：2015 年，全国固定宽带农村家庭普及率为 23.92%。根据《"宽带中国"战略及实施方案》目标规划，到 2020 年，宽带网络全面覆盖城乡，固定宽带家庭普及率达到 70%。确定该指标基本实现农业现代化的目标值为 70%，全面实现农业现代化的目标值为 80%。

（三）经营体系

1. 土地适度规模经营比重

指标内涵：指土地适度规模经营面积与耕地总面积的比值，是反映农业生产经营专业化、标准化、规模化、集约化程度的重要指标。计算公式：土地适度规模经营比重＝土地适度规模经营面积／耕地总面积×100%。适度规模经营面积包括通过租赁、入股等方式流转土地经营权形成的土地流转型适度规模经营面积以及通过提供以生产托管为主的社会化服务形成的服务带动型规模经营面积。

目标值设定（计算方法）：2016 年，我国土地适度规模经营比重达到 31%。国务院印发的《全国农业现代化规划（2016—2020 年)》，将 2020 年土地适度规模经营比重设为 40%，年均增长 2 个百分点。考虑到适度规模经营增长速度在持续一段时间后，增长空间将收窄，增速将放缓。确定该指标基本实现农业现代化目标值为 45%，全面实现农业现代化目标值为 55%。

2. 畜禽养殖规模化水平

指标内涵：指生猪、肉牛、肉羊、奶牛、肉鸡、蛋鸡规模化养殖量与其相应养殖总量比值的加权合计，是反映现代畜牧业规模化养殖水平的重要指标。计算公式：畜牧规模化养殖比重 $= \sum_{i=1}^{6} A_i \times X_i$，其中，$A$ 为某畜产品规模化养殖比重，X 为某畜产品比重（权重），i 为某畜产品代码（1 = 生猪，2 = 肉牛，3 = 肉羊，4 = 奶牛，5 = 肉鸡，6 = 蛋鸡）；A_i = 某畜产品规模化养殖量／某畜产品养殖总量×100%，X_i = 某畜产品产值／（生猪、肉牛、肉羊、奶牛、肉鸡、蛋鸡产值之和）×100%。生猪、肉牛、肉羊、奶牛、肉鸡、蛋鸡规模化养殖量是指年出（存）栏 500 头、50 头、100 只、100 头、10000 只、2000 只以上的规模化养殖场年出（存）栏生猪年出栏量、肉牛年出栏量、肉羊年出栏量、奶牛年存栏量、肉鸡年出栏量和蛋鸡年存栏量。

目标值设定（计算方法）：2015 年，全国畜禽养殖规模化水平达到 60.4%，但与发达国家还有较大差距。以生猪为例，美国 2009 年 1000 头以上规模猪场出栏量占出栏总量的 93.5%，其中 5000 头以上规模猪场的出栏量所占比重达 60% 以上。《全国农业现代化规划（2016—2020 年）》提出，2020 年畜禽养殖规模化水平将达到 65%。综合考虑，确定该指标基本实现农业现代化目标值为 70%，全面实现农业现代化目标值为 80%。

3. 水产养殖规模化率

指标内涵：指主要养殖方式规模化面积与水产养殖总面积的比值，是反映现代渔业发展水平的重要指标。计算公式：水产养殖规模化率 =（养殖方式 1 规模化面积×系数+养殖方式 2 规模化面积×系数+……）/n 种养殖方式总面积×100%。

目标值设定（计算方法）：2016 年，全国水产养殖规模化率约 42%，综合确定该指标基本实现农业现代化目标值为 65%，全面实现农业现代化目标值为 70%。

4. 初中及以上农业劳动力比例

指标内涵：初中及以上农业劳动力数量与农业劳动力总数的比值，是反映农业劳动力素质的重要指标，该指标由《中国农村统计年鉴》各地区家庭劳动力文化程度中平均每百个劳动力初中程度、高中程度、大专及大专以上四项加总得到。

目标值设定（计算方法）：2010 年美国农林牧渔业劳动力中高中及以上比例为 74%；日本 18～65 岁的适龄劳动力 100% 达到至少初中学历水平，高中学历占比 86%；法国农民一般都具有农业技术高中毕业以上的文化程度。2015 年，我国初中及以上农业劳动力比例为 69%，北京最高为 88%。考虑到九年义务教育的推广以及当前农业劳动力从业现状，确定该指标基本实现农业现代化目标值为 80%，全面实现农业现代化目标值为 95%。

（四）质量效益

1. 农业劳动生产率

指标内涵：指平均每个农业劳动力创造的农林牧渔业增加值。计算公式：劳均农林牧渔业增加值＝农林牧渔业增加值/第一产业就业人员数。数据来源：农林牧渔业增加值从中国农村统计年鉴中采集，第一产业就业人员数来自各省统计年鉴和中国农村经营管理统计年报。

目标值设定（计算方法）：2016 年，我国劳均农林牧渔业增加值 30480元。从国外情况看，韩国 1985 年农业工人人均增加值已达 4142 美元（约合28538 元），1995 年达到 7195 美元（约合 49574 元）；日本 1980 年农业工人人均增加值为 11358 美元（约合 78257 元）；美国 1980 年为 12167 美元（约合 83830 元）。《全国农业现代化规划（2016—2020 年）》提出 2020 年劳均农林牧渔业增加值超过 4.7 万元，综合考虑确定该指标基本实现农业现代化目标值为 5 万元，全面实现农业现代化目标值为 6.5 万元。

2. 农业土地产出率

指标内涵：以单位面积耕地的农林牧渔业增加值来反映。计算公式：单位耕地面积农林牧渔业增加值＝农林牧渔业增加值/耕地面积。

目标值设定（计算方法）：我国 2016 年每公顷耕地的农林牧渔业增加值为 4.89 万元。综合考虑，确定该指标基本实现农业现代化目标值为 6 万元/公顷，全面实现农业现代化目标值为 8 万元/公顷。

3. 农民人均可支配收入

指标内涵：指按人口平均的农村居民家庭可支配收入（农村住户当年从各个渠道得到的总收入相应地扣除所发生的费用后的收入总和），是衡量农村居民生活水平的核心指标。

目标值设定（计算方法）：2016 年，全国农民人均可支配收入 12363 元。考虑到我国正处于工业化的中后期阶段，农民收入将快速增长，按照《全国农业现代化规划（2016—2020 年）》提出的增长水平，2020 年全国农民人均可支配收入将达到 15000 元以上。江苏省、浙江省将该指标基本实现农业现代化的目标值定为 23000 元、24000 元。综合考虑地区间的差异，确定该指标基本实现农业现代化目标值为 25000 元，全面实现农业现代化目标值为 40000 元。

4. 农产品质量安全例行监测合格率

指标内涵：指农业农村部组织开展的农产品质量安全例行监测中合格农产品所占比重，是反映农产品质量安全的重要指标。计算公式：农产品质量安全例行监测合格率=合格农产品样本数/抽检农产品样本总数×100%。

目标值设定（计算方法）：2016 年农产品质量安全例行监测总体合格率大于 97.5%。根据《全国农业现代化规划（2016—2020 年）》，"十三五"期间主要农产品质量安全抽检合格率要稳定保持在 97% 以上。综合考虑确定该指标基本实现农业现代化目标值为 97% 以上，全面实现农业现代化目标值为 97% 以上。

（五）绿色发展

1. 万元农业 GDP 耗水

指标内涵：指农业用水量与农林牧渔业增加值的比值，是反映生态保护水平的重要指标。

目标值设定（计算方法）：计算公式为万元农业 GDP 耗水=农业用水量/农林牧渔业增加值。2016 年全国万元农业 GDP 耗水为 571m³。近 5 年全国农业用水量基本保持稳定，平均为 3857 亿 m³，农林牧渔业增加值逐年增长，因此全国万元农业 GDP 耗水逐年下降，年均下降 6.1%，但"十三五"期间我国农业 GDP 增速将减缓，如按万元农业 GDP 耗水年均下降 5% 计算，则到 2020 年全国万元农业 GDP 耗水将下降至 474m³。2012 年发布的《国务院关于实行最严格水资源管理制度的意见》指出，中国将实行最严格水资源管理制度，严格实行用水总量控制。到 2020 年全国用水量控制在 6700 亿 m³，到 2030 年，控制在 7000 亿 m³，用水效率达到或接近世界先进水平。《全国农业现代化规划（2016—2020 年）》也提出到 2020 年全国农业灌溉用水总量基本稳定，制定了东部沿海发达地区、大城市郊区、国有垦区和国家农业现代化示范区基本实现农业现代化的发展目标。根据《浙江省农业现代化发展"十三五"规划（2016—2020 年）》，以年均 1.5% 的增速，到 2020 年农林牧渔业增加值将达 2010 亿元，如农业用水量与 2015 年保持不变，则到 2020 年其万元农业 GDP 耗水为 421m³。通过国际统计年鉴相关数据的计算，水资源短缺、节水灌溉技术非常发达的以色列万元农业 GDP 耗水为 200～400m³。综合考虑，结合我国的特点，确定该指标基本实现农业现代化目标值为 500m³，全面实现农业现代化目标值为 450m³。

2. 万元农业 GDP 耗能

指标内涵：指能源消耗总量与农林牧渔业增加值的比值，是反映转变农业发展方式、节能降耗的重要指标。计算公式：万元农业 GDP 耗能=能源消耗总量/农林牧渔业增加值。其中，能源消耗总量是指农业生产全过程的能源消耗量。计算公式为：能源消耗总量＝农、林、牧、渔业能源实物消费量×能源折标准煤参考系数。

目标值设定（计算方法）：2015 年，我国万元农林牧渔业增加值耗能为 0.12 吨标准煤。"十二五"期间，全国农业增加值年均增幅为 4%，据此推算出 2020 年我国农林牧渔业增加值将达到 76532 亿元。2013 年、2014 年、2015 年 3 年数据显示，农业能源消耗总量以年均 1% 的速度增加，以 2015 年全国农业能源消耗总量为基数，可以推算，到 2020 年，农业生产全过程的能量消耗总量为 7942 万吨标准煤。据此，到 2020 年，万元农林牧渔增加值耗能为 0.10 吨标准煤。综合考虑提高农业增加值和可持续发展水平，确定该指标基本实现农业现代化目标值为 0.10 吨标准煤/万元，全面实现农业现代化目标值为 0.08 吨标准煤/万元。

3. 农药减量化

指标内涵：农药过量施用与农药残留严重是影响农产品质量安全和农业产地环境的重要因素，农药零增长是未来一段时间农业绿色发展的重要举措之一。计算公式：农药减量化＝（本年度农药用量–上年度农药用量）/上年度农药用量×100%。

目标值设定（计算方法）：2016 年，我国农药用量比上年减少 1.45%，但各省发展不平衡。综合考虑，将基本实现定为–1%，全面实现定为–2%，对农药用量增加的省份给予一定的基本值。

4. 化肥减量化

指标内涵：化肥过量施用是造成农业面源污染的首要因素，化肥零增长在我国已经取得一定成就，化肥减量施用将在未来绿色发展中发挥重要作用。计算公式：化肥减量化＝（本年度化肥用量–上年度化肥用量）/上年度化肥用量×100%。

目标值设定（计算方法）：2016 年，我国化肥用量比上年减少 0.30%，各省发展存在差异。综合考虑，将基本实现定为–0.5%，全面实现定为–1%，对化肥用量增加的省份给予一定的基本值。

5. 农作物废弃物利用率（当前用秸秆综合利用率代替）

指标内涵：指种植业废弃物综合利用率和畜禽养殖废弃物综合利用率的加权合计。其中，种植业废弃物综合利用率包括秸秆和农膜回收利用率；畜禽养殖废弃物综合利用率主要是畜禽粪污利用率。计算公式：农业废弃物综合利用率＝农作物秸秆综合利用率×30%＋农膜回收率×20%＋畜禽养殖粪污综合利用率×50%。试测算阶段，暂时选取农作物秸秆综合利用率指标代替。

目标值设定（计算方法）：国家发展改革委、农业农村部共同组织各省有关部门和专家，对全国"十二五"秸秆综合利用情况终期评估结果显示，2015年全国主要农作物秸秆理论资源量为10.4亿吨，可收集资源量为9.0亿吨，利用量为7.2亿吨，2016年秸秆综合利用率为81.7%。《国务院关于印发"十三五"生态环境保护规划的通知》提出力争到2020年，实现全国秸秆综合利用率达85%以上。综合考虑确定该指标基本实现农业现代化目标值为85%，全面实现农业现代化目标值为90%。

（六）支持保护

1. 农林水事务支出占农林牧渔业增加值的比重

指标内涵：指农林水事务支出与农林牧渔业增加值的比值，主要反映财政对农业的支持和保护力度。计算公式：农林水事务支出占农林牧渔业增加值的比重＝农林水事务支出/农林牧渔业增加值×100%。

目标值设定（计算方法）：2015年，农林水事务支出占农林牧渔业增加值的比重为26.5%。目前，美国、英国、加拿大、澳大利亚等农业发达国家财政支农支出占农业增加值的比重在30%～50%，巴基斯坦、泰国、印度、巴西等发展中国家为10%～20%。综合考虑确定该指标基本实现农业现代化目标值为30%，全面实现农业现代化目标值为40%。

2. 单位农林牧渔业增加值的农业贷款投入

指标内涵：指涉农贷款与农林牧渔业增加值的比值，是反映现代金融对农业发展支持程度的重要指标。计算公式：单位农林牧渔业增加值的农业贷款投入＝涉农贷款余额/农林牧渔业增加值。数据来源：贷款数据从各地中国人民银行分支机构的统计资料中采集。

目标值设定（计算方法）：2011年，我国各项贷款余额58万亿元，单位GDP贷款余额为1.23元（2015年增加到1.37元）；2015年农林牧渔业贷款余额为3.35万亿元，单位农林牧渔业增加值贷款余额为0.53元。随着农民合作社等新型经营主体逐步成为农业发展的主力军，农业信贷需求不断增加，按照金融资本配置应与现代产业建设需求相匹配的原则，确定该指标基本实现农业现代化目标值为0.6元，全面实现农业现代化目标值为1元。

3. 农业保险深度

指标内涵：指农业保费收入与农林牧渔业增加值的比值，是反映农业风险防范能力的重要指标。计算公式：农业保险深度＝农业保费收入/农林牧渔业增加值×100%。

目标值设定（计算方法）：2016 年农业保险深度为 0.63%。根据《中国保险业发展"十三五"规划纲要》，2020 年全国保险深度将达到 5%，将完善农业保险制度，扩大保险覆盖面。从国外情况来看，目前美国、加拿大、日本的农业保险深度分别为 5.2%、4.1%、1.8%。考虑到我国农业保险起步晚、发展快、需求大的实际，确定该指标基本实现农业现代化目标值为 0.8%，全面实现农业现代化目标值为 1.2%。全国农业现代化监测评价指标测算表见表 1-3 所列。

表 1-3　全国农业现代化监测评价指标测算表

一级指标	权重	测算指标	权重	单位	基本实现农业现代化目标值	全面实现农业现代化目标值
产业体系	18	（1）口粮生产稳定度	6	分	4	5
		（2）养殖业产值占农业总产值比重	4	%	45	60
		（3）农产品加工业与农业总产值之比	4	分	3.5	4.5
		（4）农林牧渔服务业增加值占农林牧渔业增加值的比重	4	%	4.8	8
生产体系	14	（5）农作物耕种收综合机械化率	5	%	75	90
		（6）农业科技进步贡献率	6	%	65	75
		（7）农业信息化率	3	%	70	80
经营体系	17	（8）土地适度规模经营比重	5	%	45	55
		（9）畜禽养殖规模化水平	5	%	70	80
		（10）水产养殖规模化率	4	%	65	70
		（11）初中及以上农业劳动力比例	3	%	80	95
质量效益	18	（12）农业劳动生产率	5	万元	5	6.5
		（13）农业土地产出率	5	万元	6	8
		（14）农民人均可支配收入	6	元	25000	40000
		（15）农产品质量安全例行监测合格率	2	%	97	97

（续表）

一级指标	权重	测算指标	权重	单位	基本实现农业现代化目标值	全面实现农业现代化目标值
绿色发展	23	（16）万元农业 GDP 耗水	6	m³	500	450
		（17）万元农业 GDP 耗能	6	吨标准煤	0.10	0.08
		（18）农药减量化	4	%	−1	−2
		（19）化肥减量化	4	%	−0.5	−1
		（20）农作物废弃物利用率	3	%	85	90
支持保护	10	（21）农林水事务支出占农林牧渔业增加值的比重	4	%	30	40
		（22）单位农林牧渔业增加值的农业贷款投入	4	元	0.6	1
		（23）农业保险深度	2	%	0.8	1.2

【延伸阅读】

1. 曹俊杰. 新中国成立70年农业现代化理论政策和实践的演变［J］. 中州学刊，2019（7）：38－45.

2. 陈燕. 农业农村现代化与乡村振兴：内在逻辑与机制建构［J］. 学习与探索，2021（10）：114－121.

3. 国务院关于印发"十四五"推进农业农村现代化规划的通知，国发〔2021〕25号.

4. 叶兴庆. 新发展阶段农业农村现代化的内涵特征和评价体系［J］. 改革，2021（9）：1－15.

第二章 乡村振兴背景下农业现代化产业体系

乡村振兴战略的提出，为我国农业现代化产业体系建设提供了全新思路，指明了方向。我国农业现代化产业体系把实现农业现代化作为最终目标，保证我国农业沿着科学发展的道路前进，这也是今后我国农业发展的原则。农业现代化产业组成要素构成了一个功能强大的体系，是改造我国传统农业、发展农业现代化和提升农业生产效率的关键。农业现代化产业体系是以家庭农场、龙头企业、农民合作社、农业服务组织等新型农业经营主体分工合作为前提，以市场为导向，以发展共同体为纽带的新型农业组织形式。本章主要讨论农业现代化产业体系的提出背景、内在机制及其构建路径。

第一节 乡村振兴背景下农业现代化产业体系的提出背景

一、乡村振兴背景下农业现代化产业体系的提出

农业、农村、农民问题是关系国计民生的根本性问题，必须始终把解决好"三农"问题作为全党工作的重中之重。党的十九大报告提出，要实施乡村振兴战略，加快推进农业农村现代化。要"构建农业现代化产业体系、生产体系、经营体系，完善农业支持保护制度，发展多种形式适度规模经营，培育新型农业经营主体，健全农业社会化服务体系，实现小农户和农业现代化发展有机衔接"。加强"三农"工作，构建农业现代化体系，推进农业农村

现代化顺应了我国经济社会发展的客观趋势，符合当今世界农业发展的一般规律，是全面贯彻落实习近平新时代中国特色社会主义思想、实施乡村振兴战略奋斗目标的必然要求，是加快社会主义现代化建设进程的重大任务。因此，必须针对目前农业现代化发展过程中面临的问题，以优化农业结构、培育新型农业经营主体、推进农业服务体系社会化建设等为切入点，构建和完善农业现代化产业体系、生产体系、经营体系、农业支持保护制度和农业社会化服务体系，全面推进我国农业农村现代化建设。

我国长期重视农业产业体系建设。2007年中央一号文件结合我国农业实际情况，提出开发农业的多种功能，用现代产业体系提升农业发展水平，促进农业结构优化升级。2008年，十七届三中全会通过的《中共中央关于推进农村改革发展若干重大问题的决定》进一步提出"推进农业结构战略性调整。以市场需求为导向、科技创新为手段、质量效益为目标，构建农业现代化产业体系。""十二五"规划强调，"完善农业现代化产业体系，发展高产、优质、高效、生态、安全农业"，促进园艺产品、畜产品、水产品规模种养，加快发展设施农业和农产品加工业、流通业，促进农业生产经营专业化、标准化、规模化、集约化。

我国正加快构建农业现代化产业体系、生产体系、经营体系。2015年3月，习近平总书记在参加十二届全国人大三次会议吉林代表团审议时发表重要讲话，首次提出建设农业现代化产业体系、生产体系、经营体系，这三大体系的建设是农业现代化建设工作的重点。2016年，中央一号文件聚焦农业现代化，指出"着力构建农业现代化产业体系、生产体系、经营体系，实施藏粮于地、藏粮于技战略"。2017年10月，党的十九大报告把构建农业现代化产业体系、生产体系、经营体系作为"三农"工作部署的重要内容。2018年，中央一号文件进一步指出"乡村振兴，产业兴旺是重点"，必须"加快构建农业现代化产业体系、生产体系、经营体系"。农业现代化三大体系的构建是党中央结合国内外农业发展实际情况，从中国的实际情况出发，为早日实现乡村振兴提出的重要路径与方法。

二、农业产业体系的概念由来

日本对农业产业体系的研究起步较早，1984年，日本的三位学者对如何提高农业产业体系的生产效率进行了研究。而国内能检索到的最早以农业产业体系作为研究对象的学术成果出现在1990年，顾益康提出高效的农业产业体系必然依靠高端的农业科技。之后学术界对农业产业体系的研究逐渐增多，不同学者对农业产业体系的概念都曾提出了自己的看法，主要概括为以下三个方面的内容：

其一，从农业产业体系的覆盖范围出发，提出农业产业体系是农业全要素合理配置形成的有机整体，具体到产业构成上，传统农业产业体系仅包含农林牧渔业，农业现代化产业体系农业涵盖了一二三产业融合发展；

其二，从构建目的出发，认为农业产业体系是为了满足特定的市场需求，实现农业的多功能性而构建起来的；

其三，从构建路径出发，提出农业产业体系应在微观、中观、宏观三个层面，结合农业产业链进行构建。

三、农业现代化产业体系研究

（一）欧美农业现代化产业体系

欧美多为发达国家，劳动力短缺且劳动力成本高昂，其农业经营方式多为节约劳动力型集约经营，追求高劳动生产效率。

美国农业自 19 世纪 60 年代开始步入现代化进程，20 世纪 40 年代基本实现农业机械化，作为全球拥有耕地面积最大的国家，美国农业面临的主要问题是劳动力不足且成本高昂，解决方法是不断推进农业产业体系现代化、科技化进程。在美国高度发达的城市中，农业的主要存在方式是面积小、碎片化但分布广的社区农场，在纽约、芝加哥等地出现屋顶农场，采用数控技术实现节劳型集约经营，调节区域生态的同时，保证当地生鲜蔬果供应。大宗农产品等生产集中在美国非城市地区，大范围推广无人机等高度自动化技术代替劳动力，配合高度发达的农产品运输业保证本国农产品供给，并向他国出口农产品。美国农业产业体系是高度发达的现代化农业产业体系。

英国农业自 19 世纪 40 年代工业革命后，在国民经济中的地位不断下降，之后经历了大萧条、新农业革命、共同农业政策等阶段，农业现代化不断推进，同美国一样，英国农业也面临劳动力相关问题，解决方法包括推行职业农民政策提高劳动力素质，扩大农场面积和生产规模，采用精准农业技术获取最大效益，发展绿色生产保护生态环境等。如今英国农业生产以种植业和畜牧业为主，大部分位于郊区和非城市地区。此外，英国工业化起步早，城市人口占据总人口比重大，英国城市居民热衷乡村旅游，英国农业产业体系中休闲农业规模较大。英国农业产业体系也是高度发达的农业现代化产业体系。

法国农业在 20 世纪先后发生过两次粮食短缺危机。从 1945 年第二次世界大战结束到 1979 年,因为发展一体化农业和领土整治,法国农业逐渐发展起来,这一进程中政府调控起到了至关重要的作用。政府出台政策措施促进农业相关生产、运输、加工等行业融合发展,帮助法国农村欠发达地区培育了一批高素质职业农民,有效提高了劳动生产率,解决了劳动力成本上涨带来的农业发展问题。法国的农业产业体系中,一二三产业高度融合,绿色生态受到极大重视。在欧盟国家中,法国农业增加值在国民生产总值中的占比连续多年位居首位,法国农业产业体系同样是高度发达的现代化农业产业体系。

(二) 日韩农业现代化产业体系

日本、韩国均为发达国家,国土面积小,其农业经营方式为节地型集约经营,追求高土地产出率。

日本农业在 1930 年的《大阪府农会报》上提出"都市农业"概念,并在 20 世纪 70 年代兴起都市农业。第二次世界大战日本战败,国内经济萧条,农业发展也停滞不前,经过 10 多年的恢复和重振,日本经济在 1960 年前后复苏并发展,逐渐形成以东京、大阪、名古屋三座城市为中心的三大都市圈,此时政府大力倡导都市农业建设,并制定了多种政策帮助日本都市农业的发展。日本农业面临的主要问题是国土面积小,农业生产用地紧张,农业资源相对匮乏,解决方法是大力发展都市农业。日本农业的科技化程度高,农业科技渗透到种质资源、生产技术、布局规划等多个方面,不断提高单位土地产出率。日本农业产业体系包括以生产农产品为主的农林牧渔业,以农业机械制造为主的第二产业和高度完善的农业服务业。日本农业产业体系不能完全满足国内食品需求,农产品进口比例较大。除此之外,日本农业还依赖外国提供塑料地膜等生产资料。日本农业产业体系是高端化、精致化的农业现代化产业体系。

韩国农业在 1948 年建国时亟待发展,为了解决农业存在的严重问题,韩国农协于 1958 年成立,伴随 20 世纪中叶韩国经济快速发展,农业科技进步明显。同日本一样,韩国农业也面临土地资源匮乏、农业生产用地紧张的问题,为解决这一问题,韩国政府于 1970 年开始发起新村运动,工农业发展并重,并努力改善韩国农村基础设施条件,20 世纪后半叶韩国农业土地产出率稳步提升。以种植业为主的农林牧渔业搭配相关二三产业构成了韩国农业产业体系，同日本一样，韩国也是农产品进口大国。韩国农业产业体系是农业现代化产业体系，但仅能保证部分农产品自给。

（三）中国农业现代化产业体系

2007 年中央一号文件提出"开发农业多种功能，健全发展农业现代化的产业体系"的重要任务。2015 年 10 月，中国共产党第十八届五中全会通过的《中共中央关于制定国民经济和社会发展第十三个五年规划的建议》提出，"着力构建农业现代化产业体系、生产体系、经营体系，提高农业质量效益和竞争力，推动粮经饲统筹、农林牧渔结合、种养加一体、一二三产业融合发展，走产出高效、产品安全、资源节约、环境友好的农业现代化道路。"2016年中央一号文件也提出了同样的政策主张。2017 年中央一号文件又提出要优化农业产业体系、生产体系、经营体系。我国农业现代化发展面临农业供给侧长效机制的挑战，为实施乡村振兴战略、顺应中国四化发展，提出了建设农业现代化产业体系以及数字中国，产生了数字农业产业体系，也就是在传统产业体系中赋予数字化、信息化，以数字化推动产业的发展。

四、农业产业体系演变机制研究

（一）制度经济学理论

19 世纪末出现了以制度为研究对象的经济学新学科——制度经济学，之后在此基础上又出现了研究交易成本的新制度经济学，本书中的产业体系演变机制研究基于新制度经济学中的制度变迁理论。制度变迁理论可以概括为以下三点：

其一，世界的变革与社会的发展必然是技术的革新与制度的变迁相结合的产物；

其二，制度变迁包括诱致性变迁和强制性变迁两种方式；

其三，两种方式的区别在于意识形态的作用时间，诱致性变迁中意识形态作用时间早，强制性变迁则相反。

（二）强制性变迁

强制性变迁是指国家或地方政府的法律法规、政策制度和投融资规划等引起的农业产业体系变迁。亚当·斯密在《国富论》中论证了市场相关原理的运作，市场这只无形的手完全发挥作用只会出现在工业发展中，而非农业发展中。在《国富论》的基础上，现代西方的农业经济学将"市场失灵"这一概念引入农业，所谓的"市场失灵"是指依靠市场进行的资源配置在现实场景中不能完成资源有效配置的情况，而这一情况在农业领域尤为严重。农业的市场失灵表现在多个方面，包括农业的生产资料市场、技术市场、土地市场、金融市场、销售市场等，农业的市场失灵引发了许多问题，这些问题都与农业的外部性相关。

外部性始于经济社会中社会成本与私人成本的差异，从性质上可以分为正外部性和负外部性。之后庇古发现了市场的缺陷，提出通过征税缩小负外部性，通过资金支持扩大正外部性。通过政策手段对本身具有强大逆市场性的农业进行干预，实际上是对农业产业体系的修正和完善。

西方研究者将推动农业转型的原因主体从宏观上归纳为国家和市场，国家层面即是相关法律法规、政策制度的制定与实施。美国的农业政策支持体系、印度的食品管理制度都有效保障了本国的农业产业体系。此外，农业产业体系中与生态有关的正外部性更需要政府制定政策法规，并强制执行才能得以实现。

根据制度经济学理论，强制性变迁可以简述为政府等强制性主体所引起的社会变迁，政府作为社会稳定秩序的构建者，规范界定生产要素、产品要素、思想文化要素等，并强制执行各要素的有效配置，这是市场调节、诱致性变迁无法做到的。我国是民主集中制下的社会主义国家，政府在国家发展的各个层面发挥作用，进一步使得强制性变迁成为我国农业产业体系演变的主要动因。

正是基于此点考虑，本书主要参考国家层面的行动计划、政策文件，对我国农业产业体系进行研究。

（三）诱致性变迁

诱致性变迁是指除政府以外，其他从事农业生产活动的主体对农业生产产生的影响不断积累而引发的质变。

诱致性变迁源于意识形态的改变。从农业生产前相关环节看，成本和需求的变化是促使农业生产要素价格变化的原因，生产成本升高使理性的农业生产主体重新评估其开展的生产活动是否能够继续，并体现在新的农业生产实践中，若大量农业生产主体选择改变原先的生产模式，宏观表现即农业产业体系的演变。从农业生产中相关环节看，不同农产品有不同的需求收入弹性。需求收入弹性大的农产品包括果蔬、禽蛋奶、肉制品、水产品这些生鲜农产品；需求收入弹性小的农产品一般为水稻、小麦等粮食作物。随着生活水平的提高，市民对于需求收入弹性大的农产品需求会上升较大，对于需求收入弹性小的农产品需求则变化较小，这就拉动了农业生产结构的变化。社会继续向前发展，市民对农业的需求又不仅仅局限于食物和经济需求，有了生态、社会、文化需求，农业产业体系中与农业相关的二三产业规模不断扩大。现阶段供给侧结构性改革是全国多个行业改革的重点，具体到农业上，供给侧结构性改革即为以市场需求引起农业产业体系的变迁。

农业发展本身的需求、农业的资源禀赋、相关的科技发展水平也都对生产主体的意识形态产生影响，促使农业产业体系演变。城市发展到不同阶段对农业的功能要求是不同的，相应地不同的农业功能也是在不同的农业产业体系中得以实现。一方面，资源禀赋作为农业产业体系演变的限制和约束条件，如耕地的减少限制了种植业的发展，非平原地势地区无法使用大型的农业耕种收机械等阻碍了农业产业体系的演变；另一方面，资源禀赋又推动了农业产业体系的演变，如经济发展导致的粮食减产问题在自然地理条件的促进下得以减缓，河流湖泊生态环境变好使地区渔业发展等。科技创新对农业的推动涵盖了优良品种、农田灌溉水设施、温室暖棚、耕种收技术等多个方面，贯穿整个农业产业链。生产主体倾向于将更先进的技术手段应用于农业生产，产生演变动因。

五、农业现代化产业体系面临困境

我国农业现代化自中华人民共和国成立以来在农业生产、结构调整、产业化经营等方面取得了举世瞩目成就，但同时也存在一些问题。基于农业现代化"三大体系"与农业现代化的关系视角，实现农业现代化面临的困境在产业体系方面的具体表现为，农业结构性矛盾依然存在，制约了农业现代化"提质量"，产业体系有待完善。

（一）产业融合发展程度不深，生产要素瓶颈突出

近年来乡村产业发展取得了显著成效，但也存在产业链条较短、要素瓶颈制约较突出、产业融合层次较浅等问题。在新冠病毒流行的影响下，世界经济格局受到较大冲击，经济全球化的不确定性进一步增大，全球产业链、供应链、价值链也面临阻断的风险以及调整、重构的挑战。疫情后的产业链、供应链、价值链的接续和重构会存在巨大的摩擦成本，不仅难以在短期内完成，而且会出现不可逆的变化，重新布局由传统成本至上原则转为成本与市场安全等多元因素并重，产业发展呈现本地化、区域化、多元化、分散化等

特点和趋势，这些对我国乡村产业链、供应链、价值链的重新布局和构建带来巨大影响。

生产要素瓶颈制约依然突出，资金、人才、技术等要素向乡村流动存在较多障碍。资金投入缺乏稳定机制支撑，人才激励保障机制还有待完善，乡村网络、物流等设施还很薄弱。第一产业向后端延伸深度不够，第二产业向两端拓展广度不足，第三产业向高端开发滞后，乡村产业链、供应链、价值链面临延伸性不足、稳定性不够和竞争力不强等问题，这些都制约了产业融合发展与产业转型升级。

（二）农业产业结构失衡，供给需求不匹配

农业产业结构与居民消费需求不匹配。随着我国恩格尔系数下降到30%左右，社会进入富足阶段，居民对肉蛋奶等农产品的需求不断增加。2019年中国居民人均消费肉类26.9公斤、水产品13.6公斤、奶类12.5公斤，而2018年世界人均消费肉类44.6公斤、水产品20.5公斤、奶类111.3公斤。

中国肉类、水产品、奶类等农产品人均消费量远低于世界平均水平，不仅表明中国林牧渔业发展存在较大提升空间，而且说明了我国农产品生产结构和消费结构存在不平衡性，尤其是在消费升级的趋势下，林牧渔业总产值占农林牧渔业总产值的比重处于较低水平，并呈现出下滑的趋势。具体来说，林业总产值比重自1978年以来，只有1984—1986年比重超过5%，1994—2012年比重甚至低于4%（2003年除外），2013年以来比重均低于5%；牧业总产值比重经过快速上涨后，在2008年达到顶峰，随后逐步下降，2019年比重为26.67%，比2008年的35.45%下降了8.78个百分点；渔业总产值所占比重在1999年以前均低于10%，1999年以来保持在10%左右水平。农业总产值所占比重在2008年以前处于快速下降的趋势，而随后处于逐年上升的趋势，2019年所占比重达53.29%，比2008年提升了5.08个百分点。

农林牧渔业产业结构的变化与消费结构的不匹配、不适应，不仅制约了农产品市场的消费升级，而且不利于农业产业结构的优化和农业农村现代化的推进。并且，在林牧渔业内部，尤其是在畜牧业方面，也存在产业结构问题。2020年，我国畜禽养殖规模化率达到64.5%，规模化养殖已成为肉蛋奶等农产品市场供应的主体，但与发达国家相比，我国畜禽规模养殖基础还较为薄弱，与规模化相匹配的标准化生产体系还未全面建立起来，制约了畜牧业向节粮、节地、节水的方向发展，畜牧业产业结构优化仍存在较大压力。

（三）农产品加工业滞后，高端优质产品不足

农产品加工业是从种植业和养殖业延伸发展而来，是构建农业产业链和提升农产品附加值的核心与关键产业，是我国国民经济的重要组成部分。2020年，我国农产品加工业与农业总产值的比值为2.3∶1，明显低于发达国家3.5∶1的水平，农产品加工转化率为67.5%，比发达国家低了近18个百分点。农产品加工业滞后制约了鲜活农产品的供给，导致鲜活农产品有效供给的短板突出，农产品仓储保鲜冷链物流体系建设滞后，流通环节损失率高达20%~30%，远高于发达国家5%左右的水平。

城乡居民消费结构动态变化表现出消费升级的趋势，即由生存型、物质型消费向享受型、发展型及服务型消费转变，农产品品种、品质的供给结构与消费快速升级的需求不相适应的矛盾进一步凸显，安全、优质的高档农产品供给不足，而普通的中低档农产品出现供过于求的现象。"十三五"期间，消费升级和多元化的发展拉动了农产品进口，尤其是畜产品和水产品的进口量持续增加。2019年，工业奶粉、液态奶进口分别为101.5万吨、7.75万吨，较2016年分别增长了68%、45.1%；水产品进口额为187亿美元，较2016年增长了99.5%。农业高质量发展不足制约了高端优质农产品有效供给，无法满足消费者对农产品日益增长的品牌化、个性化、差异化需求，不利于农业现代化的快速推进。

第二节　乡村振兴背景下
现代化农业产业体系的内在机制

党的十九大报告提出了乡村振兴战略，对我国"三农"工作作出了深入的战略部署，明确了"发展多种形式适度规模经营，培育新型农业经营主体"，"促进农村一二三产业融合发展"。2017年12月13日，国务院总理李克强在国务院常务会议中提出，培育新型农业经营主体，加快发展农业现代化，是落实党的十九大精神、实施乡村振兴战略的重要内容。

事实证明，新型农业经营主体早已成为我国当代农业进步的核心力量，其在现代化农业产业体系中的作用及在拉动农民增收、三产交融、产业创新、

规范化产出等层面的效果逐渐彰显出来。因此，在乡村振兴战略背景下，对推进现代化农业产业体系革新的分析具有现实意义。

一、现代化农业产业体系的内涵与特征

现代化农业产业体系是将多种不同产业联系起来的一个综合性的系统，包括从原材料的合理运用到种植技术的高度发展，再到最后的销售渠道更新。通过农产品产业体系、多功能产业体系与现代化农业支撑产业体系，构成多层次、复合型的新型农业产业体系。

面对我国农业资源人均数量不足且质量不高、农业面源污染严重、农业资源可持续利用技术薄弱、生产方式粗放、农业产业层次偏低、农产品质量与价值评估标准不健全等问题，唯一的解决方法就是建立现代化农业产业体系。对现代化农业产业体系概念的释义关键在于明晰"现代化""产业体系"这两个关键词。相对于"传统"而言，从某种意义上讲，"现代化"意味着先进，意味着效率，"传统"意味着落后，那么现代化的意义在于用先进的科技、先进的组织形式、先进的职业农民群体来发展农业产业，从而使农业产业具有高产高效的特征。"产业体系"是一种不同产业主体的联结机制或组织形式，它的构建是为了保证基础产业及与之对应的产业整体的正常运行和永续发展。农业产业体系强调的是农业产业内部以及农业与二三产业的协调与融合。

目前，随着现代化农业产业体系的不断发展，农业经济已从传统意义上的纯农业转型为综合性农业产业。现代化农业产业体系旨在建立农业与自然、人与自然等互相协调与长久的关系，进而实现现代化农业与生态环境可持续发展的终极目标。综合而言，理解现代化农业产业体系的特征需要从农业现代化、农业体系化两个方面展开。

（一）农业现代化

农业现代化进程的推进主要依赖科学技术的进步与推广、新型组织形式的建立、职业农民群体的形成与稳定。

1. 科学技术的进步与推广

从计划经济时期的农机工程技术创新驱动农业机械化进程，到改革开放初期的实验技术创新（如耕作技术、良种栽培技术、灾害防治技术等）驱动农业科学化进程，到市场经济体制下高新技术（如生物技术和信息技术）驱动农业产业化进程，再到"十三五"时期，国家强调将互联网信息技术与农

业生产经营紧密结合，建设现代化农业大数据信息平台，促进传统农业向现代化农业的加速转变，科技驱动农业现代化发展是新中国成立后一直坚持的方针政策，且农业科技是"第一生产力"的认识不断得到强化。科技驱动现代化农业的发展不仅存在于种植养殖、生产加工、运输销售的每个环节，还渗透到农业科技教育、科技推广、金融服务、信息服务等多个领域。实践证明，随着农机装备、农田水利、生物育种、病虫害防治、农用化肥、农业信息等各种科学技术的研发与推广，我国的农业正进一步向高产与高效迈进。

2. 新型组织形式的建立

有效的组织形式对于加快传统农业向现代化农业的转变起着决定性作用。由于单一的小农户生产无法产生规模效应，同时抵御市场风险的能力比较弱，因而就产生了不同的农业微观组织，如涉农公司、合作社、农产品协会等。小农户与这些微观主体结合在一起，形成了多种战略联盟组织。比如"小农户与公司结合""小农户与合作社结合""小农户与专业协会结合""小农户与公司、合作社结合"等。这些联盟组织形式在一定程度上适应了市场需求，提升了规模效应，增强了小农户抵御风险能力。但就单一微观主体而言，它们的独立性依然比较强，彼此关联性却不强，在合作空间与合作紧密度上存在着明显缺陷。于是，介于企业和市场之间的一体化新型组织形式应运而生，特别是企业集团和企业集群两种形式，它们是农业现代化的主要组织力量。企业集团强调市场开拓力和竞争力，企业集群是专业分工和区域经济深化的必然结果，两者都以产权关系和地理空间为纽带，增强了农业微观主体间的合作关系，有效平衡了企业管理和市场交易的成本，最终降低了交易费用总额，创造性地实现了合作剩余。

3. 职业农民群体的形成与稳定

马克思主义认为，劳动创造了价值。没有劳动，仅靠资本、土地、技术是无法实现价值增长的。劳动的主体是人，任何产业的发展壮大离不开人的劳动，离不开较高的劳动生产率。过去，我们走的是农业支持工业的工业化道路，农业发展服务于工业化需求使我国已成为一个制造业大国。工业的发展壮大吸收了大量青壮年农村劳动力，致使目前的农业劳作者多为老人、妇女，其知识能力与综合素质低成为农业劳动生产率发展缓慢的重要原因之一。据分析测算，当前农业劳动产出率严重滞后，究其原因，主要归于农业劳动力素质较低，缺乏职业化的高素质农民。因此，农业的现代化发展要求高素质的职业农民群体，不仅要拥有知识技能，而且要具有强烈的责任感和职业精神。

（二）农业体系化

农业的发展并不是孤立无援的，它与其他产业间存在着投入产出关系，通过横向拓展与纵向延伸农业与其他产业形成的有机共生体，凭借有效的组织和协调模式发挥着应有的作用。所谓农业体系化，就是指农业内部及农业与其他产业间的系统运作模式。具体而言，它是种植业、畜牧业、渔业、林业、加工业、服务业、信息产业等产业，既相互独立又相互融合的复合体系。农业体系化建设是通过有效的组织、协调模式和一定的利益联结方式构建起一个紧密相连的有机系统，从而提高农业整体的创新能力和发展能力。推进农业体系化建设主要从两个层面着手：一是协调农业产业内部结构，二是协调农业与二三产业间结构。

1. 协调农业产业内部结构

从广义上来讲，农业产业内部包含种植业、畜牧业、林业和渔业，作为客观存在，它们之间有着不以人的意志为转移的相互联系、彼此作用的关系，在较高程度上依赖自然环境，或者说与大自然共生。这种特性客观上要求人类的活动必须有效利用自然资源，形成合理的生态系统，促进农业产业内部各产业彼此间的协调发展。农业产业内部任何两个或两个以上产业的融合是由它们之间物质交换的必要性决定的，彼此相互联系、相互依存，形成一种有效的良性投入产出系统，在实现系统增值的同时，又保护了生态环境。比如安徽太湖县形成了很多农业产业内部系统的微观模式："粮油、蚕桑、蔬菜、猪羊"系统；"粮、林、畜、蚕、食用菌"系统；"粮、水产、蚕桑、猪、兔、蘑菇"系统；"粮、棉、鱼、畜、蘑菇"系统；等等。这些系统体现了传统农业的精耕细作，是农作物和经济作物的结合、种植业和养殖业的结合、陆地与水体的结合，更是当前经济利益和未来生态效益的结合。因此，在不同的自然环境区域，因地制宜地协调好农业产业内部各产业的比例，使农林牧渔相互依存、协调发展、相互促进，才能大大提高系统的总体功能。

2. 协调农业与二三产业间结构

现代化农业产业体系的结构协调除了体现在其内部，还表现在农业与二三产业间的协调上，也就是说以农业为主体的上下游产业和关联产业之间的协调发展。具体而言，包含了农产品的生产环节、加工环节、运输环节和销售环节，与之对应的是农业、农产品加工业、农产品物流业、农产品销售业四种业态，只有它们之间协调发展，才能真正体现农业与二三产业间的融合发展。如果说农业产业内部结构是一种生态系统,那么农业产业与二三产业间的结构也同样是一种生态系统。农产品的生产环节强调各种生产要素间的循环高效利用;农产品加工环节不仅强调资源的循环高效,而且要求采用清洁生产技术,实现加工过程的无污染;农产品运输环节强调采用诸如冷链技术进行半成品或成品的运输;农产品销售环节要求按照绿色、低碳的理念进行包装与销售。这种生态系统改变了农产品供给的质量,从农业产业结构的优化和升级入手,满足了日益增长的社会需求,推动了现代化农业产业的可持续发展。

二、现代化农业产业体系的具体体现

(一)农产品产业体系

在农业现代化产业体系中,农产品产业体系是第一层次,具有核心地位。农产品产业体系是指农业各生产部门在一定条件下所构成的比例关系。不论农产品产业体系如何发展,农林牧渔始终是农业生产的基本部门。农业各产业部门之间存在着错综复杂的关系,但其主要的、本质的关系是通过农林牧渔之间的关系反映出来的。农产品产业体系具有整体性、多层次性与动态性的特征,其形成和发展受到生产力水平、市场需求、地理环境、劳动力、资金、科学技术等因素的影响,演进的趋势表现为在农产品产业体系中畜牧业所占比重逐步增大、在种植业中饲料生产所占比重逐步增大、在种植业中经济作物所占比重逐步增大、农业区域的专业化与产业集聚、粮食生产和林业受到国家政策的重点保护。

(二)农业多功能体系

在农业现代化产业体系中,农业多功能体系的开发与利用使农业的内涵和外延进一步深化与拓展。农业多功能是指农业具有商品和非商品联合产出功能,是指农业除了具有提供食物和纤维等多种商品的功能外,同时还具有其他经济、社会和环境等方面的非商品产出功能,这些功能所产生的有形结果和无形结果的价值无法通过市场交易和产品价格来体现。农业的物质产品可以通过市场交换来体现价值,农业的某些非物质产品功能也可以通过资本化、产业化和市场化运作,转化成诸如旅游产品等,即可以通过市场交换来实现其部分价值。但不具有商品性的农业非物质产品功能难以通过市场交换来体现其价值,因而具有明显的外部性、长期性、共有性和公益性,政府应对其承担支持和保护的责任。

（三）一二三产业融合发展体系

在农业现代化产业体系中，农村一二三产业融合发展体系表现为产业链延伸、产业范围扩大和产业功能转型。农村一二三产业融合发展就是以农业为基本依托，通过产业联动、产业集聚、技术渗透、体制创新等方式，将资本、技术以及资源要素进行跨界集约化配置，使农业生产、农产品加工和销售、餐饮、休闲以及其他服务有机整合在一起，使得农村一二三产业之间紧密相连、协同发展，最终实现农业产业链延伸、产业范围扩大和农民收入增加。农村一二三产业融合发展需要构建发展理念创新机制、经济利益联结机制、经营主体协作机制、科学技术创新机制和产业融合服务机制等。

（四）农业生产性服务体系

农业生产性服务体系是农业现代化产业体系的重要支撑。农业生产性服务体系是面向农业产业链的生产性服务业，主要通过提供农业生产性服务为农业发展提供中间投入，通常具有知识密集或技术密集的特点，具有典型的高技术含量、高人力资本和高附加值等特征，能够把大量的人力资本和知识资本引入农业生产过程，有助于提高农业生产效率和农业产业链的协调性，实现农产品供求的紧密衔接，提升农产品的价值链。

三、现代化农业产业体系对乡村振兴的意义

（一）提升农业整体生产力的核心力量

现代化农业产业体系借助增减元素投资，推进产品化、专业化运营，能有效提升土地生产率、物资应用率及劳动产出率。

运营对象既可实现商品买卖的联结，更关键的是在资本、科技、产品、数据等层面实现交融，全方位、有效地分配各种物资产出元素，进一步实现产出元素的联结以及农产品的产品化、专业化运营。运营对象有效分工，各自尽到责任，比如家庭农场、农民合作社广泛地重视产出运营情况，积极提升土地的生产率，有利于进一步提升农产品的数量及品质。

此外，龙头企业可以充分利用基金优势，运用高新技术，有效提升物资的应用率及劳动产出率。因此，现代化农业产业体系的革新推进是提升我国农业劳动产出率的关键措施，也是提升我国农业整体产出效益的核心

力量。

（二）助推农村三产融合进步的根本方式

农村一二三产业（三产）融合的本质，即：在横向上，丰富和充实农业的产出形式，突破传统农业单纯的产出形式；在纵向上，重点转变农产品结构，从而延伸农业产业链，实现农产品多元化。只凭某一运营对象以达到三产的本质性融合是难以实现的，一定要借助众多运营对象实现利益联结，构成协作联系，使各运营对象分别发挥自己的能力，负起自己的责任，才能提升三产融合的广度及深度，进而逐步推动三产融合的快速发展。

（三）有助于推动绿色循环经济

借助建立农民合作社、农业产业化联合龙头企业等组织，为乡村建设投入资金，可以构建特大太阳能发电项目等，给小农户和联结体供应清洁新能源，将绿色环保能源运用于农产品生产、销售过程之中。

农民合作社能够在龙头企业的基金扶持和政府部门的大力支持下，统一构建沼气池，在联结体内部达到"物资—商品—弃置物—物资"的闭合式循环。运用好沼气，既可以节省物资并维护环境，又可以减少农药化肥的使用，切实提升农产品的品质。

联结体涵盖了农产品的生产、加工、营销、服务以及流通等过程，把有限的物资置于整个统一体内，能够对物资进行最佳的价值应用。例如："树下植草，借草喂畜，畜粪返地，养蜂授粉"种养一体化的运转形式等。由此可见，农业产业化的革新推进可以有效利用物资，维护生态均衡，从而促进绿色循环经济的发展。

第三节　乡村振兴背景下
现代化农业产业体系的构建路径

现代化农业产业体系，是产业横向拓展和纵向延伸的有机统一，重点解决农业资源要素配置和农产品供给效率问题。在乡村振兴的背景下构建现代化农业产业体系，就是要充分发挥各地资源比较优势，优化调整农业结构，以完善利益联结机制为核心，以制度、技术和商业模式创新为动力，推进农村一二三产业交叉融合，延长产业链、提升价值链，提高农业的经济效益、生态效益和社会效益，促进农业产业转型升级。总之，我们要加快发展根植于农业农村、由当地农民主办、彰显地域特色和乡村价值的产业体系，从而推动乡村产业全面振兴。

一、优化调整农业结构

构建现代化农业产业体系，核心是要提高农业产业的综合生产能力，因此必须从农业产业体系整体出发做谋划。与农业现代化发展要求相比，我国农业产业体系还存在资源环境匹配度不高、粮经饲统筹不够、种养业结合不紧、农产品精深加工能力不强、流通体系效率不高、低端农产品过剩和高端优质农产品不足并存等问题，迫切需要优化调整农业产业结构，加快构建现代化农业产业体系。

（一）优化农业产业门类结构

严守18亿亩耕地红线，确保粮食及重要农产品供给安全。坚持最严格的耕地保护制度。全面划定永久基本农田，以粮食等大宗农产品主产区为重点，大规模推进农田水利、土地整治、中低产田改造和高标准农田建设。完善耕地占补平衡制度。耕地占补平衡要注重空间均衡、生态效应，探索重大建设项目国家统筹补充耕地办法，探索建设占用耕地补充责任的多元化实现途径，推进补充耕地的跨区域国家统筹，全面推进建设占用耕地耕作层剥离再利用。

立足资源特色，按比较优势原则科学优化农业生产结构和区域布局，加强粮食生产功能区、重要农产品生产保护区和特色农产品优势区建设。健全粮食主产区利益补偿机制，稳定种粮农民补贴和粮食播种面积，提高粮食单产水平。继续实施优质粮食产业、种子、植保和粮食丰产科技等工程，支持粮食主产区发展粮食生产和促进经济增长，确保稻谷、小麦等种植面积基本稳定。完善粮食安全系统。深入推进粮食绿色高质高效创建工作，加强对粮食生产、消费、库存及进出口的监测和调控，建立和完善粮食安全预警系统，维护国内粮食市场的稳定。打造区域公用品牌，推动形成主导产业集聚、特色产业集群、扶持政策集成、强县和富民统一的农业发展格局。

在稳定粮食生产、确保国家粮食安全基础上，大力发展畜牧养殖业，充分发展现代畜牧业、园艺业、水产业。优化特色农产品生产布局，加快农业现代化示范区建设。加快构建现代养殖体系，提升粮、棉、油、糖、肉等重要农产品供给的保障能力。推动粮经饲统筹、农林牧渔结合、种养加一体化发展。重点是调整农业种植结构，支持优势产区，加强棉花、油料、糖料、大豆、林果等生产基地建设。统筹考虑种养规模和资源环境承载力，推广粮改饲和种养结合模式，发展农区畜牧业，提高畜牧业在农业生产总值中的比重，尤其是要在一定地域范围内和经营主体层面推进农牧结合、种养循环。分区域推进现代草业和畜牧业发展，提高畜禽、水产标准化规模化养殖水平，促进奶业优质安全发展。实施园艺产品提质增效工程，发展特色经济林和林下经济。

（二）推进农村一二三产业融合发展

农村产业融合发展起着延长产业链、提升价值链、打造供应链的作用，应当把握住城乡发展格局发生重要变化的机遇，培育农业农村新产业新业态，打造农村产业融合发展新载体新模式，推动资源要素跨界配置和产业的有机融合。着力发展高品质、高附加值农产品生产，着力延长农业产业链条，实现农业产业链和价值链的有机衔接，在保障农业生产供应的同时，加快农业产业链的前延后伸，发展农业的非生产功能，提高农业附加值，实现农业的横向扩展和纵向延伸相统一。加快构建科学合理的农业产业布局，在做大做强第一产业的同时，做优第二产业、激活第三产业，协同推进一二三产业融合发展，让农村一二三产业在融合发展中同步升级、同步增值、同步受益。

1. 发掘新功能新价值

顺应城乡居民消费的拓展升级趋势，结合各地资源禀赋，深入发掘农业农村的生态涵养、休闲观光、文化体验、健康养老等多种功能和多重价值。依托田园、文化等特色资源，通过扩展产业链宽度，将各个产品价值和产业环节进行扩充，提高资源综合利用程度，推进体验、休闲、观光等产业的紧密衔接，促进产业横向深度融合发展，拓展农业增值增效空间，提升农业功能价值，以跨界重组带动乡村产业融合发展。遵循市场规律，推动乡村资源全域化整合、多元化增值，增强地方特色产品的时代感和竞争力，形成新的消费热点，提高乡村生态产品和服务的供给水平。

在确保粮食安全和保障重要农产品有效供给的基础上，以生态农业为基、田园风光为韵、村落民宅为形、农耕文化为魂，贯通产加销、融合农文旅，促进食品保障功能坚实稳固、生态涵养功能加快转化、休闲体验功能高端拓展、文化传承功能有形延伸，打造美丽宜人、业兴人和的社会主义新乡村，推动农业高质高效、乡村宜居宜业、农民富裕富足，为全面推进乡村振兴提供有力支撑。

认真考虑农业的多功能性，拓展农业的内涵、外延和发展领域，挖掘农业的生态价值、休闲价值、文化价值、社会价值，不仅有助于社会主义和谐新农村建设，而且有助于城乡协调可持续发展。因此，要认真总结各地的实践经验，将农业多功能性的开发由非自觉的行为转变为理性的认识和自觉的行动，从而有力地推动我国多功能农业的健康发展。

2. 纵向延伸农业产业链

延伸农业产前、产中、产后的价值链，然后整合成一个完整的、高附加值的产业链条，将农业生产、加工与种子养料供应，以及农产品销售连接起来，打造专业化的产业供应链布局。实施农产品加工业提升行动，支持开展农产品生产加工、综合利用关键技术的研究与示范，推动初加工、精深加工、综合利用加工和主食加工协调发展，实现农产品多层次、多环节转化增值。促进农产品多元主体开发、多层次资源利用、多环节延伸增值，推进农产品向精深加工生产标准化、技术集成化、产业聚集化、产品品牌化发展。推动种养业前后端延伸、上下游拓展，由卖原材料更多地向卖制成品转变，推动产品增值、产业增效，促进联农带农和共同富裕。

完善流通骨干网络，加强粮食等重要农产品仓储物流设施建设。完善跨区域农产品冷链物流体系，开展冷链标准化示范，实施特色农产品产区预冷工程。加强流通设施建设，实现农产品新型流通，完善农村配送和综合服务网络。要采取优惠财税措施，支持农村流通基础设施建设和物流企业发展。研发绿色智能农产品供应链核心技术，加快培育农业现代供应链主体，贯通供应链，完善农产品流通设施，打通产业链供应链堵点，确保上中下游顺畅对接、安全对接，走产出高效、产品安全、资源节约、环境友好的农业现代化发展道路。

加快建设一批设施先进、功能完善、交易规范的鲜活农产品批发市场，健全统一开放、布局合理、竞争有序的现代农产品市场体系；加快农产品批发市场升级改造，推动公益性农产品市场建设，支持农产品营销公共服务平台建设。互联网电商技术悄然改变了生产端和消费端的社会信息资源互通方式，积极推进农业电商服务推广，促进"农业直播"入驻农业产业化发展体系，打造具有专属地理品牌的产业，不断寻求新的商业发展机会，增加经济效益。深入实施电子商务进农村综合示范，建设具有广泛性的农村电子商务发展的基础设施，加快建立健全适应农产品电商发展的标准体系。加强农商互联，密切产销衔接，发展农超、农社、农企、农校等产销对接的新型流通业态，强化加工流通延链、科技创新补链、要素聚集壮链和业态创新优链，引导加工产能下沉重心，拉近产地和销地的距离。

3. 培育新产业新业态

广泛利用农业现代化科技成果，促进智慧农业、设施农业、生态农业等新兴产业形态的发展。树立大农业融合理念、大市场抱团理念、大资源整合理念、大生态绿色理念和大网络特色理念，克服产业结构单一的局限性，促进农业产业的内部结构调整，既要高产值又要绿水青山，改善品种质量，提升产品品质，使产品能够符合绿色低碳特征，促进农业产业发展朝着绿色、环保和文明的方向延伸，推进农业转型升级。

依托农业现代化产业园、农业科技园、农产品加工园、农村产业融合发展示范园等，打造农村产业融合发展的平台载体，促进农业内部融合、发展农业新型业态等多模式融合发展。加快培育农商产业联盟、农业产业化联合体等新型产业链主体，打造一批产加销一体的全产业链企业集群。推进农业循环经济试点示范和田园综合体试点建设。

加快培育一批"农字号"特色小镇，在有条件的地区建设培育特色商贸小镇、田园综合体等大农业综合经济体，形成多主体参与、多要素聚集、多业态发展、多模式推进的融合格局，推动农村产业发展与新型城镇化相结合，实施休闲农业和乡村旅游精品工程，发展乡村共享经济等新产业新业态，推动科技、人文等元素融入农业。发挥特色产业集聚效应，真正发挥产业融合发展的核心动能，实现产业功能集聚的最大效能。

4. 健全现代化农业社会化服务体系

农业社会化服务体系是以公共服务机构为依托、合作经济组织为基础、龙头企业为骨干、其他社会力量为补充的，公益性服务和经营性服务相结合、专项服务和综合服务相协调的，为农业生产提供产前、产中、产后全过程综合配套服务的体系。健全覆盖全程、综合配套、便捷高效的农业社会化服务体系，是实现农业现代化的重要支撑。通过提供社会化服务，可以有效地把各种现代生产要素注入农业生产中，不断提高农业的物质技术装备水平，推进农业生产专业化、商品化和社会化。

实施农业社会化服务支撑工程，培育壮大经营性服务组织。首先，加快培育农业现代化服务组织。根据农业生产全过程的不同需要和专业特点来培育农业现代化服务组织，积极开展病虫害统防统治、测土配方施肥、农机承包作业、养殖业粪污专业化处理等服务，支持开展粮食烘干、农机停放场库棚、仓储物流等配套设施服务，鼓励发展"家庭农场+社会化服务"的经营模式，通过服务规模化带动生产规模化。其次，处理好公益性和经营性的关系。要完善相关政策，激励和支持科研机构、行业协会、龙头企业和具有资质的经营性服务组织从事农业公益性服务，支持多种类型的新型农业服务主体开展专业化、规模化服务。清理并规范制约农业农村新产业新业态发展的行政审批事项，制定和完善农业生产性服务的法律、政策，通过人才培养、科技研发与推广，扶持现代企业和构建有效的运营机制，建立公益性服务与经营性服务相结合的现代社会化服务体系。

创新服务机制，拓展农业社会化服务形式。促进社会化服务从农业生产单个环节向全程生产服务转变，从小规模分散服务向大规模整建制服务转变，从资源消耗型生产方式向集约型农业现代化生产方式转变，推进农业全程机械化、规模化、集约化发展，改善农业生态环境，提高农业生产效率，增强农业综合生产能力。因此，创新农业社会化服务机制，拓展农业社会化服务形式，要推进农业生产全程社会化服务创新试点，加强试点政策实施的业务指导、绩效评价和监督管理，确保试点工作的执行落实；要积极探索农业生产全程社会化服务的有效模式，根据环境容量优化生产布局，进一步提高标准化规模生产水平；要大力营造推进农业生产全程社会化服务的良好环境，积极推广合作式、托管式、订单式等服务形式，鼓励引导广大农民和各类组织积极参与农业社会化服务。

二、完善紧密型利益联结机制

始终坚持将农民更多地分享增值收益作为基本出发点和落脚点，着力增强农民参与融合的能力，创新收益分享模式，健全联农带农有效激励机制，让农民更多地分享产业融合发展的增值收益。当解决遇到的实践问题时，及时回应农民的各种合理诉求，使每个人的利益都能得到最大程度的满足，要让每个农民都能共享乡村振兴的发展成果，从而使每个农民都能深切感受社会主义的本质及其优越性。

（一）提高农民参与程度

鼓励农民以土地、林权、资金、劳动、技术、产品为纽带，开展多种形式的合作与联合，依法组建农民专业合作社、联合社，强化农民作为市场主体的平等地位。培育各种要素资源的吸收容纳主体，形成价值创造的载体。鼓励在农村创办农产品深加工、物流运输、休闲旅游等产业项目，并与种养殖业有机结合。政府在这一过程中需要引导形成本区域优势特色产业，带动整个区域产业的发展和升级。

引导农村集体经济组织挖掘集体土地、房屋、设施等资源和资产潜力，为农村资源要素的流动提供制度基础。在明晰产权基础上，着力盘活农村资产资源资金，赋予农民对集体资产股份占有、收益、有偿退出以及抵押、担保和继承的权利。创新财政资金支持方式，将财政补助农业企业、农民合作社等新型农业组织的专项资金变为村集体和农民股份资金的来源，让广大小农户真正得到实惠。鼓励农民依法通过股份制、合作制、股份合作制、租赁等形式，积极参与产业融合发展。积极培育社会化服务组织，加强农技指导、信用评价、保险推广、市场预测、产品营销等服务，为农民参与产业融合创造良好条件。

探索多元成长模式，优化小农户组织资源的配置方式。坚持小农户多渠道发展方向，继续扶持有信心、有愿望、有热情但实力较弱的小农户率先发展，逐步提升小农户家庭经营在农业产业价值链中的地位和作用。引导生产经营型小农户根据农业现代化的要求，逐步完善在生产经营中的目标定位、生产流程、质量控制体系、财务制度等，积极引进和采用现代化的管理方式与技术，探索"中国式"的家庭经营道路。提高经营者的素质与能力，对小农户进行的培训应包括农业组织的流程管理知识、农产品的营销知识、人力资源管理知识、财务知识等组织经营管理方面的内容，将小农户由一个单纯的生产者塑造为农业现代化的经营者，从而提升农民在关键性产业链上的地位。强化新型农业经营服务主体和小农户的利益联结，保障小农户尤其是兼业小农户的土地权利，使其更多地分享农业现代化发展成果。

（二）统筹兼顾培育各类经营主体

要大力培育专业大户、家庭农场、农民合作社、农业企业等新型农业经营主体，形成职业农民队伍。突出抓好家庭农场和农民合作社两类经营主体，鼓励发展多种形式的适度规模经营，构建集约化、专业化、组织化、社会化相结合的新型农业经营体系，实现家庭经营、合作经营、集体经营、企业经营共同发展。

一是实施家庭农场培育计划，把农业规模经营户培育成有活力的家庭农场；二是提升农民合作社质量，加大对运行规范的农民合作社扶持力度；三是发展壮大农业专业化、社会化服务组织，支持农业产业化龙头企业创新发展、做大做强，推动新型农业经营主体按标生产，培育农业龙头企业标准"领跑者"，突出龙头企业带动、创业创新驱动、联农带农互动，构建企业和小农户优势互补、分工协作、互惠共赢的格局。

鼓励具有创新创业精神的大中专毕业生和返乡农民工积极创办家庭农场，大力扶持有经济带动效应和辐射作用的新型经营主体。创新政府扶持方式，对于由小农户成长而来的新型农业经营主体，在创办注册、技术研发、农产品开发等方面予以扶持，在农机采购、技术购买等方面给予补贴，制定有针对性的金融政策和税收优惠政策，减轻其发展中的资金成本压力。

（三）创新收益分享模式

创新利益联结的体制机制，混合采用固定分红、利益兜底、利润返还、收益分成入股等方式，实现固定收入与风险收入二者相结合。加快推广"订单收购+分红""土地流转+优先雇用+社会保障""农民入股+保底收益+按股分红"等多种利益联结方式，让小农户分享加工、销售环节的收益。

鼓励行业协会或龙头企业与合作社、家庭农场、普通小农户等共同营销，开展农产品销售推介和品牌运作，让小农户更多地分享产业链增值收益。鼓励农业产业化龙头企业通过设立风险资金、为小农户提供信贷担保、领办或参办农民合作组织等多种形式，与农民建立稳定的订单和契约关系。完善涉农股份合作制企业利润分配机制，明确资本参与利润分配的比例上限。支持小农户将资源资产折资入股农业现代化企业，采取"优先股保底收益+盈余二次分红"等分配方式。

明确承担国家财政扶持项目应与带动小农户的数量挂钩，推动国家财政补贴资金经各类农业经营服务主体增值放大后向小农户滴流。在更大范围内推行把国家项目扶持资金、扶贫专项资金等转化为小农户尤其是贫困户的股份，让小农户直接获得国家财政资金的帮扶。地方政府应从法律层面规范各类主体间的契约签订范式，加强各类经营主体的内部管理，最大限度地保护小农户的利益。通过引入集体谈判增加小农户的话语权，通过联合农民合作组织的力量，使小农户真正获得与大型农业组织平等的谈判权，维护契约的稳定性和长期性。

（四）强化政策扶持引导

发达国家在现代化农业产业体系建设过程中，都实行了全面的农业保护政策，但这些农业保护政策一般都是以政策法律化的形式体现出来。法律化的农业政策更加具体、规范、透明，并且具有约束力。因此，我国在农业保护政策体系的建立过程中，要十分注重让市场机制发挥基础性作用。农业保护政策体系的构建应该主要从绿箱政策中选择，更加注重解决市场机制失灵、农业多功能性等问题。当代我国农业保护政策的目标更加多元化，在注重提高农民收入、增加农产品供给的同时，保证农产品质量安全、保护生态环境、提高农产品市场竞争力等目标变得越来越重要，因而如何解决多元化政策目标的冲突和矛盾问题是必须认真考虑和解决的难题。

更好地发挥政府扶持资金的作用，强化龙头企业、合作组织联农带农激励机制，探索将新型农业经营主体带动小农户数量和成效作为安排财政支持资金的重要参考依据。以土地、林权为基础的各种形式合作，凡是享受财政投入或政策支持的承包经营者均应成为股东。鼓励将符合条件的财政资金特别是扶贫资金量化到农村集体经济组织和小农户后，以自愿入股的方式投入新型农业经营主体，对小农户土地经营权入股部分采取特殊保护，探索实行农民负盈不负亏的分配机制。

现代化农业产业体系的发展过程就是农业市场化的过程。因此，现代化农业产业体系必须拥有完善的农业市场体系。完善的农业市场体系包括农产品市场体系和农业生产要素市场体系。发达的农产品市场体系在规范化和标准化的基础上，要有高效的农产品批发市场和成网格化的农产品连锁经营以及农产品电子商务平台，同时还要有能够发挥规避风险的价格发现功能的农产品期货市场。对于现代化农业产业体系的发展来说，农业生产要素市场十分重要。相对于农产品市场来说，农业生产要素市场的发展相对滞后，其发展更加需要政府的培育。

三、激发农村创新创业活力

坚持市场化方向，要注重充分发挥市场在配置乡村产业要素资源方面的基础性作用，促进城乡资源要素双向流动、融合发展，更多地吸引城市的资源、资产、资金、人才等要素向农村流动，为农业现代化提供强劲的发展动能。优化农村创新创业环境，放开搞活农村经济，合理引导工商资本下乡，推动乡村"双创"（大众创业、万众创新），培育发展新动能。立足县域，把产业链主体留在县域，让农民更多地分享产业增值收益，为乡村全面振兴和农业农村现代化提供有力支撑。

（一）培育壮大创新创业群体

推进产学研合作，加强科研机构、高校、企业、返乡下乡人员等主体协同，推动农村创新创业群体更加多元。培育以企业为主导的农业产业技术创新战略联盟，加速资金、技术和服务扩散，带动和支持返乡创业人员依托相关产业链创业发展。整合政府、企业、社会等多方资源，推动政策、技术、资本等各类要素向农村创新创业集聚。鼓励农民就地创业、返乡创业，加大各方资源支持本地农民兴业创业力度。深入推行科技特派员制度，引导科技、信息、资金、管理等现代生产要素向农村集聚。

探索集体成员身份多样化，消除人才回流农村、发展农业的制度壁垒。可以在农村集体资产股份制改革的基础上，从农村社区的封闭性有可能逐渐打破的大趋势出发，按照"政经分离"的思路，将农村社区居民分为有集体土地股份的成员和无集体土地股份的成员，打通城乡户籍壁垒，为更多的人才投身农业现代化、带动小农户发展提供制度保障。可以总结借鉴一些试验区改革试点的做法，将成员分为"土地股成员"和"户口股成员"，二者具有不同的经济权利。户口股成员在满足一定条件后，可以通过受让、赠予、继承等方式获得集体土地股，从而获得土地股成员的经济权利。

（二）完善创新创业服务体系

发展多种形式的创新创业支撑服务平台，健全服务功能，开展政策、资金、法律、知识产权、财务、商标等专业化服务。建立农村创新创业园区（基地），鼓励农业企业建立创新创业实训基地。鼓励有条件的县级政府设立"绿色通道"，为返乡下乡人员创新创业提供便利服务。建设一批众创空间、"星创天地"，降低创业门槛。依托基层就业和社会保障服务平台，做好返乡人员创业服务、社保关系转移接续等工作。

引导工商资本到农村发展农业现代化，强化其与小农户的利益联结。工商资本尤其是农业企业，一头对接市场，另一头直接带动小农户或通过合作社等中介组织联结小农户，是帮助小农户对接大市场、引领小农户发展农业现代化的重要力量。可以总结借鉴一些试验区改革试点的做法，鼓励引导工商资本和相关企业以设备、资金、技术等入股，小农户和村集体以土地资源等入股，在保证小农户收益的前提下，联合成立股份公司，发展现代化的种养殖业和乡村生态观光旅游等。

加快将现有支持"双创"的相关财政政策措施，向返乡下乡人员创新创业拓展，把返乡下乡人员开展农业适度规模经营所需贷款按规定纳入全国农业信贷担保体系支持范围。适当放宽返乡创业园用电用水用地标准，吸引更多返乡人员入园创业。各地在年度新增建设用地计划指标中，要确定一定比例的建设用地用于支持农村新产业新业态的发展。落实好减税降费政策，支持农村创新创业。

【延伸阅读】

1. 中共中央，国务院．乡村振兴战略规划（2018—2022 年）（专栏）[N]．人民日报，2018-09-27（13）．

2. 国务院发展研究中心农村经济研究部课题组．新发展阶段农业农村现代化的内涵特征和评价体系 [J]．改革，2021（9）：1-15.

3. 刘俊显，罗贵榕．农业现代化建设中的问题和路径探究 [J]．农业经济，2021（9）：9-11.

4. 邱菲，胡志全．我国农业现代化评价指标体系的构建与应用 [J]．中国农业资源与区划，2020，41（6）：46-56.

5. 罗千峰．基于构建"三大体系"视角的农业现代化实现路径研究 [J]．农村经济，2021（10）：127-135.

6. 李宁，李增元．乡村振兴背景下现代农村环境治理体系构建研究 [J]．理论导刊，2022（4）：72-78.

第三章 乡村振兴背景下农业现代化的生产体系及建设路径

第一节 农业现代化生产体系

一、构建农业现代化生产体系意义

农业是全面建成小康社会、实现现代化的基础。习近平总书记多次指出，同步推进新型工业化、信息化、城镇化、农业现代化，薄弱环节是农业现代化。没有农业现代化，国家现代化是不完整、不全面、不牢固的。

（一）实现农业高质量发展的重大部署

2021年，中央一号文件特别强调大力推进农业现代化，强调积极构建农业现代化产业体系、生产体系、经营体系，就是要把握和适应农业现代化发展的这些新趋势，使我国农业现代化建设更好地体现农业现代化的内在要求，更好地体现农业现代化的发展规律，推动我国农业现代化建设和发展水平不断提高，使农业现代化成为重要的产业支撑。这是立足我国农业发展所处阶段、所面临问题作出的重大选择，也是实现农业高质量发展的重大部署。

（二）实现市场引领农业现代化的重要举措

构建农业现代化生产体系，核心是要促进农业供给更好地适应市场需求变化、更好地适应资源与环境条件，实现可持续发展。一方面，我国农业在快速发展中受到资源与环境的制约越来越大，在产量增加的同时，部分农产品出现暂时性或阶段性过剩，如棉花等库存偏多；另一方面，一些农产品不能满足需求，大量进口。构建农业现代化生产体系，要着力围绕人的需求发展生产，使农产品供给数量上更充足、品种和质量上更契合消费者需要，真正形成结构更加合理、保障更加有力的农产品有效供给。

（三）农业现代化的区域实践要求

必须坚持最严格的耕地保护制度，坚守耕地红线，全面划定永久基本农田，大规模推进土地整治、中低产田改造和高标准农田建设，加强水利特别是农田水利建设，全面提高农业发展的物质技术支撑水平；必须不断优化农业资源配置，在确保国家粮食安全，实施藏粮于地、藏粮于技战略提升粮食产能的同时，树立大食物理念，科学审视国内农业资源潜力，合理安排农产品生产优先次序，加快推进农业结构调整；必须积极适应消费升级的需要，做优做精粮食产业，优化品种品质，积极推广农牧结合，大力发展肉蛋奶鱼、果菜菌茶等，为消费者提供品种多样、质量优良的产品供给；必须立足资源优势，宜粮则粮、宜经则经、宜牧则牧、宜渔则渔、宜林则林，发挥区域比较优势，加强粮食等大宗农产品主产区建设，加快打造具有区域特色的农业主导产品、支柱产业和知名品牌，建设一批特色鲜明、类型多样、竞争力强的现代化生产基地，优化农业区域布局。

二、农业现代化生产体系的内涵与特征

（一）农业现代化生产体系的内涵

关于农业现代化的研究始于 20 世纪 30 年代，西奥多·W. 舒尔茨认为，农业的根本出路在于把传统农业改造成为农业现代化。因此，农业现代化并非一个静态概念，而是以传统农业为参照系的伟大变革。正如蒋和平提出的观点：农业现代化反映较高的生产力水平。习近平总书记在参加十二届全国人大三次会议吉林代表团审议时，首次提出"构建农业现代化产业体系、生产体系、经营体系"这一重要思想。

习近平总书记于 2015 年 8 月在吉林省考察工作过程中和 2016 年 4 月在安徽省凤阳县小岗村主持召开农村改革发展座谈会上，均提到"构建农业现代化产业体系、生产体系、经营体系"。党的十九大报告中提到的乡村振兴战略是把"构建农业现代化产业体系、生产体系、经营体系"作为主要措施之一，明确以"三大体系"建设为重点的农业农村现代化推进方略。至此，关于农

业现代化的内涵不断得以充实并发展成熟。其中，产业体系是农业现代化的结构骨架，生产体系是农业现代化的动力支撑，经营体系是农业现代化的运行保障。农业现代化生产体系代表先进生产力，旨在提高农业生产效率和可持续发展水平，体现了农业现代化基本特质和初衷，是农业现代化的基本要素，是构建农业现代化产业体系、经营体系的先决条件。建设农业现代化生产体系要充分运用基因工程、生物技术等新兴农业科技，在机械化基础上发展自动化、智能化的生产方式以及机械化、自动化、智能化相结合的生产方式，以此来完善农业生产与自然的和谐程度，提高农业生产效率。

（二）农业现代化生产体系的特征

农业现代化生产体系应当具备以下特征：

一是生产效率高。通过提升机械化水平，合理配置水资源、劳动力资源、技术要素等提高生产效率和土地产出率，我们可以实现降低成本，让农业成为具有经济效益和竞争力的产业。

二是科学技术广泛应用。通过广泛采用先进农业科学技术、生物技术、生产模式，我们可以实现农产品优质化、多样化、标准化生产，满足人民群众对绿色、安全食品的需求。

三是具有可持续性。通过采用生态、环保、绿色的生产技术和生产模式，我们可以达到农业生产与自然的和谐共生，让农业成为一个可循环的生态系统。

三、农业现代化生产体系要素

2021年1月13日，在国新办新闻发布会上，农业农村部负责人表示，加快推进农业现代化就是要大力推进产业体系现代化、生产体系现代化、经营体系现代化。当前和今后一个时期，农业农村工作将进一步贯彻十九届五中全会精神，加快推进农业现代化。

农业现代化不仅包括农业生产条件的现代化、农业生产技术的现代化和农业生产组织管理的现代化，同时也包括资源配置方式的优化以及与之相适应的制度安排。因此，在推进农业现代化的过程中，要在重视"硬件"建设的同时，也要重视"软件"建设，特别是农业现代化必须与农业产业化、农村工业化相协调，与农村制度改革、农业社会化服务体系建设以及市场经济体制建设相配套。

农业现代化的生产体系呈现出在机械化基础上向自动化、智能化生产方式发展，以及向机械化、自动化、智能化相结合的生产方式发展的基本态势，基因工程、生物技术等新兴农业科技与农业深度融合，工厂化农业、设施农业等工程技术在农业中大规模使用，农业生产的物质手段和技术创新水平日益提升，农业对自然的掌控程度和农业与自然的和谐程度日益提升，农业生产效率日益提高。同时要加强农业现代化物质技术装备建设，加快生产体系现代化建设速度。重点推进"四化"，即推进设施化，切实改善田间生产条件；推进机械化，研发推广实用高效农机；推进绿色化，大力发展生态循环农业；推进数字化，着力打造智慧农业。

第二节　农业现代化生产体系建设路径与问题分析

一、农业现代化生产体系建设路径

（一）农业现代化生产体系建设路径流程

农业现代化生产体系建设是指用现代科学的技术和手段来装备农业，提高农业技术劳动生产者的能力，在保证环境质量的前提下具备高度生产力水平的农业生产过程。农业现代化生产的新手段和新技术将塑造出新的生产价值链和农业生态链，精准跟进世界农业现代化新科技的革命趋势，最大限度追加数字智能、物联网自动化的生产制造方式，对有机体的内部生长和繁殖进行干预，实现科技促高产，保障生产供应链的稳定。不断通过高标准的农田工程建设、高效种养殖技术，进行精准配套的设施农业生产，促进以某一特色生产为根本，集生产、深加工、精包装为一体的基础流程再造，从而创造新的生产价值。

（二）农业现代化生产体系建设实践

聚焦农业现代化科技创新与试点推广。随着农业生产现代化水平的技术手段日益增强，新技术的效果更需要实践来检验。首先，推广新技术试点区的建设，重点从"农机、农技"两个方面进行全程的试验，从而提高农业科技成果的应用和转化率，加之高校、农业研究所、涉农企业等也可以通过试点区进行新成果验证，针对农业短板方面进行重点突破，可以营建有利于生产创造的实践新环境。其次，任何的发展都应以人与自然的和谐可持续发展为现实背景，农业现代化的发展最终落脚点也是要实现资源的合理开发和可持续，例如立足长远、协调复种指数与休养生息的合理发展，兼顾自然资源和生态环境；通过种植高质的节约型品种，缓解对自然资源的过分占用；通过使用农业生物防治病虫害新技术，在减少污染的同时实施新的创新发展等。

中国在生产方面一直受限于人多地少、经济发展水平相对薄弱等方面的制约，大力提高农业现代化的生产水平，解决农业发展的瓶颈制约，重点在于加大农业规模经济发展力度，这也是农业现代化发展的关键路径。要按照"一村一品""一村一业"的思路，集中开发优质特色资源，建立特色的生产基地，在区域连片种植的基础上，加大规模生产的投资与生产管理制度的健全，增强规模生产现代化的"造血"功能。农业生产合作社要成为农业现代化生产发展的领军力量，以实体经济或者服务组织为依托，组织对小农户生产提供基本生产资料、技术指导和产品的加工等一系列现代化服务，使农业生产组织与农业现代化水平不断相适应。对于农业内部规模经济扩张，劳动生产者作为生产力中最活跃的因素，要通过规模化降低学习曲线，降低基本生产成本，使富余资金转向增加专业规模化要素的投入，进行专业规模化的生产、分工，加速农业现代化的发展，达到精准专业的生产现代化，构建农业现代化生产体系。

（三）农业现代化生产体系建设七大手段

1. 用现代物质装备武装农业，用现代科学技术改造提升农业，不断改善农业生产条件，不断提升农业生产手段，不断优化农业生态环境。

2. 强化农业生产条件建设，不断提升农田水利、农产品流通、农产品市场等公共基础设施，大规模推进农田水利、土地整治、中低产田改造、高标准农田建设，提高农业抵御自然灾害和风险的能力，增强农业生产稳定性。

3. 因地制宜发展农业机械化，发展现代设施农业，发展智慧农业，发展农业产业园区，完善农机合作社服务模式，推动信息化和农业现代化融合发展，不断提高农业生产机械化和信息化程度。

4. 强化农业科技创新和推广，优化农业科技创新与农业生产有效结合的体制机制，健全农业技术推广体系，特别是要解决好农业技术推广"最后一公里"问题，顺畅农业技术进入农业经营主体手中的通道，使农业科技创新和推广成为推动农业发展的持续动力。

5. 强化农业社会化服务，在加强以政府为主导的农业公益性社会化服务基础上，着力培育新型农业服务主体，重点发展面向农业生产的专业化服务公司。加强农业产前、产中、产后服务，完善农业社会化服务体系，提高农业社会化服务水平。

6. 强化农业标准化生产，大力发展标准化农业，健全从农田到餐桌的农产品质量安全全过程监管体系，提高农产品质量安全水平。

7. 强化农业生态资源环境保护，深入推进化肥农药零增长行动，大力推行高效生态循环的种养模式，大规模实施农业节水工程，大力实施区域规模化高效节水灌溉行动，深入实施土壤污染防治行动计划，做出耕地、草原、河湖休养生息规划，集中治理农业环境突出问题，推进山水林田湖整体保护、系统修复、综合治理，推动农业可持续发展。

从乡村振兴视角下农业现代化发展的各个维度来看，各维度的发展各有差异。农业生产体系现代化发展水平呈现先升后降再上升的趋势，目前正处于缓慢上升的状态，其发展受粮食产量波动的影响较大。粮食产量增幅的大幅下降也是导致农业生产体系现代化发展出现曲折的主要原因，是农业现代化整体发展的重点问题。

目前农业生产现代化体系整体发展势头良好，但农产品有效供给水平亟待加强。要大力提升粮食产量稳定性和粮肉菜保障程度，保证粮食年产量处于稳定水平。首先，要加强对耕地的保护与建设，合理使用耕地种植农作物；其次，由于自然灾害较多，故要提升农业科技水平及其在农产品生产中的作用，大力实施高效节水灌溉工程，提高抗旱、防汛、防涝能力，将自然灾害对粮食产量的影响降到最低；最后，要依托乡村振兴战略优化农业生产力布局，大力发展各地区"牛、羊、菜、果、薯、药"六大优势特色产业，提升绿色优质农产品供给能力，积极培育新产业新业态，充分利用可开发的资源进行特色农产品的培育。

农业现代化的关键是科技进步和技术创新，发展现代化农业要立足科学技术，通过先进生产工具、先进生产手段、先进科学技术的应用重点解决农业发展动力不足、环境资源禀赋薄弱、劳动力缺失等问题，着力提高农业生产效率。粗犷式生产方式已难以适应当前我国农业发展状况，只有依靠科技创新，增加粮食产量，才能确保中国人的饭碗牢牢端在自己手中。食品安全事关国计民生，应积极推进农业标准化生产，统一制定农产品市场准入体制机制和检测标准，建设一批标准化、集约化、专业化、规模化的农产品生产基地，大力发展无公害绿色农产品。让人民群众吃上放心的农产品是农业现代化发展的题中应有之义，因而，要加强农产品质量安全监管力度，追溯食品安全生产源头，严把农业生产质量关，确保从田间地头到老百姓餐桌厨房全程有监督、安全有保证。只有统一生产标准，提升农产品质量，才能提升农产品市场竞争力，更好地推动农业农村现代化发展，构建现代化农业生产体系。

二、新发展理念背景下构建农业现代化生产体系

随着农产品产量的不断增加，农业供给侧的结构性矛盾也日益显现。目前我国部分农产品出现暂时性或阶段性过剩，粮食、棉花等库存偏多，但有些农产品还不能完全满足市场需求，进口量较大。比如牛奶，消费者对其质量、信誉保障等提出了较高要求，但供给还不能很好地适应这些要求。又比如，我国大豆供需缺口很大，生产供给跟不上，而玉米增产则超过了需求的增长。一些地区为了多种粮食，过度开垦林地、草原、湿地等，有些地区本来水资源就十分紧缺，又过多种植高耗水作物，导致地下水位不断下降。这些问题不仅影响了生产发展和农民增收，而且直接影响农业可持续发展，因此，必须着力推进结构性改革，提高农业供给体系质量和效率。

构建农业现代化生产体系，必须按照创新、协调、绿色、开放、共享的发展理念，促进农业供给更好地适应市场需求变化，适配资源与环境条件，实现可持续发展。要围绕人的需求发展生产，使农产品供给在数量上更充足、品种和质量上更契合消费者需求，真正形成结构更加合理、保障更加有力的农产品有效供给环境。为此，必须下大力气夯实农业基础，坚持执行最严格的耕地保护制度，坚守耕地红线，全面划定永久基本农田，大规模推进土地整治、中低产田改造和高标准农田建设，加强水利特别是农田水利建设，全面提高农业发展的物质技术支撑水平。因此，必须不断优化农业资源配置，确保国家粮食安全，实施藏粮于地、藏粮于技战略，提升粮食产能，科学审视国内农业资源潜力，合理安排农产品生产先后次序，加快推进农业产业结构调整。

农业产业结构调整，要在确保我国谷物基本自给、口粮绝对安全的前提下，积极调整农业区域种植、养殖布局，基本形成与市场需求相适应、与资源禀赋相匹配的农业现代化生产结构和区域布局，形成粮经饲统筹、农林牧渔结合的农业生产格局，这是农业供给侧结构性改革的重要内容。当前，我

国玉米等供大于求的情况比较严重，产量连续增加，库存规模不断扩大，不仅带来很大的存储压力，增加了库存成本，而且对市场价格形成压制，给粮食流通企业带来巨大的现实亏损和潜在亏损。因此，要适当调减供大于求的农产品生产，特别是要减少"镰刀弯"等非优势区玉米种植；扩大粮改饲试点范围，加快建设现代饲草料生产体系；加快现代畜牧业建设，优化畜禽养殖结构，发展草食畜牧业。

三、农业现代化生产体系建设中的问题分析

新时代下，在农业现代化建设过程中遇到了一些问题，这些问题集中体现在"三农"方面，主要表现为现有农业发展还未能充分利用现代化技术、绿色低耗能特色产业的发展起步慢、农民对现代化种植技术的了解和应用不够、农民的创业致富意识和主人翁意识薄弱、农村基础生产力不足、农村缺乏集体经营意识。

以上问题充分凸显出我国农业生产中现代科学技术的薄弱和手段不足。同时，我国在农业生产方面一直受人多地少、经济基础相对薄弱等现实问题的制约。解决农业发展的瓶颈制约，重点在于实现农业规模化高质量发展，这也是农业现代化发展的关键。

综上所述，这些问题都可以概括为现代化发展问题。生产体系的基本动力不足，成了农业现代化发展路上的绊脚石，只有解决好这一问题才可以更快更好地发展农业现代化。

四、小农户与农业现代化生产体系有效衔接

小农生产依然是当前我国农业生产的主要形式。要想改造小农户，使之融入农业现代化生产体系，首要任务和最重要任务就是提升其融入农业现代化生产体系的意愿。因此，从内部因素入手，提高小农户融入农业现代化生产体系意愿，促进其融入农业现代化生产体系，是破解小农户产业扶贫、产业兴旺、生态保护等难题的重要突破口。

（一）影响小农户融入农业现代化生产体系意愿的因素

一是个人因素。一般而言，小农户年龄越大，对传统农业生产方式的依赖性越强，越愿意接受现有的生存环境和保守的退出方式。性别因素也会影响小农户融入农业现代化生产体系的意愿，相比女性而言，男性在面对具有风险性的决策时，更容易接受能够带给自己更大收益的选择，更愿意冒险去

尝试新鲜事物，因此在选择何种农业生产方式时，男性更乐意选择具有一定风险但可能会带来更大收益的方式。同样，小农户的文化程度与其行为意愿密不可分，文化程度较高的小农户往往具有一定的前瞻意识和发展眼光，能够认识到农业现代化的发展趋势和先进性，从而顺势而为，积极主动地融入农业现代化生产体系。

二是家庭禀赋与社会经济特征。家庭劳动力越少或者外出务工劳动力占家庭劳动力比例越大，其在农牧业生产中的灵活性越小，需要通过现代农牧业生产手段进行劳动力替代的压力就越大。而家庭成员务工地点越远，其回家帮助进行农业生产的可能性越小，同时其受现代生产方式影响越大，在此情形下，该小农户融入农业现代化生产体系的意愿也就越强烈。而生产经验越丰富，意味着其生产惯性越大，采取保守生产方式的意愿就越强烈。

三是社会资本因素。这类变量反映了小农户的社会资本与社会活动能力。一般而言，社会资本越雄厚的小农户拥有更开阔的社会视野以及更多地接触现代生产方式的渠道，因而也拥有更强的融入农业现代化生产体系的意愿。

四是邻里效应因素。在融入农业现代化生产体系的过程中，小农户在对自身利益考量的前提下，也会受到群体选择、周遭环境的影响，因此选取周围村民行为作用这一变量来测量从众示范效应对小农户融入农业现代化生产体系的影响。周围村民行为作用主要指当周围村民融入农业现代化生产体系时，小农户是否受此影响更愿意融入农业现代化生产体系。由于农业合作社在农业生产中具有较强的示范效应，本书选取了周围村民是否有农业合作社带头人以及是否经常变换工作作为度量小农户社会心理因素的变量。

五是政策与环境因素。政策因素是影响小农户融入农业现代化生产体系的外因。小农户能较好地捕捉外部政策制度的变动，从而做出有利于自身的行为选择。

（二）小农户融入农业现代化生产体系的国际经验

回顾荷兰、日本、韩国等与我国"人多地少"特点相似的发达国家小农户农业现代化发展过程，借鉴已有经验，有利于加快推进我国小农户融入农业现代化生产体系，实现农业现代化。

一是整合多元渠道，培育新型职业农民。我国小农户受教育程度总体偏低、市场化意识较差，加快小农户现代化是小农户发展的重要抓手。加强职业教育和农民培训，通过"能人"和合作社等多种形式带动，让小农户成为懂农村、爱农业、有技术、有文化的新时代职业农民。首先，要以专业化为导向，加强培育一批农业作业专业化小农户，加强职业教育，提高作业专业化农民技能掌握程度和作业能力。其次，要加强农业推广和农业培训等非学历教育，提高农民综合素质，培养一批高素质、具有带动能力的农业现代化领军人物。

二是提高土地适度规模经营水平。通过土地流转、劳动力入股等多种形式实现土地适度规模经营。首先，加强土地向种植专业户集中，扩大经营面积，能够有效驱动种植专业户积极应用现代生产要素和农业设备，如农业机械、农业新品种和社会化服务等。其次，加快实现专业化分工和社会化服务，有效减轻"过密化"程度。最后，加强农业生产基础设施建设，通过适度规模经营，进行一定的农田合并整治，实现规模经济效益。

三是强化科技支撑，提升农业生产效率。纵观各发达国家农业现代化发展历程，它们的发展均离不开现代科学技术的支撑，而我国尤其是小农户的农业现代化技术采纳水平仍十分有限。首先，要加强适合丘陵、山区等地形的小型简易农机设备的研发，加强种植业、养殖业等生产设备的研发、推广，提高农业机械化水平。其次，推进高产优良品种研发、栽培技术应用与农业机械设备的配套使用，提高水稻、玉米等主要作物的生产全过程机械化水平。最后，加强农业信息化建设，逐步推进数字农业发展，加强农业遥感器、传感器和农业机械的结合，提高农业生产效率。

四是面向市场需求，提高农业生产标准。小农户融入农业现代化生产体系的目标实际上是从自给自足的"小农"生产过渡到面向市场的专业化生产，其重要特征就是农产品商品化。农产品商品化是面向市场的生产模式，由需求侧倒逼供给侧改革，提高农业生产效率与标准，最终实现小农户融入农业现代化生产体系。面向市场的农产品商品化，需要以农业产业化发展为基础，结合本地资源禀赋与市场需求决定农业生产发展重心，选育具有市场需求且高产的农业品种，建立区域农产品品牌。

五是强化融入组织载体建设。小农户在面对大市场的生产要素供给和农产品需求时具有天然的脆弱性。纵观发达国家已有经验，荷兰由小农户成立合作社，日本和韩国亦有农协，并实现地区范围内的小农户基本覆盖。因此，我们应加强建设和完善农业合作组织，以农民合作社为主要载体，联结小农户，建立利益联结机制，通过农技农机推广、生产资料采购、农产品集中销售等活动，建成多维度、全方位农业生产服务体系，实现小农户发展与农业现代化生产体系的有效衔接。

第三节　农业现代化的"两型"农业生产体系构建

一、"两型"农业生产体系的基本内涵与特征

（一）"两型"农业生产体系的基本内涵

"两型"农业生产体系是指按照科学发展观要求，围绕转变农业发展方式，以提高资源利用效率和保护生态环境为核心，以节地、节水、节肥、节药、节种、节能、资源综合循环利用和农业生态环境建设保护为重点，推广应用节约型的耕作、播种、施肥、施药、灌溉与旱作农业、集约生态养殖、秸秆综合利用等节约型技术，推广应用减小农业面源污染、减少农业废弃物排放、注重水土保持和保护环境等环保型技术，大力培养农民和农业企业的资源节约和环境保护观念，大力发展循环农业、生态农业、集约农业等有利于节约资源和保护环境的农业形态，促进农业实现可持续发展。

"两型"农业具体包括以下几个方面的内容。

第一，资源节约和环境友好生产方式的有机统一。资源节约生产方式是通过提高资源利用效率来降低资源投入强度，减少进入农业生产系统的物质流和能量流，实现农业生产投入减量化、清洁化和循环化。环境友好生产方式是通过发展循环农业等方式将生产活动保持在生态环境容量限度之内，提高农业投入品无公害水平，降低污染物产生量，最终减少农业生产系统对生态环境的不利影响。

第二，种养全过程的资源节约和环境友好。强调生产过程的集约、节约、高效、生态、安全，改变过去农业生产依赖资源、牺牲环境的发展模式，依靠科技把农业生产与节约资源、环境保护联系起来，通过发展循环农业、减少有害物质投入等方式提高农业现代化建设水平。

第三，种养动植物的生物量全利用。在提高对种养动植物可食用部分比例的同时，更加强调对非可食部分的资源化利用，如对农作物秸秆、根系等组织和器官以及畜禽粪便等实现全量利用。

第四，一个复杂的系统工程，需要社会各界参与。包括有利于环境的生产和消费方式，无污染或低污染的技术、工艺和产品，对环境和人体健康无

不利影响的各种开发建设活动，符合生态条件的生产力布局，少污染与低损耗的产业结构，持续发展的绿色产业以及人人关爱环境的社会风尚和文化氛围等。

（二）"两型"农业生产体系的特征

"两型"农业生产体系渗透农业的方方面面，根据我国国情和农业生产实际，"两型"农业生产体系应具备以下特征。

第一，农产品有效供给得到保障，农业可持续发展能力不断增强。"两型"农业生产体系要保证农产品生产总量、结构、质量和效益相统一，保证农业发展与人口资源环境相协调，使农民在良好的生态环境中生产生活，实现农业永续发展。要不断解放和发展农业生产力，不断满足人民群众日益增长的对农产品的需求。

第二，循环型生态农业发展模式成为农业发展的主导模式。循环型生态农业的实质是以生态学理论为依据，在一定的区域内，因地制宜地规划、组织和进行农业生产，以保持和改善系统内的生态动平衡为理念，合理安排物资在系统内部的循环利用，利用生物自身潜力，尽可能减少燃料、肥料、饲料、农药、兽药和其他原材料的输入，尽可能多地输出农林牧副渔产品及其加工制品，从而获得生产发展、生态保护、环境改善，降低能量消耗、资源再生利用、农产品质量安全和经济效益提高的综合效果。

第三，生态效益与经济效益相统一。以良好的生态效益为前提条件，对可再生资源用养并重，实现永续利用。对非再生资源的开发利用，做到对局部和全局"两利"、当前和未来"两益"。在农业内部结构上，实行一业为主，多种经营，立体种植、种养结合，逐步实现"整体、协调、循环、再生"的生产模式，提高资源利用率和农业生态系统的生产力。

二、"两型"农业生产体系模型的构建

（一）"两型"农业生产体系模型

建设资源节约型、环境友好型农业生产体系是一项复杂的系统工程，体系的建立需从系统论的角度出发，在把握农业现代化生产体系运行核心的同时，突出农业生产资源节约、环境友好的特点，通过相互独立的几个子系统实现对"两型"农业生产实际运行的完整覆盖。"两型"农业要求以减少农业资源消耗、保护农村生态环境为核心，依靠技术创新和制度创新，实现农

业的集约化和可持续发展。

发展生态循环农业是农业可持续发展的根本要求，也是农业现代化的本质体现。积极发展循环经济型农业对于提高农业的可持续发展能力有巨大的推动作用；同时，农业可持续发展能力的增强能带动社会经济的发展，从不同角度给社会带来正向的外部效应；生态农业综合效益的不断释放会将循环农业的发展置于更高水平，进一步改善农业资源消耗，提高农业生产效率。从三大子系统相互作用的内在机制来看，前者是后者发展的前提，为后者提供物质基础和技术保障；后者是前者发展的依据，为前者指明前进方向和改革重点。三大系统通过高度的协同驱动作用，共同实现"两型"农业生产体系的整合升级。

（二）"两型"农业生产体系的作用

1. 提升生态农业综合效益

生态农业是指通过调控农业生产系统内相关系统之间的关系，以经济、社会和环境资源协调发展为目标，根据生态经济学理论结合现代系统工程的一些方法原理而建立起来的具有生态合理性、功能良性循环的高效农业生产体系。

在这一体系中，农林牧渔业都能因地制宜得到发展；实现了资源再生循环和能量的多级利用；产品经过多层利用和加工提高了经济价值；环境污染得到改善，实现了经济效益、生态效益和社会效益相统一；通过自然的和人为的调控，这一体系能够长期保持稳定和有序状态。

依据发展生态农业的最终目标，生态农业的综合效益包括经济、社会和生态效益三个方面，评价指标应充分考虑这三个方面的水平和状态。此外，生态农业是一种在人工控制下，包括自然系统和经济系统的复合农业生态系统，即区域性的农业生产体系。评价时要充分考虑其整体效应，即农业生态系统、宏观经济系统以及社会系统之间相互协调与制约的关系。

2. 促进循环农业发展水平

循环经济是以资源高效利用和循环利用为核心，以"减量化（Reducing）、再利用（Reusing）、再循环（Recycling）"（简称"3R"）为原则，以"低消耗、低排放、高效率"为特征，符合可持续发展理念的经济增长模式，是对"大量生产、大量消费、大量废弃"的传统增长模式做出的根本性变革。农业循环经济，就是把循环经济理念应用于农业系统，在农业生产过程中和产品生命周期中减少资源的投入量和废物的排放量，实现农业经济和生态效益"双赢"。

我国农业发展的现状要求我们必须在农业领域的资源开发、生产加工、产品消费和废弃物处理等各环节大力发展循环经济。实行资源利用的减量化、再利用、再循环，不但可以降低资源的消耗，减少污染物排放，使生态环境得到有效保护，而且可以创造新的经济增长点，扩大就业规模，推动农村经济和社会的快速健康发展，进而实现农村经济、社会和生态环境的协调发展。这既是解决我国"三农"问题的重要途径，又是当前我国实施乡村振兴战略的必由之路。

循环农业发展水平子系统指标体系将经济和资源环境指标相结合，突出资源利用效率。根据循环经济理念中的"3R"核心原则，循环经济更加强调资源的节约和高效利用，从而在经济效益上得到提升，并且减少对环境的破坏和损害。因此，指标从"3R"核心原则出发，设定三类指标，即减量化指标、资源再利用指标和资源再循环指标。减量化指标旨在用较少的原料和能源投入来达到既定的生产目的或消费目的，进而从经济活动的源头开始节约资源和减少污染；资源再利用指标旨在反映产品和资源的利用效率，要求产品和包装容器以初始形式多次使用，防止物品过早地成为废物；资源再循环指标要求将生产和消费过程中产生的废物，通过"资源化"的手段，再加工为可以重新使用的原材料或产品，并使其重新返回生产和消费领域。

3. 增强农业可持续发展能力

实施可持续发展战略是关系中华民族生存和发展的长远大计，而在可持续发展战略的实施过程中，提高农业可持续发展能力无疑是重要的一环。这是因为，在我国农业生态环境总体上不够优化、农业生产受到影响的现状下，立足生态农业，重视农业资源的科学开发和利用，加强对农业生态环境的保护和改善，具有特别重要的意义。我们既要努力发展农业生产力，不断提高农产品产量、繁荣农村经济，又要加强生态环境建设，保护好农业发展条件不被破坏，提高农业可持续发展能力。农业可持续发展能力突出强调农业生产发展的全面性、公平性和可持续性，因此，该子系统可以划分为四个准则层，即农业生产可持续性、农业经济可持续性、农村社会可持续性和农业资源可持续性。

农业生产的可持续性，是指在较长时间内维持一个较高的产出水平，对已有的高产出地区而言，需要维持这种水平；对农业产出水平较低的地区而言，则需要维持产出增长的一定速度，以满足不断增长的社会人口及经济发展的需求，保障社会的食物安全。农业经济的可持续性，是指实现长期、稳定的农业经济持续增长，只有可赢得利润的农业系统才是最终的、可持续的。农村社会的可持续性，是指维持生产、经济、环境等可持续发展所需要的农村社会环境的良性发展，这包括农民生活质量的提高、人口数量的合理控制、社会财富的公平分配等。农业资源的可持续性所反映的是农业系统的资源承载能力和环境缓冲能力，诸如退耕还林面积、人均水资源占有量、森林覆盖率、农田抗灾能力等。

三、"两型"农业与传统农业生产体系的比较

第二次世界大战后，面对世界人口膨胀对粮食不断增长的需求，世界各国都在寻求开展一场增加粮食产量、消除饥饿的农业革命。以美国为首的西方发达国家面对当时日益昂贵的农业生产要素（人力、畜力和土地等），相继建立了以廉价石油为基础的高度工业化的工业式农业。工业式农业通过大量的化肥、农药、农膜等化学品投入，创造了农产品增产、农业生产率提高的奇迹，缓解了人口激增与粮食需求之间的尖锐矛盾。

但其伴生的负面问题也日益凸显，如出现资源枯竭、环境恶化、自然灾害频发等一系列灾难性后果，导致了世界性的能源危机、环境危机、生态危机和气候危机。于是，世界各国深刻反思以"高度化学化、高度专业化、高度集约化""高成本、高产量、高污染"为主要特征的工业式农业，不断探索农业可持续发展之路，相继提出了替代农业、生态农业、有机农业、精准农业、节约农业、循环农业、低碳农业等模式，虽然概念不同，但其基本思想都是着力根除工业式农业弊端，寻求新的可持续发展方式。"两型"农业是农业新范式的变革，相较工业式农业生产体系有很大不同。

（一）技术范式和基本特征不同

"两型"农业将传统的"资源—产品—废弃物"的单向线性经济范式转变为"资源—产品—废弃物—再生资源"的循环经济范式，是一种技术经济范式的革命。其基本特征是由过去"高投入、高消耗、高污染、低效益"的"三高一低"模式转变为"低投入、低消耗、低污染、高效益"的"三低一高"模式。"两型"农业在传统技术流程中增加了反馈机制，从而实现了物质流、能量流、废物流的循环再利用，不仅节约了资源要素投入，而且"变废为宝"，减少了环境负荷，甚至可以达到"零排放、零污染"。这种模式把传统的"先污染后治理"的末端治理方式转变为"源头预防""全程控制"和

"综合治理"。

"两型"农业改变了传统农业的直线思维方式、生产方式和生活方式，要求全社会增强节约资源、变废为宝、循环利用、保护环境的意识，遵从自然生态和农业经济发展两大规律，实现资源的减量化、再利用和废弃物的资源化等"3R"核心原则，尽量减少资源投入，变废为宝，实现资源循环利用，减少资源与环境损耗，减少环境污染负荷，促进经济、社会与自然的良性循环。

（二）基本目标和指导思想不同

传统农业生产会最大限度地开发自然资源，最大限度地生产农产品，以追求产量最大化、经济利益最大化为目标，往往片面强调高产和经济利益，注重的是短期、局部的经济利益，而忽视资源承载力和环境容量，忽视长期的、整体的、全局的综合利益，导致农业生产与资源环境之间的矛盾冲突不断加剧。"两型"农业生产体系的指导思想则秉承可持续发展的理念，注重统筹农业生产与资源节约、环境保护之间的关系，统筹人与自然之间的关系，既充分考虑自然资源的有限性和生态环境的承载力，又尽可能地节约自然资源和保护环境，不再将"高产"看作农业生产的唯一目标，而以"优质、高产、高效、生态、安全"为综合目标。

"两型"农业生产体系以寻求发展经济和保护环境、资源开发和可持续利用为切入点，积极发展相应的主导产业，从而实现资源的科学匹配；通过把循环经济的理念应用到农业生产中，注重资源利用高效率、外部投入最低化、污染排放最少化；注重生态保护，在开发资源时，既注意在空间上不影响其他地区的使用，又注意在时间上不影响后代的使用。"两型"农业注重的是提高农业的综合效益，达到生态效益、经济效益、社会效益的有机统一。

（三）假设前提和实践模式不同

传统农业假设的前提是自然资源取之不尽、用之不竭，生态环境具有无限承载力，环境容量是无限的，自然资源和生态环境是没有价值的。因而，农业发展严重依赖由石油、煤炭和天然气等能源和原料为基础的工业式农业，以高投资、高能耗、高污染方式经营农业。

"两型"农业致力于破解工业式农业等与资源环境之间尖锐的矛盾，主张农业的发展不能因片面强调眼前的经济利益，而不惜牺牲资源环境；不能为了满足当代人的过度需求而牺牲后代人的幸福，要始终遵从自然生态规律与农业生产发展规律，形成与资源承载力和环境容量相适应的农业发展模式。

（四）农业生产与资源环境、人与自然的关系不同

化学农业、石油农业等工业式农业由于过度依赖石油、煤炭、天然气等不可再生资源的开采和使用，导致农业生产与资源环境、人与自然环境之间形成了尖锐对立与冲突。为了满足日益增长的资源和能源需求，在巨大经济利益诱惑和物质享乐主义的驱动下，人类形成了征服自然、改造自然的中心主义价值观，一切以人类的利益为目的，为了人类的生存、发展甚至享乐，不惜以牺牲资源和环境为代价，最后由于毫无节制的掠夺式开发，造成了资源危机、环境危机、生态危机和气候危机。而"两型"农业则强调要遵循循环经济规律，改变传统农业发展方式，统筹农业发展与资源环境之间的关系；强调尊重自然规律；强调在保护生态环境与农业生产中的统筹协调，发展人与自然和谐共生的生态文明价值观。

四、如何建成"两型"农业生产体系

为达到建成"两型"农业生产体系的根本目标，我们首先需要研究资源与生态承载力双重约束下的资源配置问题，通过对农业产业链内部及其部门间物资、能量、价值循环的研究来优化农业生产体系结构，从而构建资源节约型、环境友好型的农业生产体系，并进行生产体系制度保障设计。具体如下：

一是以区域未来农业及生态建设发展目标为前提，对整个区域内农业生产的资源承载力、生态承载力进行测度。

二是分别对种植业、畜牧业、农产品加工业在生产过程中所需资源和生态负荷进行衡量。首先，开展基于资源、生态承载力双约束下的种植业生产体系研究。进行作物产量规划和作物（玉米、水稻、大豆）对资源的需求与生态负荷研究。其次，开展基于资源、生态承载力双约束下的畜牧业生产体系研究。进行畜牧业产量规划和生产结构（猪、牛、鸡）对资源的需求和生态负荷研究。再次，开展基于资源、生态承载力双约束下的农产品加工业生产体系研究。进行产能设计研究（基于国家安全战略和地方财政考虑），研究农产品加工业对资源的需求以及生态负荷。

三是针对种植业、畜牧业、农产品加工业部门内部及其部门间物资、能量、价值进行系统动态模拟，在模拟基础上进行系统优化，并找出实现系统良性循环的条件。确定种植业、畜牧业、农产品加工业内部及其部门间物资、

能量、价值循环模式与规律。

四是结合农业现代化发展趋势和农业现代化生产技术，设计粮食主产区"两型"农业生产体系，并对设计的农业生产体系进行优化，完成适合粮食主产区的"两型"农业生产体系的构建。

五是实现"两型"农业生产体系的制度保障体系设计。完善的制度保障体系是"两型"农业生产体系得以建立并顺利运行的关键。需要从资源管理制度体系、环境管理制度体系、产业保护制度体系、农业科技管理制度体系、农业经营体制创新等方面进行研究。第一，资源管理制度体系。在市场经济条件下，作为理性的经济人，必然对价格信号做出反应，决策是不同利益主体多维博弈的结果。第二，环境管理制度体系。用以解决市场失灵情况下的环境公共物品的生产与管理问题。第三，产业保护制度体系。农业的弱质产业特点决定了政府必须对农业产业中的各方利益进行保护，包括粮食主产区利益、农民利益、农产品加工企业的利益。第四，农业科技管理制度体系。即农业现代化科技研发、推广制度保障体系。第五，农业经营体制创新。为适应"两型"农业生产体系，必须明确农业经营体制、土地经营制度等应该如何调整。

【延伸阅读】

1. 中共中央，国务院．乡村振兴战略规划（2018—2022 年）（专栏）[N]．人民日报，2018 - 09 - 27 (1)．

2. 蒋永穆，刘虔．新时代乡村振兴战略下的小农户发展 [J]．求索，2017（12）：59 - 65.

3. 叶敬忠，张明皓．"小农户"与"小农"之辩——基于"小农户"的生产力振兴和"小农"的生产关系振兴 [J]．南京农业大学学报（社会科学版），2019，19（1）：1 - 12.

第四章 乡村振兴背景下农业现代化经营体系及建设路径

农业现代化是国家现代化的基础与支撑，农业现代化直接关系着国家现代化的推进与质量。虽然随着我国农村经济体制改革的不断深入，农业发展取得了巨大成就，但随着农业开放程度的不断加深和生产成本的日益上升以及资源与环境的双重约束，长期分散式的粗放型经营模式已经无法适应新时期的农业发展要求。因此，党中央高度重视农业现代化进程，2015年，习近平总书记在参加十二届全国人大第三次会议吉林代表团审议时指出，推进农业现代化的关键是建设好农业现代化产业体系、农业现代化生产体系和农业现代化经营体系。2016年，习近平总书记在安徽滁州市凤阳县小岗村考察时进一步强调要构建农业三大体系，加快农业发展，为农业现代化建设指明了方向。三大体系相辅相成，互相促进，其中农业现代化经营体系是关键，解决了"未来谁种地"的问题，在一定程度上就决定了农业产业体系和生产体系，事关农业长远发展。

第一节 农业现代化经营体系的内涵

目前，学术界对农业现代化经营体系的内涵还没有达成共识。但提出农业现代化经营体系这一概念的背景是明确的，即传统的以"家庭承包经营"为特点的分散式、粗放型经营模式，虽然极大地调动了农民的积极性，对我国农业发展做出了巨大的贡献，但如今已无法适应新时期农业发展的要求，需要对传统的农业经营体系进行深化改革，要从资源依赖型的粗放经营模式向数量效益并重的集约型经营模式转变，从分散的家庭经营向适度规模经营转变，走产出高效、产品安全、资源节约、环境友好的农业现代化道路。所以，建立农业现代化经营体系不仅体现了新时代农业现代化的要求，更体现了我国传统农业向现代化农业动态演进的过程，其内涵不仅包括适应农业现代化生产的新型经营主体，为农业生产服务的专业化社会化服务体系，还应包括能有力支撑现代化农业发展的农业基本制度和支持保护政策。

一、新型的农业经营主体

1978 年党的十一届三中全会后，我国开始了家庭联产承包责任制的改革，逐渐确立了小农户家庭在农业生产中的核心地位，激发了广大农民的生产积极性，释放了农业生产活力，为我国经济发展和社会稳定做出了巨大贡献。但随着我国全面进入现代化进程的加快，传统分散的以农民家庭为核心的小规模农业经营体系已经无法适应我国经济社会现代化的需求，在高度市场化的开放经济体系中，传统小农经营体系的竞争力日益下降。一方面，工业化和城市化的快速发展，城乡二元结构体制的突破，使大量农村劳动力流向城市，削弱了家庭经营的生产基础，降低了农业生产效率和产出，也削弱了农民的财产性收入；另一方面，中国加入世贸组织后，随着农业开放程度的不断提高和农业生产成本不断增加，农业的竞争压力日益体现，粮食进口数量不断增加，例如，2020 年我国粮食进口量达 1.4 万亿吨，给国内农业生产带来了较大的冲击。因此，如何在资源和环境的双重约束下，在国内外市场的双重挤压下，变革小农生产方式，培育新型农业经营主体，成为我国实现农业现代化的关键。

2021 年"中央一号文件"《中共中央 国务院关于全面推进乡村振兴加快农业农村现代化的意见》中明确提出，为推动农业现代化，实现乡村振兴，要重点培育家庭农场、农民合作社两类经营主体，并支持农业产业化龙头企业创新发展、做大做强，鼓励发展多种形式的农业适度规模经营。新型农业经营主体具有规模化、专业化、市场化和集约化的特征，代表着农业生产中的先进生产力，是农业现代化的主要推动力量。

（一）家庭农场

家庭农场是指以小农户家庭为基本生产单位，家庭成员为主要劳动力，以市场为导向从事农产品生产经营，并以农场收入为主要收入来源的新型农业经营主体，具备一定的生产规模且专业化程度较高。家庭农场保留了家庭经营的内核，坚持了家庭经营的基础性地位，既符合我国基本国情，又可以实现农业适度规模经营，是发展农业现代化的重要力量。2013 年"中央一号文件"《中共中央 国务院关于加快发展现代农业进一步增强农村发展活力的若干意见》中就明确提出，要培育家庭农场，鼓励和支持承包土地向专业大户、家庭农场、农民合作社流转。此后，我国加快了农村土地流转改革的速度，出台了各种扶持家庭农场发展的政策，家庭农场发展进入快车道，到 2020 年 6 月，我国家庭农场数量已经突破 100 万个。

（二）农民专业合作社

农民专业合作社是指在农村家庭承包经营基础上，农产品的生产经营者或者农业生产经营服务的提供者、利用者，自愿联合、民主管理的互助性经济组织。它是在不改变家庭承包经营的基础上，以自愿、自治和民主管理为基本特点，通过农村劳动与资本的联合所形成的一种互助性经济组织形式，在一定程度上既可以充分发挥家庭承包经营的优势，又可以克服家庭经营规模小、市场化程度低的缺点，在提高农业生产效益、实现农业现代化方面具有重要作用。

目前，"大国小民"依然是我国农业发展的基本国情，小农户依然是我国农业生产的基本单位，占有基础性地位。如何提高小农户生产效率，将小农户与市场有效联系，是实现农业现代化迫切需要解决的问题。而农民专业合作社正是市场与小农户之间的桥梁，将小农户、家庭农场、专业大户有效整合起来，实现规模生产经营，提供生产经营服务，提高农业产业化水平，促进农业现代化。2013 年"中央一号文件"指出"农民合作社是带动小农户进入市场的基本主体，是发展农村集体经济的新型实体，是创新农村社会管理的有效载体"，在新型的农业经营主体中，农民专业合作社具有核心作用，是实现小农户与农业现代化有效衔接的载体，对其他经营主体具有带动和引领作用。2006 年，我国颁布实施《中华人民共和国农民专业合作社法》，开始规范和引导合作社发展，随后，各种形式的农民专业合作社不断发展壮大。截至 2020 年底，我国农民专业合作社数量已经超过了 224 万家。

（三）农业产业化龙头企业

根据《农业产业化国家重点龙头企业认定和运行监测管理办法》，农业产业化国家重点龙头企业指以农产品生产、加工或流通为主业，通过合同、合作、股份合作等利益联结方式直接与农户紧密联系，使农产品生产、加工、销售有机结合、相互促进，在规模和经营指标上达到规定标准并经全国农业产业化联席会议认定的农业企业。在国家相关文件的指导下，各省市又制定了自己的农业产业化龙头企业认定标准。农业产业化龙头企业与农业现代化有着天然的密切联系，一方面，发展农业产业化龙头企业是农业现代化发展的必然选择，没有龙头企业，也就没有农业的产业化和现代化，农业产业化龙头企业是促进农业生产产业化、规模化、市场化和效益化的重要载体和有效途径，是实现农业现代化的重要推动力量；另一方面，农业现代化发展必然为农业产业化龙头企业的发展创造有利的制度环境和市场环境，农业产业化龙头企业是依托农业现代化的进程发展壮大的。农业产业化龙头企业以市场为导向，通过产业化经营，有效整合农产品生产、加工和销售环节，促进农业产业链的延伸和价值链的增值，带动农业的产业化和现代化发展。随着国家对农业现代化发展重视程度日益提升，对农业产业化龙头企业的支持力度不断加大，企业数量不断增加。截至 2020 年底，我国县级以上农业产业化龙头企业已经超过 9 万家，其中国家级重点龙头企业约 1547 家。

二、农业专业化社会化服务体系

农业专业化社会化服务体系是指在家庭承包经营的基础上，为各类农业生产经营主体提供专业性、系统性服务的网络关系。构建农业专业化社会化服务体系是农业现代化发展的重要支撑，农业现代化是农业分工不断深化、生产不断市场化的过程，必然要求建立与之相适应的农业专业化社会服务体系，作为小农户与市场间沟通与联系的桥梁，促进农业生产专业化分工，提高生产效率与经济效益，引领小农户进入农业现代化发展轨道。因此，党的十九大报告中明确指出，要健全农业社会化服务体系，实现小农户和农业现代化发展有机衔接。2021 年的"中央一号文件"也明确提出，要发展壮大农业专业化社会化服务组织，将先进适用的品种、投入品、技术、装备导入小农户。

我国农业社会服务体系是中华人民共和国成立后，在政府主导下，以农技、农机、供销、信用等服务体系为主逐步建立起来，并在 1978 年农村经济体制改革后通过对原有体系进行市场化改革而日益完善的。改革开放以来，为推动农村经济改革，完善以家庭联产承包为主的责任制，我国政府开始了推动农业服务体系建设的工作。但是，随着农村改革的深入，集中化、规模化的农业服务需求变得日益分散化、碎片化，政府主导的农业服务体系日益表现出对变革的不适应性。随着市场服务主体数量逐渐增多，社会力量在农业服务供给中的重要性日益凸显。因此，1990 年，《中共中央 国务院关于一九九一年农业和农村工作的通知》中首次提出"农业社会化服务体系"的概念，要求各级政府帮助、督促和引导当地各种服务组织在产前产中产后的服务中发挥各自的作用，发挥社会服务组织的纽带作用。

进入 21 世纪，随着农业专业化分工的深化，我国农业发展模式发生了深刻的变化。一是经营主体的多元化，家庭农场、农村合作社、专业化龙头企业日益增多，农业生产经营从分散的家庭经营向适度的规模经营转变；二是"两型"的双重约束，增长方式日益从粗放型向集约型转变。为了适应农业发展的新变化，在 2008 年十七届三中全会上通过的《中共中央关于推进农村改革发展若干重大问题的决定》中指出："建设覆盖全程、综合配套、便捷高效的社会化服务体系，是发展农业现代化的必然要求。加快构建以公共服务机构为依托、合作经济组织为基础、龙头企业为骨干、其他社会力量为补充，公益性服务和经营性服务相结合、专项服务和综合服务相协调的新型农业社会化服务体系。"自 2013 年以后，历年的"中央一号文件"都强调农业专业化社会化服务体系建设，强调农业专业化社会化服务体系的建设是小农户与现代化农业有效衔接的重要渠道，是实现乡村振兴、农业现代化的有力支撑。2021 年，农业农村部出台《关于加快发展农业社会化服务的指导意见》，指出发展农业社会化服务是实现中国特色农业现代化的必然选择。要坚持市场导向，以服务农业薄弱环节为焦点，鼓励支持培育服务主体，发展多元化、多层次、多类型的农业社会化服务，引领农业生产经营的专业化、标准化、集约化和绿色化。

经过多年的建设，目前，具有中国特色的多元化、多层次、多类型农业专业化社会化服务体系已经初步形成。截至 2020 年底，我国已有各类农业社会服务组织超过 90 万家，服务带动小农户 7000 多万户。我国各地区资源禀赋和农业生产经营主体的差异性，以及正由传统农业向农业现代化转变的基本国情，决定了我国的农业专业化社会化服务体系有着鲜明的中国特色。一是多元化的服务主体。其既包括财政支持的公益性组织，又包括市场化运作的专业化经营性主体，二者各自发挥比较优势，满足不同经营主体的服务需求。二是多层次的服务对象。目前我国农业生产经营的基础依然是普通小农户，但家庭农场、农民合作社、农业专业化龙头企业数量不断增多，经营主体日益多元化，专业化社会服务体系根据不同层次经营主体的需要提供多层次的服务。三是多类型的服务内容。服务内容不再局限于传统的农业生产，随着信息技术的应用，新业态的出现，服务范围越来越广，从传统的农业生产领域扩展到农业全产业链。

三、政策支持体系

我国农业现代化经营体系的形成与发展贯穿经济改革的全过程，与农业基本经营制度变迁密切相关。农业现代化经营体系的发展需要政府构建完善的支持政策体系，创造有利的政策环境，有效弥补市场失灵，实现农业政策的社会保障职能，并保证农业发展方向符合国家现代化的要求。同时，也要明确政府的作用边界，坚持市场化导向引导农业现代化经营体系的发展，促进各类型农业经营主体平等参与市场竞争。具体来看主要有两个方面：一是巩固和完善农村基本经营制度，深化农村土地制度改革，推动承包地"三权分置"，为农业现代化经营体系发展创造必要的制度条件；二是健全扶持政策体系，出台财税、金融、保险以及教育培训等支持政策，鼓励和引导新型农业经营主体以及服务组织的发展。

（一）巩固完善农村基本经营制度

农村基本经营制度代表一定时期农村的生产关系，显示了农业生产要素在政府、集体和小农户等不同主体之间的产权配置关系，其核心是土地资源所有权的配置关系。农村基本经营制度是一个历史范畴，不同时期的农村基本经营制度代表了不同阶段对生产力的要求，具有鲜明的时代特征。推动农业现代化必须巩固和完善与农业现代化发展相适应的农村基本经营制度，为发展多种形式适度规模经营、培育新型农业经营主体和服务主体创造制度保障。

从制度变迁的角度来看，自 1978 年以后，随着家庭联产承包责任制的改革，我国逐渐确立了农村土地集体所有，以家庭承包经营为基础，统分结合的双层经营体制，从而调动了农民的积极性，解放和发展了农村生产力。然而，随着我国工业化、城镇化的加速推进，农村人口向城市聚集，农村空心化、老龄化的问题日益突出，小规模、分散式的经营模式已经不能适应农业现代化专业化、规模化、集约化的发展要求，对农村基本经济制度变革提出了新的要求。2013 年的"中央一号文件"提出，要"构建集约化、专业化、组织化、社会化相结合的新型农业经营体系"，要"坚持依法自愿有偿原则，引导农村土地承包经营权有序流转，鼓励和支持承包土地向专业大户、家庭农场、农民合作社流转，发展多种形式的适度规模经营"。2014 年"中央一号文件"《关于全面深化农村改革加快推进农业现代化的若干意见》提出，深化农村土地制度改革，"鼓励有条件的小农户流转承包土地的经营权，加快健全土地经营权流转市场"，由此国家开始了农村土地所有权、承包权、经营权"三权分置"的改革部署。2016 年，中共中央办公厅、国务院印发了《关于完善农村土地所有权承包权经营权分置办法的意见》，就完善"三权分置"办法提出了指导意见，核心是放活经营权，赋予经营权应有的法律地位与职能。2018 年，我国对《农村土地承包法》进行了修订，从法律层面确立了农村土地"三权分置"制度，有效保障了农村集体经济组织和承包户的合法权益，为土地流转、规模化经营和新型农业经济主体的发展创造了有利条件。

推动农业现代化经营体系的建立，完善农村产权制度和要素市场化配置机制是关键，也是激发农业内生发展动力的有效途径。因此，我国应继续推动农村要素市场化改革，落实农村土地"三权分置"制度，健全土地流转服务体系，引导土地有序适度流转，切实保障土地经营者的权益，鼓励和扶持新型经营主体的发展。这也是实现农业规模化、专业化、集约化生产，实现农业现代化的前提。

（二）健全政策扶持体系

由于农业生产的特殊性以及其在国民经济中的基础性地位，农业的发展和现代化进程都离不开政府政策的扶持与引导。我国农业现代化经营体系的建立和发展尤其需要政府的扶持和引导。一方面，我国农业发展已然成为我国现代化进程中的短板，想要从传统的小规模、分散式粗放型经营体系快速向农业现代化经营体系过渡，离不开政府的扶持；另一方面，伴随工业化、城镇化速度的加快，我国农村各种矛盾冲突日益凸显，如何有效应对和解决这些矛盾冲突以促进乡村振兴，实现农业现代化，也需要政府加大对农业的政策扶持力度。

首先，要加大农村基础设施建设力度，补齐农村基础设施短板，包括道路交通、农村物流、农田水利等基础设施建设；特别是要加快农村信息网络建设，鼓励"互联网+"农业新业态的发展；完善农业产业园基础设施建设，引导社会资本注入农业发展。

其次，要加大财税支农力度，增强财税政策的系统性、整体性，在稳定家庭承包经营制度的基础上，鼓励和扶持新型农业经营主体与服务主体的发展。

再次，要完善金融支持政策，加大对农业经营主体特别是新型经营主体的金融支持力度，完善农业小额信贷政策，为农业经营主体的发展提供财力保障。同时，针对农业融资贷款缺乏抵押的问题，可由政府设立专门担保机构进行担保，降低农业融资难度。

最后，要建立新型农民职业培训体系。农业现代化以农业生产的专业化、集约化、规模化为前提，要求农业经营主体具有较高的科学文化素质，所以加大对新型职业农民的培养力度，培育高素质农民就成了提高农业生产效率、培育新型农业经营主体的关键。

第二节　农业现代化经营体系的行为特征

党的十八大报告围绕构建新型农业经营体系提出了"四化"的要求，即集约化、专业化、组织化、社会化。"四化"是紧密联系、相互促进、互为条件的一个整体，集约化有助于实现高效农业，是新型农业经营体系的核心内容；而专业化、组织化、社会化是新型农业经营体系的重要基础，没有专业化、组织化、社会化的跟进和提升，盲目实行集约化，片面追求规模效益，容易造成"速生鸡"事件等食品安全问题。提高农业生产经营组织化程度，大力发展农民专业合作社和农业全产业化经营网络，有利于提高农业生产规模化和专业化水平，稳步提高农业产量和农民收入。中国农业生产经营集约化、专业化、组织化、社会化协调发展可以提高农业生产效率，弥补旧式农业经营管理中存在的缺陷，解决传统农业经营管理带来的问题。

一、生产集约化

集约化是相对于粗放化而言的，是指在一定面积的土地上，运用先进的技术和管理办法，集中投入较多的生产资料，以求获得较高产量和收入的一种集经济效益、生态效益、社会效益于一体的农业经营方式。集约化要解决的是农业经营中"物"投入不足的问题，特别是先进适用技术和现代物质装备不足的问题。集约化经营的目的是从单位面积土地上获得更多农产品，不断提高土地生产率和劳动生产率。集约化的类型有三种，分别是劳动密集型、资本密集型以及技术密集型。劳动密集型是指通过在一定土地面积上投入较多的劳动力，以提高单位面积的土地生产率，增加农产品产量。在科学技术进步的背景下，资本密集型在相当程度上表现为日益完善的生产手段装置，以资本替代劳动力，以提高劳动生产率。技术密集型又称知识密集型，它是运用先进、复杂的科学技术进行生产，其特点是技术装备水平较高、所需劳动力较少、产品生产中的技术含量较高。农业科学技术进步，无论采取什么样的形式，其最终必然表现为以更少的农业资源，生产同质同量的农产品，或以同量的农业资源投入，生产更多更好的农产品。这就说明，农业科学技术进步也是一种重要的农业集约经营类型。我国农业发展已经到了这样的阶段，即如果不在农业领域广泛应用先进的科学技术，就不可能有效地解决我国农业发展中所面临的难题。现阶段，我国推进农业生产集约化的重点是加快农业增长方式由主要依靠土地、化学品和劳动力投入向依靠科技、资本和人才转变，大力发展设施农业、工厂化农业、科技农业、生态农业、休闲农业等农业现代化业态；加快农业经营方式由分散式的家庭经营向专业化适度规模经营转变，推进农业布局区域化和农业生产规模化、专业化。在上述两大转变中，第二个转变是第一个转变的基础和条件，也是实现我国农业"第二个飞跃"的重要路径。

二、经营专业化

专业化主要针对的是当前城镇化背景下大量青年农民流向城市而导致的农业兼业化、老龄化和无人务农等问题，主要解决的是农业生产经营中"人"的问题。专业化生产规模比较大，投入农业生产的时间比较长，农业生产具有较高的技术水平，农产品产量也比较高，并且生产经营主体在学习农业先进科技知识、改进农业生产条件、发展农业现代化、开拓市场等方面具有较高的主动性和积极性。我国已全面建成小康社会，经济快速发展，但是农业发展进入了瓶颈期，传统的小农经营体系已无法适应现代市场的需求。在互联网时代，传统小农经营体系在整个市场中的地位日益下降。农村生产力水平的提高要求无论是种养、农机等专业大户，还是各种类型的农民合作社，都集中于农业生产经营的某一个领域、品种或环节，开展专业化的生产经营活动。

专业化是相对兼业化而言的，是指农业生产按照农产品不同种类、生产过程不同环节生产技术的不同领域，在地区之间或生产单位之间进行分工协作，向专门化方向发展的过程。在传统农业生产经营中，农业生产、销售及经营风险都集中在小农户手中。新型农业经营体系要求进行农业产业链分工，并通过多功能开发延伸农业产业链，使生产、销售、服务等环节均有专业化的经营组织。新型农业经营体系的分工特点和专业化经营，不仅有利于发挥各经营主体的比较优势，大幅提高农业劳动生产率，分散农业经营风险，增强农业融资和抗风险能力，而且，相比小农户，新型农业经营体系的专业化经营规模较大，以农业经营收入为主要收入来源，在改善农业生产条件、发展农业现代化、开拓农产品市场等方面，都具有较强的主动性和积极性，通常会采用先进的生产技术和手段，进行专业化的农业生产经营，因而具有较高的生产效率。

从国际经验来看，农业现代化的专业化包括两个层面。一个层面是农业生产主体或服务主体的专业化。如鼓励"小而全""小而散"的小农户家庭经营向专业化发展，形成"小而专""专而协"的农业经营格局，发展专业大户、家庭农场等，促进农业生产经营的专业化。另一个层面是农业的区域专业化。建设优势农产品产业带、产业区，农业区域化的发展可以带动农业区域规模经济发展。

（一）生产专业化

我国地域辽阔，地形、气候条件多样，农业生产历史悠久，民族文化习俗各不相同，各地形成了不同的农业产业形态和经营模式。南方雨水充沛、四季分明的稻作区孕育了江南精耕细作的传统；北方相对干旱少水、冬季漫长，因此多为旱作，小麦、大豆、玉米等杂粮田地集中。当然，随着技术的进步，农业产业区域的边界也在不断变化。由于各个地区消费习惯以及传统文化的差异，以碳水化合物为主要食物来源的地区主要种植谷物、果蔬等作物，而以肉类为主要食物来源的地区主要种植牧草、饲养牲畜。不同的地形、气候以及消费习惯导致差异化的农业经营体系产生。农业按照其投入要素的密集程度大体可以分为土地密集型的粮棉油作物种植、劳动密集型的园艺作物种植以及资本密集型的畜禽产品生产。粮棉油产品主要在广阔的田野上种植，温度、光照、水分和气候等自然因素对其影响较大，各地区生产时间相对固定；果蔬园艺产品经营逐渐向设施化的方向发展，受自然因素影响的程度有所降低，但大部分产品具有易腐性；畜禽产品经营十分依赖资本设备的投入。所以，不是所有的产品都适合经营组织生产，各地区应该根据自己的资源禀赋，生产出适合自己发展的产品，打造出"一村一品""一县一业"，以此提高自己的经济效益和竞争能力，从而形成专业化的经营体系。

（二）中间环节专业化

"专业的人做专业的事。"生产环节由专业的生产组织进行生产，销售环节也需要专业的组织担起中间环节的责任，最终把最好的产品送到消费者手中，让消费者满意。要想把农产品送到较远地区的消费者手中，对于部分需要保鲜的农产品，如果由小农户自己运输，会存在较高成本和较大风险，而如果由专业的冷链物流公司运输，则可以达到利益共享，风险共担的目的，有力保障农民的利益。通常情况下，生产者生产出来的初产品并不能满足消费者的需求，需要对产品进行深加工，而深加工所需要的资本投入并不是生产者能承担得起的，这时就需要加工企业介入，通过对初产品的加工使农产品的价值得到提升。加工企业的存在不仅避免了农产品大量的浪费，还提高了附近居民的工资性收入，企业自身也获得了收益。服务环节也是必不可少的，例如，消费者从网上购买农产品，在电商平台上会有服务人员为消费者答疑解惑，提高消费者对产品的认知，而服务质量高，消费者满意度就会相对提高，购买产品的意愿就会大大增强。

（三）职能分工专业化

农场、管理区、合作社各司其职，各负其责。农场负责对合作社进行监督、监管及综合管理、提供专业服务并为合作社积极争取惠农政策；管理区负责对合作社进行具体业务管理及技术支持；合作社理事会负责合作社的生产经营活动，包括种植、管理、销售、财务公开等，及时向管理区、合作社提出物资采购计划，以提前准备所需物资。

1. 治理组织化

组织化相对传统小农户分散经营而言，是指通过多元化的农业经营组织协调农业分工，将分散的小农生产组织起来，形成有组织、有规模、有科学管理的合作形态，促进分散经营向适度规模经营转变，实现农业决策治理的组织化、民主化。

农业经营组织化主要应该从横向组织化和纵向组织化两个方向发展。一是横向组织化，即"农业经营体系内部各独立经营主体的组织化"，也就是组织化的经营主体在数量和规模上的发展。这种组织化需要与培育和壮大新型经营主体协同推进。一方面，要建立组织，在坚持家庭经营的基础上，推进家庭经营、集体经营、合作经营、企业经营等共同发展的农业经营方式的创新，通过家庭农场、专业大户、农民合作社、农业企业等组织，使家庭小农户尽可能地被各类组织覆盖，在增强小农户组织化程度的同时创新经营主体；另一方面，要壮大组织，要推进经营主体向采用先进科学技术和经营手段的方向转变，增加技术、资本等生产要素的投入，努力提高集约化水平，使独立的经营主体内部组织化程度更高。二是纵向组织化，即"经营主体之间在产业链上的组织化"，也就是按照产业分工的不同，加强产业链上不同环节经营主体的组织化程度，完善利益联结关系，形成产、供、销、服务一体的组织体系。这种组织化需要产业化的分工和合作来实现，而关键在于产业链的拓展和产业链的联结。一方面，要根据农业经营的社会分工逐渐细化的发展规律，不断拓展产业链，加快经营环节的细分，促使新的组织不断涌现并在细分环节发挥专业优势，形成专业化经营；另一方面，要根据农业产业化的发展要求，加强产业链上各环节组织的合作，推动各经营主体的深度融合，积极探索农业企业、农民合作社、家庭农场、专业大户与小农户之间多种形式的组织模式，形成以小农户参与为基础，农业企业为依托，农民合作社、专业大户和家庭农场为中坚力量，有机构建农业经营产、供、销、服务一体的组织体系。

传统小农户组织化程度较低，小农户生产过于分散和弱小，因而在信贷和销售等方面往往处于不利地位，抵御风险的能力较弱。新型农业经营体系具有突出的组织化特征：小农户间在横向上，从分散、小规模状态转为联合生产，实现生产经营规模的壮大，不仅提高了农业生产效率，而且提高了市场谈判的能力；在纵向上，小农户从利益分割、各自为政状态转为业务合作，实现了农业产业链的延伸，拓展了农业经营的效益空间。同时，通过组织升级、联合生产、民主决策等形式，分散的小农户构成了一个相互联系、相互依赖的有机整体。这不仅提高了小农户融入市场的能力，还强化了小农户对信息的搜集和辨识能力，有效规避了市场风险。具体而言，新型农业经营体系的组织形式包括各类专业大户、家庭农场、农民合作社、农民协会、产业化龙头企业以及各类农业社会化服务组织等，这些组织在农业经营过程中相互补充、相互协调，共同致力于农业现代化的发展。

2. 服务社会化

农业服务社会化，主要包括农业生产、农产品销售和农业风险分担社会化。农业生产社会化，是指在农业生产过程中所提供的种植、收割等技术服务，在整个生产过程中需要有健全的农业科技服务体系；农产品销售社会化，是为了实现农产品的价值，需要建立多层次的农产品销售网络体系和市场中介，专门经营农产品营销；农业经营风险分担社会化是为了分担农业风险而建立的多元化农业经营利益共同体，包括农业投资者、债权人等。农业生产社会化是提高农业生产专业化和农业生产效率的前提，农产品销售社会化是提高农业经营效率的保障，农业风险分担社会化是维护农业生产积极性，促进农业现代化的重要条件。经营性服务主体类型众多，层次各异，给各种服务需求的实现提供了最大的可能。服务主体包括各类公共服务机构，农村自发形成的农业合作经济组织，涉农企业以及农业院校、科研院所等。服务主体具有专业性，服务对象具有广泛性，服务模式具有社会性。农业社会化服务是农业现代化的重要支撑，是新型农业经营体系的重要内容。

社会化有两个方面的含义：一是农业生产过程的社会化。在生产过程中，一些个人行为变为社会行为，表现在农业生产过程中农业社会服务的广泛参与；二是产品的社会化。农产品可以在整个社会流通，而不是自给自足的小农经济。通过大力发展社会化服务，小农户克服自身小规模经营的弊端，从而可以在经济效益最大化的情况下解决"服务"不足的问题。

党中央长期以来都很重视农业社会化服务。1984年"中央一号文件"就提出，为了促进农村商品生产的发展，需要加强社会服务；1986年"中央一号文件"进一步指出，为了促进农村商品生产的发展，生产服务需要社会化；1991年，国务院发布一则通知，是关于加强农业社会化服务体系建设以及政策扶持等方面的具体安排；党的十七届三中全会对各类主体的培育及功能发挥做了具体安排，并提出加快构建以公共服务机构为依托、合作经济组织为基础、龙头企业为骨干、其他社会力量为补充的组织关系体系以及公益性服务和经营性服务相结合、专项服务和综合服务相协调的新型农业社会化服务体系；党的十八大报告又明确提出构建社会化农业经营体系，把农业社会化服务提到了新的高度。加强农业社会化服务，既要重视培育各类社会化服务组织，又要充分发挥各类组织的比较优势。2012年"中央一号文件"对公共服务机构的培育做出了安排，提出要抓好"一个衔接、两个覆盖"的落实，要引导公共服务机构逐步从经营性领域退出，进行职能转变，主要在具有较强公益性、外部性、基础性的领域，以及那些经营性服务机构不愿干、干不来的领域开展服务，如新品种新技术示范推广、土壤环境监测、农作物统防统治、区域疫病防控、产品质量监管等。完善的农业化社会服务体系是促进农业经营主体发展的重要推动力，也是实现农业现代化的必要条件。

发展农业社会化服务，要充分发挥专业化服务组织的作用。一方面，从事专业化的生产经营服务活动，其服务渠道和模式相对成熟，服务水平较高，经营有效益，有较好的发展前景；另一方面，要加大对专业化服务组织的扶持力度，积极引导和支持专业化服务组织开展病虫害统防统治、农机作业、农资供应、农产品流通等服务。

第三节　农业现代化经营体系的构建路径

构建新型农业经营体系，是深化农村改革，推动乡村振兴的重要举措之一。新型农业经营体系包括新型农业经营主体与新型农业社会化服务体系两大部分，由于旧的经营主体及农业社会化服务体系阻碍了农业现代化的发展，因此需要构建新型农业经营体系，通过加大对新型农业经营主体的培育力度，加强对新型农业服务体系的构建，使其能更好地满足农业现代化发展的需求。

党的十八大报告提出，要培育新型经营主体，发展多种形式规模经营，构建集约化、专业化、组织化、社会化相结合的新型农业经营体系，即新型农业经营体系"四化"，如图4-1所示。这是深化农村改革的重要任务，也

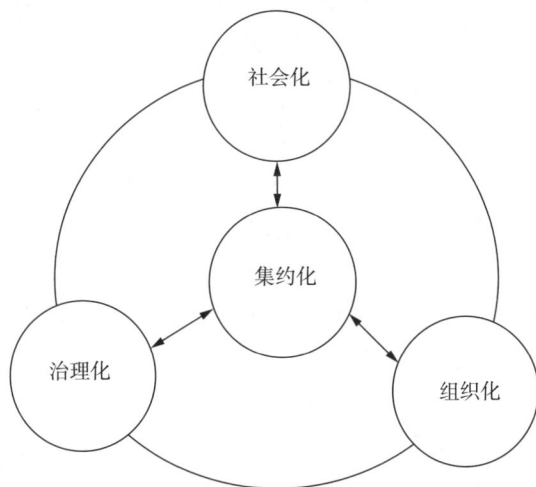

图4-1　新型农业经营体系"四化"

是加快实现农业现代化发展的重要举措。党的十九大报告也明确提出构建新型农业经营体系是实施乡村振兴战略的主要措施之一，可见新型农业经营体系的构建对我国农业农村的发展有着重要作用。纵观世界农业发展史以及我国农业发展的实际情况，构建新型农业经营体系已成为推动我国农业现代化发展的必由之路。

一、我国新型农业经营体系基本情况

由于我国地域辽阔，各地区经济发展水平、传统文化习惯以及农业经营环境表现出很强的区域化差异，因此，我国农业经营体系发展将呈现多元化、多层次的发展趋势。此外，历史的传承以及过去政策的约束使当代中国形成了独特的农业、农村与农民"三农问题"的联动格局；在日益开放的国际市场中，我国农产品的国际竞争力没有得到有效提升，相比于其他国家，在告别传统模式、进行转型发展的过程中，我国新型农业经营体系的构建将更加复杂。

目前，在我国的农业体系中，经营主体主要包括传统承包户、家庭农场、专业大户、农民专业合作社、龙头企业和农业社会化服务组织这六种。除此之外，我国各地区经过积极探索，还产生了联耕联种、农业共营制等其他类型的农业组织形式。虽然经营主体数量众多，但根据职能和属性差异可以将其归纳为家庭经营、合作经营以及企业经营这三种经营制度体系。

传统小农户、家庭农场和专业大户是家庭经营的具体表现形式，其在克服农业计量难题和监督成本方面具有天然的优势。农民专业合作社是众多小规模家庭经营主体联合而成的经营组织，在提升我国农村组织化水平、实现规模经营方面具有优势，是合作经营的主要形式。联耕联种、农业共营制体现为村落协同的农业经营，在一定程度上也是合作经营的表现形式。龙头企业是企业经营的主要形式，是解决我国农业发展过程中技术相对落后、管理经验匮乏以及资金不足等问题的中坚力量。这些多样化的主体与功能属性各异的经营形式在不同时间、空间以及具体农业产业中的关联关系各不相同，组合方式也复杂多样，从而形成多样化的经营体系样式。

具有中国特色的新型农业经营体系图谱（如图4-2所示）应该以家庭经营为核心，合作经营和企业经营相互支撑，面向国际竞争的适度规模经营与面向附加值提升的小农户特色经营相得益彰，组织化程度与社会化服务水平明显提升。

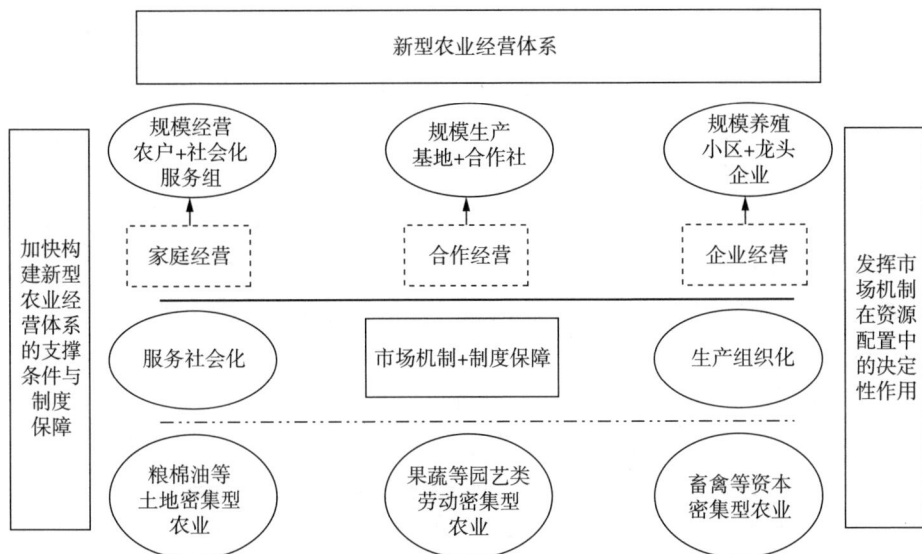

图 4-2　中国特色的新型农业经营体系构建图谱

（一）家庭经营

家庭经营是应对农业自然属性、降低农业监督成本的最优选择。传统承包小农户、家庭农场与专业大户都是以家庭为单位的经营主体，因此，这三类经营主体是克服农业生产活动监督和计量问题的最优选择。但是，传统承包户经营规模较小，并且大多数青壮年成员已经从事非农产业，农业收入在家庭收入中的比重不断下降，农业经营意愿降低，已经无法适应当前的环境。如果不能通过合作组织实现规模经营，一部分承包户将逐步退化为非经营性的自给自足型农业主体，并最终退出农业经营；另一部分将通过土地的流转扩大经营规模，转化为家庭农场和专业大户，成为新型农业经营体系的重要组成部分。相对于传统小农户，家庭农场和专业大户以经营农业为收入的主要来源，他们的经营规模一般远远大于传统承包户，并且收入水平可能与从事其他产业的劳动者相当。此外，家庭农场和专业大户一般是由一些有文化、懂技术并且具有更高经营效率、能够接受并掌握先进技术的职业农民组成的。

（二）合作经营

合作经营是农业分化发展过程中提升小规模小农户农业组织化水平的重要手段。虽然家庭经营能够解决农业生产中监督与劳动计量的问题，是最有效的农业生产形式之一，但是它并不能解决农业生产和经营中出现的全部问题。众多家庭经营者在面临市场时的谈判能力是十分弱小的，承担的自然风险和市场风险都很大，因此合作经营就成为农业家庭经营者规避风险、降低交易成本、实现规模经营的重要方式。弱小的小农户经营主体通过合作可以提升农业经营的组织化、规模化水平，并获得分工和规模经济利益。

只要农业生产最基本的特点（生产的生物性、地域的分散性以及规模的不均匀性）存在，农民之间就有合作的必然性。在当前分散经营的制度下，一家一户的生产方式难以应对自然风险的冲击并且难以适应千变万化的大市场。因为，蔬菜、水果、畜禽等产品价格波动剧烈，"火箭蛋""蒜你狠""姜你军"等现象频频出现，农产品滞销现象时有发生。这不仅对广大的小农户产生冲击，对消费者的选择也产生了巨大影响。当小农户意识到，只有通过合作才能解决他们在农产品生产和销售过程中所遇到的问题时，他们就产生了联合起来建立专业合作经济组织的制度创新需求，期望通过小农户之间的合作，获得一家一户所不能获得的收益（例如，降低市场交易成本、获得规模经济效益及规避市场风险等）。与此同时，农民专业合作经济组织的建立、运行和维护需要花费一定的成本，这些成本主要包括小农户之间寻求合作的谈判成本和合作组织建立后维持组织高效运行必须支付的组织协调成本。只有当合作的收益大于合作组织的制度创新成本时，小农户才会选择合作。

此外，随着消费者对农产品品牌化、高附加值化、高品质化等属性的需求增长，合作社可以联合众多生产者统一生产标准、统一布局产品品种、统一采购种子、化肥和农药等农资，从源头提高农产品的标准化水平；通过共同出资，使农业产业进一步向第二产业、第三产业延伸，加强农产品产后商品化处理设施、设备建设，拓展农业增值空间；借助本地特殊的自然、人文属性，打造区域农产品品牌，形成更强的农产品竞争优势。因此，合作经营也是联合农业经营者挖掘农产品附加值、打造区域品牌、增加农民收入的重要经营组织形式。

（三）企业经营

企业经营是农业专业化分工过程中先进技术与经营理念创新的源泉。企业经营为农业带来的是先进的技术、先进的理念、大量的资金等，农业龙头企业是企业经营的主体和核心。我国的农业龙头企业源于农村改革和农业产业化的实践，它们在适应多变的市场环境和应对激烈的国际竞争方面具有较大的优势。在不断完善与广大小农户的利益联结机制的基础上，农业龙头企业作为产业化经营的先导力量将扮演独特且重要的角色。但是,企业型农业经营难以克服农业经营的季节性,从而造成资源配置效率下降,还面临农业生产过程中监督成本高、绩效评价难的问题。同时,面对农业经营过程中的自然风险和市场风险,企业经营比小农户经营更加脆弱。企业经营不能代替家庭经营成为农业生产的主要方式,它更适合进入农业的产前与产后环节,由此带动小农户,而不是代替小农户经营。发达国家农业产业的企业经营经验显示,工商资本主要进入农产品加工业、种子种苗业、农业科技服务业、农产品流通业等农业产前和产后环节,促进农业经营向第二、三产业融合发展。工商企业长时间、大面积租赁小农户承包地,可能会挤占农民就业空间,不利于提高土地生产效率,可能出现非粮化、非农化倾向。公司企业进入农业领域,实施雇工经营,除了在可以实施严格规范劳动管理的大棚园艺产业和畜禽养殖产业上获得成功外,在粮棉油等大田作物经营过程中鲜见成功。企业经营是要解决农民办不了的事,而不是与农民争利,如果企业经营过分追逐利益而忽视农业生产的特性,必然无法经营长久。因此,在构建新型农业经营体系的过程中,我们应该注意这些问题。

家庭经营、合作经营和企业经营功能属性各异,都是现代市场条件下农业经营组织的具体形态。家庭经营是基础,其他经营形式是补充和发展。不同的经营主体各具特色,相互依存又互为补充,共同组成一定约束条件下的具体经营体系。

二、新型农业经营体系构建模式

以上分析表明,家庭经营在从事农业生产活动方面具有天然的优势,合作经营则在联合小农户对接市场方面存在优势,企业经营则具有资本与技术优势。各种经营主体与组织形式在不同时间、空间以及具体农业产业中根据农业经营环境的变化以及农产品市场的需求可能同时存在,也可能独立出现。数量与质量并重、竞争力强、科技水平先进以及可持续的新型农业经营体系正是由这些各司其职的经营主体与组织形式分工协作、功能互补而构成的一个系统。然而,无论是在理论上还是在实践中,不可能存在一种普遍适用的农业组织形式,每一种组织形式的产生和发展都有一定的适宜条件。不同生产要素的投入结构对农业经营体系的构建也具有较大影响。作为农业主要投入要素的土地、劳动和资本,在粮棉、园艺、养殖业等三大农业产业中的投入结构存在显著差异,这会造成不同产业的经营体系有所不同。

（一）粮棉油等土地密集型产业

（1）适度规模的家庭农场+社会化服务

对于粮、棉等土地密集型产品来说，经营规模对生产效率具有重要影响。小规模小农户经营亩均产值较低，平均成本较高，缺乏竞争力。因此，通过扩大经营规模来降低平均成本，提高总收益是保障该类型作物生产可持续发展的主要方式。此外，由于单个小农户购买资本密集型的设备既不利于降低平均成本又不利于提高相关设备的使用效率，可以通过社会化服务组织提供机耕、机种、机收、施肥、施药等服务，在这些环节实现更高水平的规模经营。例如，我国农机社会化服务和跨区域作业的工作量就不亚于美国农场机械的工作量。因此，针对土地利用型、机械化程度较高的大田作物经营，应该引导土地互换、流转，结合社会化服务，通过"规模户+社会化服务"的组织形式，降低大田作物经营的平均成本。加快当前农地制度改革，引导农村土地市场健康发展，促进多种形式适度规模经营是当今农业发展的当务之急。

（二）果蔬等园艺产业

（2）小规模小农户+合作社

对于园艺等劳动密集型产品，品种选择、栽培技术以及市场变化等将显著影响其经营效率。传统的小规模小农户由于数量庞大，难以实现全部小农户适度规模经营。小规模小农户经营种类繁多，商品化处理水平低，缺乏与市场谈判的能力以及营销技能，附加价值未得到有效开发。通过联合、合作的组织形式，挖掘农产品附加值，避免同质化竞争是小规模小农户的出路。农民专业合作社作为新型农业经营主体的重要组成部分，目前已经成为推进中国农业现代化的核心力量之一。合作经营可以帮助小农户提高市场谈判地位，解决单家独户办不了、办不好、办起来和不划算的问题。

（三）畜禽产业

（3）适度规模小农户+农业龙头企业

对于畜禽等资本密集型产业来说，由于其对技术、资本最为依赖，由在这方面具有优势的龙头企业作为主导是符合客观需要的。一种形式是纵向一体化，完全由企业对畜禽养殖业进行从生产到销售各个环节的控制；另一种形式是给养殖户一定自主决策的权力，由政府构建养殖小区，然后由龙头企业和养殖户通过签订合约的形式进行商品的交易。近年来，畜禽产品流通与销售受到相关市场禁止活禽销售、需要定点屠宰等规定的影响，这对构建新型经营体系提出了更高的要求。此外，随着畜禽养殖业规模化经营的发展，合理处理畜禽养殖的废弃物，保证环境质量也成为新型经营体系必须解决的问题。

三、新型农业经营体系的构建方向及展望

建设农业现代化经营体系，就是要加强现代化农业经营主体、组织方法、服务模式的有机组合，重点是解决"谁来种地"和怎样提高经济效益的问题，这就需要在新时代提高体制机制创新力，构建新的经营模式。因此，我们需要摸索出一条适合小农户可持续发展的营销道路，让老百姓劳有所获，激励更多有能力的农村"守望者"或者在城市中收入不是特别高的农民工转变身份，成为农村中现代化农产品经营的大户和生力军，共建现代化家庭农场和现代化龙头农业企业，实现家庭经营、合作经营、集体经营、企业经营多位一体、共同发展。

（一）加大对新型农业经营主体的培育力度

培育新型农业经营主体，提高小农户农业生产经营的专业化、集约化、组织化、社会化水平，大力扶持和支持新型农业经营主体，发展多种形式的适度规模经营。加大对新型农业经营主体的培育，强化小农户对新型农业经营主体的认知，让其更加有积极性和意愿成为新型农业经营主体。这就需要各地政府加强对新型农业主体及相关方针政策的宣传工作。例如，通过开展培训讲座、印发宣传手册、电视广播等形式，让小农户对新型农业经营主体有更多的了解。针对各地方优秀经营案例，进行宣传表彰，让其发挥带动优势。

为新型经营主体开展农业生产经营工作提供相应的支持和保障，可以从以下几个方面做起。

1. 土地流转

土地是实现规模经营的基础，为更好地推进新型农业经营主体的发展，政府应健全土地流转体系，引导土地有序进行流转。要出台土地流转政策，规范流转方式，明确土地的产权归属；规范土地流转服务市场，为供求双方做好信息提供、政策权益咨询等工作，并指导其进行流转合同的签订；可引导经营主体实行多种形式的利益分配，来稳定土地流转的关系。

2. 基础设施建设

农业生产的高效运转离不开农业基础设施的投入建设以及农业机械化水

平的提高。因此，地方政府应大力引入先进的农业机械设备，加大对农业基础设施的投入力度，包括道路通勤、仓储、晾晒、灌溉等设施，以此提高农业生产效率，保障农业规模经营的便利性及高效性。

3. 政府的补贴及金融支持

新型农业经营主体在生产经营过程中需要大量资金的投入，仅靠自有资金很难满足，因此政府可以从金融支持和政策补贴两个方面给予经营主体一定的资金支持，解决其在经营过程中遭遇的资金短缺困境。可以降低对经营主体的放贷标准，简化放贷手续，在贷款金额、利率等方面给予一定的优惠；加大对新型农业经营主体的相关财政补贴力度，如良种补贴、农机购置补贴、土地流转补贴等，以此降低其经营成本和经营风险，促进其更好地发展。

4. 人才的培养

对于人才的培养，可以从 2 个方面入手。一是加大对新型职业农民的培养力度，健全农业人才培养体系，着力培养一批种养能手、农机操作能手以及农业科技带头人，为其向新型农业经营主体的转变打下良好的基础；二是加大对新型农业经营主体的培训力度，作为新型农业经营主体，需要具备一定的技术能力和管理能力，可通过开展讲座、学校课程、实地参观、实操演练等方式，对新型农业经营主体进行培训，让其更好地进行农业规模经营。

（二）加大对新型农业社会服务体系的构建力度

完善的农业化社会服务体系，是促进农业经营主体发展的重要推动力，也是实现农业现代化的必要条件。加大对新型农业社会服务体系的构建，主要可从以下几个方面着手：建立健全农业社会化服务体制机制建设，合理利用已有资源，推进地方各部门共同参与；协调并统筹全局，成立由工商、财政、科技等部门人员组成的建设领导小组；小组成员根据各自职能，结合当前农业社会化各服务部门的发展、服务设施及资源的投入等情况，提出相应的发展建议，从而编拟出覆盖全局的农业社会化服务体系建设规划，以更好地协调和衔接各部门工作，实现农业社会化服务资源的高效利用。

激发农业社会化服务体系中各单位的发展活力。对于政府农业推广体系，其主要问题是缺乏有效的激励机制，导致服务人员积极性低，服务数量和质量都不高，因此为了更好地激发其活力，可制定相关考评规则，采取奖惩措施。例如，可根据服务人员所提供的服务数量及被服务人员对服务质量的反馈，设置奖励等级，给予服务人员相应的物质或精神奖励。

农业科研机构，主要是农业院校和科研院所，目前关于农业相关基础课题及实验研究较多，但是对于农业科技成果的推广却相对不足，因此农业科研机构除了做好基本课题研究工作外，应加大对农业科技成果的应用推广力度，政府也应加大对农业科技成果推广的资金及政策支持力度，鼓励科研人员从事农业推广工作，并给予一定的福利保障，如职称评审、薪酬补偿等。民间组织虽然都是自愿自发形成的农业组织，但是它们对推动农业现代化的发展却发挥着重要作用，因此，对于民间组织，地方政府和相关部门应加以引导，明确其发展的方向，规范其发展的形式、内容和结构，使其保持良好的运行机制。同时，给予一定的资金支持，提高其进一步发展壮大的积极性，使其能够更好地为社员提供更优质的服务，为推动农业农村发展注入新鲜血液。

此外，供销合作社是最直接面向小农户及农产品生产销售的服务组织，当前虽已具备较好的发展基础和发展实力，但仍存在发展活力不足、服务项目不全等问题。因此，为更好地适应农业现代化发展的需求，在现有基础上，要进一步激发供销社发展的活力，利用已有网络人员，构建从市到县到乡到村的自上而下的农资销售体系及网络，类似品牌专卖店的形式，统一系统网络，统一定价、门头、配送等，更加方便小农户的购买，保证农资的质量。构建农产品购销体系网络，与小农户签订收购合同，同时与全国其他农产品需求厂商签订销售合同，通过网络将地方产品进行品牌化销售，保障了农产品的稳定生产供给。

目前，涉农企业数量很多，服务积极性也普遍很高，但整体来说，综合性的农业咨询类企业较少，因此，各级政府应鼓励并支持农业创新人才设立为农业服务的咨询类企业。

【延伸阅读】

1. 李周，温铁军，魏后凯，等. 加快推进农业农村现代化："三农"专家深度解读中共中央一号文件精神［J］. 中国农村经济，2021（4）：2-20.

2. 赵晓峰，陈义媛，周娟，等. 农业现代化的中国道路［J］. 西北农林科技大学学报（社会科学版），2020，20（5）：120-133.

3. 蒋永穆. 中国农村改革40年的基本经验："四个始终坚持"［J］. 政治经济学评论，2018，9（6）：87-94.

4. 魏后凯，刘同山. 论中国农村全面转型——挑战及应对［J］. 政治经济学评论，2017，8（5）：84-116.

5. 张良悦. 农业发展的目标性、制度变迁的规范性与农地流转的工具性——对经济新常态下农地流转与农业现代化发展的认识 [J]. 河北经贸大学学报, 2016, 37 (2): 91－98.

6. 王定祥, 谭进鹏. 论农业现代化特征与新型农业经营体系构建 [J]. 农村经济, 2015 (9): 23－28.

7. 李厚廷. 家庭农场的制度基因及发展逻辑 [J]. 农林经济管理学报, 2015, 14 (4): 339－344.

8. 孔祥智, 周振. "三个导向" 与新型农业现代化道路 [J]. 江汉论坛, 2014 (7): 42－49.

9. 周应恒. 农业现代化是深化农村改革的依托 [J]. 改革, 2014 (5): 37－38.

10. 张鸣鸣. 新型农业经营体系和农业现代化——"新型农业经营体系和农业现代化研讨会暨第九届全国农经网络大会"综述 [J]. 中国农村经济, 2013 (12): 84－88.

11. 吴海峰, 苗洁. 新型农业现代化发展研究 [J]. 中州学刊, 2013 (1): 43－46.

第五章 乡村振兴背景下
农业现代化产业融合研究

继 2019 年中央一号文件之后，2021 年中央一号文件进一步指出："民族要复兴，乡村必振兴。"① 乡村要振兴，产业必须先行。乡村产业振兴始终是中国共产党基本路线的最直接要求，也是国家发展全局的重大要求之一，更是广大农民兄弟的迫切要求。实施乡村产业振兴有利于促进生态宜居，也有利于促进乡风文明建设，有利于推进乡村的有效治理，更是直接推动实现农村生活富裕的主要途径。

"产业兴旺是乡村振兴的重要基础，是解决农村一切问题的前提。"② 产业兴旺，必须统筹推进农村一二三产业融合发展，不断拓宽农民增收渠道，逐步构建农业现代化产业体系，加快农业发展方式转变，积极探索中国特色农业现代化道路。

第一节 乡村振兴背景下
农业现代化产业融合理论分析

作为"安天下、稳民心"的战略产业，农业始终是经济社会的"压舱石"和"稳定器"。党的十九届五中全会提出，"三农"问题作为全党工作的重中之重，必须走中国特色社会主义乡村振兴之路，全面实施乡村振兴战略，

---

① 2021 年中央一号文件：《中共中央 国务院关于全面推进乡村振兴加快农业农村现代化的意见》

② 国务院（2019）：《关于促进乡村产业振兴的指导意见》

继续强化以工补农、以城带乡，推动形成工农互促、城乡互补、协调发展、共同繁荣的新型工农城乡关系，加快农业农村现代化。

基于此，党中央提出把推进农业农村现代化作为全面建设社会主义现代化国家的重大任务，以期解决城乡以及区域间发展不平衡不充分问题，实现农业农村高质量发展。

从农业从业者角度来看，加快发展农业现代化，增加农民收入，提高乡村振兴水平，是我国解决"三农"问题的重中之重，更是满足广大农民日益增长的需求的必要条件。从宏观角度来说，扩大农业现代化科技应用范围、加深现代化农业科技应用程度既是扩大农业生产的关键，又是产业融合发展的必然要素。

一、农业现代化理论

马克思一直主张"小块土地所有制本身就排斥社会生产力的发展、劳动的社会形式、资本的社会聚集、大规模的畜牧和对科学的累进应用"。简而言之，按照马克思的观点，农业现代化就是以社会化大生产改造小农经济。与马克思的观点相同，恩格斯也认为"要保全他们那样的小块土地所有制是绝对不可能的，资本主义的大生产将把他们那无力的过时的小生产压碎，正如火车把独轮手推车压碎一样是毫无问题的"。由此可见，马克思和恩格斯都主张小农生产最终必然被社会化大生产所取代，这是生产力发展的必然，更是生产力发展的体现。在继承和发展了马克思、恩格斯农业发展理论的基础之上，列宁进一步认为"小农不管怎样勤奋，也不能大致抵得上产品质量要高一倍的大生产的优势。资本主义使小农注定要劳碌一辈子，白白消耗劳动力，因为在资金不足、饲料不足、牲畜质量低劣、牲畜棚简陋等情况下，精心照料牲畜也是白费力气"。所以，"想用保护小经济和小私有制不受资本主义侵犯的办法来拯救农民，就是徒劳无益地阻碍社会的发展"。美国农业经济学家舒尔茨认为，传统农业是一种特殊的经济均衡状态，传统农业中，要素配置效率不低，但来自农业生产的收入流来源价格是比较高的。也就是说，传统农业生产中资本的投入产出效率低下，追加投资没有保障，所以改造传统农业需要投入新的生产要素。然而，新要素的生产由于具有外部性，私人不愿意提供，必须由国家来主导投资。而且，要使广大农民接受新的生产要素，需要附加一定的制度条件，同时还要对农民进行投资，使农民具备使用新生产要素的能力。

日本学者速水佑次郎和美国学者弗农·拉坦则认为舒尔茨的理论存在不完善之处，"没有充分体现新型投入的供给和生产部门的资源分配问题。他们认为一种富有意义的农业发展理论，必须体现供给知识和新型投入的社会和私人的经济行为，体现体制对新的经济机会的经济反映，而不是把技术变革和体制变革作为系统的外生变量"。据此，二人进一步指出，农业技术变革的途径有多种：因土地供给缺乏弹性给农业发展带来的限制可以由生物技术的发展而抵消；因劳动供给缺乏弹性带来的限制可以由机械技术的发展而抵消。因此，如何选择发展路径就成为促进或者抑制农业发展的关键。速水佑次郎和弗农·拉坦据此提出了诱致性变革理论，即：技术变革代表农业生产和生产率增长的必要因素，而技术和体制的变化是由反映产品需求、初始资源条件以及与经济发展的历史过程有关的资源积累等各种经济力量诱导的。随着农业现代化的实践不断进行，国内学者对农业现代化的认识也在不断深入，进而形成了本土化的农业现代化理论。魏后凯、闫坤（2018）认为农业现代化就是将传统农业转变为农业现代化的过程，即农业生产力和农业科技装备逐渐达到当代世界的先进水平。钟水映等（2013）从要素流动的角度指出，农业现代化是在工业化和城镇化带动下农业生产要素不断重组的过程。而黄庆华等（2013）主张，农业现代化从过程上看是促进农业的科学化、集约化、市场化和产业化，从结果来看是实现农业的高产、优质、高效、安全和可持续发展。

本质上，农业现代化是农业生产内部发生的一场内生型革命，这场革命是传统农业的小农生产模式向农业现代化的社会化大生产模式跃迁的过程。这一过程必然包含生产力和生产关系两个维度。从生产力方面来看，农业现代化是农业现代化技术大规模进入农业生产的过程，是传统农业手工工具向机械化、信息化乃至生物化学农业工具的转变，表现为农业生产效率的提升，是农业全要素生产率对经济增长贡献度持续提高的过程。而在生产关系方面，农业组织形式将由传统农业中的原子化、个体化的家庭分工形式转变为组织程度更高的社会化分工形式。农业现代化在生产方式上的体现，即小农生产方式向规模经营生产方式转变的过程。

二、产业融合理论

从理论上讲，产业融合发端于信息产业领域，表现为数字技术的快速发展推动的信息产业间相互交叉。对此，许多学者各自从不同的角度对产业融合概念进行论述。从产业链的视角来看，产业融合是产业链上的不同产业之间，或不同产业链之间，通过交叉、渗透、嵌入等方式，推动产业边界弱化、产业关联强化，并逐步形成新产业、新业态，促使产业链重构、升级的动态发展过程。

一方面，产业融合具有有序性。以产业链为载体的产业间关联性是产业融合的前提。"融合"是一个较为抽象和宽泛的概念，但并非随机、偶然的，产业融合往往发生于产业链上具有一定产业关联的产业（产业链）之间或存在交叉性的产业链与产业链之间。在现代经济的运行中，由于产业间关联互动关系，多个相互联系、相互依存的产业环节以多样化的链接方式共同构成了一条完整的产业链，产业链上的企业代表一种产业。因此，产业链作为产业关联结构形式，产业融合起始于产业链上不同的产业环节之间，或不同产业链之间。产业关联归根结底是产业链上经济属性的体现，是一种相互依存和制约的状态。因此，从产业链的角度来看，产业之间的融合依赖于两个或多个独立产业（产业链内或链间）之间内含的经济技术联系，进而不断地相互投入与消耗，最终使得产业间发生融合作用，最终形成新产业新业态。一般来看，两个产业相互之间的经济技术关联性越强，经济要素的溢出效应可能越好，越容易产生融合效应，形成产业融合现象。

另一方面，产业融合具有复杂性。产业融合本身就是一个复杂而充满不确定的过程。产业融合不是简单的不同产业间企业合作或兼并重组就能够完成的，而是从核心资源、空间分布到组织结构再到价值增值的全面升级的过程，是产业组织、价值、空间三个方面的融合，关系着不同产业、不同类型的多个主体利益关系的变化与重新分配。不同产业借助产业链这一结构实现了产业融合发展。由于市场主体对价值效益的最大化追求、模块化分工、消费升级拉动等一系列产业融合动因的存在，两个产业（产业链内或链间）发生产业融合现象，客观上表现为产业间关联性从弱关联性到强关联性，产业链的强化或者重组升级，形成了一个更加紧密、高效，或新型的现代化产业链。从动态来看，产业融合发展的过程就是产业链从低水平产业链到高水平产业链升级发展的过程。从静态来看，某一产业链水平越高，往往意味着产业链上产业的融合程度越高，反之亦然。

第一，组织方面。产业融合发展体现为产业链组织从松散的契约安排到紧密的协同治理的产业组织链升级，产业链上产前、产中、产后各个环节之间无缝对接，相关企业构成高水平分工协同体系，产业配套能力增强，协同创新活跃。产业链上各产业环节对具体技术、劳动者素质、管理方式等要求不同，一个企业很难具备全部链环发展所需的这些要求，不同的企业只能基于其已有的比较优势，定位于某一具体链环，提升自己的核心竞争力，同时通过专业化分工和企业协作，增加产业链盈利能力，发挥协同增值效应。

第二，价值方面。产业融合的融合效益源于产业融合实现的全产业链和新产业链价值创造，体现"1+1>2"的价值增值效应。产业创新必然要求面向市场，提供特定功能或价值的产品或服务，这些不同的产品或服务就构成了不同的价值增值。产业融合可以推动区域主导产业向价值中高端迈进，同时不同产业链的不同价值环节相互关联，形成新型产业价值链形式。

第三，空间方面。产业融合发展体现在不同产业在空间上的布局优化和空间重塑。产业融合促使产业链上不同一二三产业在区域空间中实现高度的协调、协同和协作，即产业在空间实现合理布局，要素在空间实现高效配置，为产业融合发展提供空间支撑。在产业融合深度发展阶段，可能一条完整产业链的或产业链片段落在某空间区域内发展壮大就形成了产业集群，并与外部空间产业形成有机联系。

三、农村一二三产业融合发展理论

农村一二三产业融合发展是以农村空间为主导，以农业为依托，以实现产业增值为最终目的，通过农业与农产品加工业、餐饮业、旅游业等二三产业或农业产业内部之间交叉重组、互动融合，形成生态农业、休闲农业、设施农业等新产业新业态的过程。农村一二三产业融合发展的主导区域是农村，融合发展必须有利于农村经济增长，产业融合产生的价值增值应留在农村集聚或回流。然而，随着城乡空间融合逐渐深化，城市二三产业与农村第一产业分割发展现象正在消失，城乡一体化程度和城乡一二三产业循环水平愈加提高。不管是何种产业的良性健康发展都必须基于农村和城市的两个空间、两种资源，农村产业融合以农村为空间载体的同时，同样需要城市巨大的消费市场，丰富的人力资源、科技、金融等要素以及高端的涉农加工、服务产业作为支撑。因此，就地域空间而言，农村一二三产业融合发展以农村为主导空间，以城市为辅助空间的一种产亚融合发展过程。农村一二三产业融合发展的依托产业是农业，是"农业+"的产业融合过程。从产业链的角度来看，农村一二三产业融合发展并不是将农业与若干涉农第二、三产业进行简单叠加与合并，而是围绕农业产业链的农业生产环节，内延、外扩与高劳动生产率、高附加值的第二三产业联结，构建农业与二三产业融合体系，创新挖掘、重塑打造农业产业链条，推动专业化程度低的传统农业产业链升级为链环紧密、专业化程度高的融合型农业产业链网络，形成具有融合型的新产业新业态。

农村一二三产业融合发展具有三个方面的内涵。

第一，农村一二三产业融合发展的核心是农村产业主体受价值驱动，根据自身资源禀赋和状况，满足市场各方需求，推动一二三产业价值融合，促进农业价值增值。产业价值链是产业价值增值的载体。农村一二三产业融合要求传统农业脱胎换骨、价值增值，同时，提高农业农村资源的配置效率和农产品（包括服务）生产效率，实现三次产业价值的有机耦合，推动农业现代化价值链升级。农村一二三产业价值融合能够重塑农业产业价值链，进而形成融合型农业价值链网络，实现最终产品价值的乘数效应和大幅增值。农村一二三产业融合将创意创新、智慧互联、绿色循环等现代产业发展理念，以及大数据、物联网、移动化等最新科技手段引入到农村产业发展，农村生产经营主体的业务范围从简单的食用型原料、初级农业加工品生产转变为食品加工、新型工业材料以及以农业为元素的内容生产和包装，或提供多元化、个性化、便利化涉农服务和交易，实现了广义上的农产品和服务产品创新，满足城乡居民消费和市场升级需求，获得涉农产品附加价值。在农村一二三产业融合过程中，不同产业价值链条之间的界限将会变得越来越模糊，农学与工学、文化学等学科相互交叉，农村产业壮大同科普发展、生态治理等统筹一体，形成了融合型农业价值链网络。

第二，农村一二三产业融合发展的关键是农民与二三产业市场主体利益的有效联结、深度融合，形成利益共同体和价值共同体。传统意义上，作为第一产业主体的农民和农业生产经营者，其增收来源主要依赖于农民付出的劳动力、土地、资金等要素收益。而作为第二、三产业主体的工商企业获取利益主要依靠优化现代要素投入结构，利用智能生产、智慧物流、深度加工等方式，扩大市场势力，使涉农最终产品价值提升。一二三产业市场主体利益融合必然要求转变分散的小农经济和小规模生产方式，提升农民组织化程度，创新家庭经营、合作经营、公司经营等组织化方式，形成一二三产业市场主体优势互补、利益联结、农民受益的产业组织。小农户与小农户之间、小农户与新型农业经营组织之间、新型农业经营组织之间、新型农业经营组织与工商企业之间的合作与竞争，必然会促进农业产业组织的调整和转型，催生新型农业产业组织。特别是互联网平台逐渐深度嵌入，不管是组织内还是组织间管理经营的成本，建立和管理较为复杂的产业组织的成本大幅下降，组织效率显著提高。以农业经营组织为主体，以"利益"为纽带连接形成的各类战略联盟组织具有了更加灵活的网络型组织结构，成为推动农村产业融合重要的产业组织形式。当然，从动态的角度来看，融合型农业产业组织依托于农民对经济效益的追求，其组织方式会随产业融合的深入、产业形势和发展战略目标的变化而发生调整。

第三，农村一二三产业融合发展的条件是调整农村产业空间，统筹产业发展和城镇载体建设，实现城乡产业空间融合和农村产业空间优化。从空间层面来看，产业融合是一个城乡之间的要素流动和一二三产业在城乡中的空间布局重塑的过程。农村存在的意义绝不只是单纯的农业产业区，更多的是生产、生活、生态、文化功能等并存的区域。产业融合发展强调把农村农业多种功能性商业化、产业化，激发农村农业多种经济效用，保障农村文化传承延绵不绝和生态美丽宜居，显著增强农村发展活力。农村产业融合发展涉及城乡之间的要素流动和产业重组，也需要高度利用城市发展提供的市场空间，推动企业向城关镇、中心园区以及中心村集中，促进产城、产镇、产村充分互动，带动产业空间融合一体。

第二节　农村一二三产业融合发展的历史考察

中华人民共和国成立 70 多年以来，中央政府始终非常重视农村农业农民工作，基于农村经济发展形势，探索、建立并实施了一系列农村基础性制度和政策。这些制度和政策推动了农村市场化进程，激发了农村产业发展活力，构建了农村产业融合发展的基石。结合农村产业发展政策和相关制度变化，我国农村一二三产业融合发展历程分为两个时期和四个阶段。两个时期分别为改革开放前和改革开放后。四个阶段分别为：从 1949 年到 1977 年——以改革开放前工农结合发展为导向的产业融合发展萌芽阶段；从 1978 年到 1990 年——以农工商联合为导向的产业融合探索阶段；从 1991 年到 2014 年——以农业产业化为导向的产业融合起步阶段；从 2015 年至今——以农村一二三产业融合为导向的产业融合深化阶段。

一、萌芽阶段：工农结合发展（1949—1977 年）

新中国成立以后到改革开放之前的计划经济时期（1949—1977 年）是农村一二三产业融合发展的萌芽阶段。

在计划经济体制的框架之中，我国实施重工业优先发展战略，萌芽阶段的农村一二三产业融合发展更多地表现为农业与工业以政府这一"看得见的手"为纽带牢固结合，但工农结合生产的核心是工业部门，工业又主要分布在城市地区，农村工业非常薄弱，农村服务业尚未发展，工农结合生产更多地由经济一般规律所决定。一方面，为保障国家工业化需要，农村农业生产的农产品资源廉价地输入产业链下游的工业部门，推动了城市重工业建设。工业的技术进步又反过来通过重工业产品在农业的应用，不断改造传统农业生产方式。另一方面，虽然这一阶段农业生产和工业生产紧密关联，但是这种产业关联性建立在垄断农产品流通的统购统销制度和严格的配给制度等一系列政府配置资源的强制化手段之上，农业利润不断向工业转移，农业发展严重滞后于工业，且农村经济长期受到抑制，农村非农产业被排除在工业化进程之外，农业产业链的上下游环节之间的连接由中央政府所主导，生产环节在农村，而加工和后续环节主要在城市，产业主体是集体经济组织和国有经济组织等。在这一时期，农村产业发展市场机制还未建立，农村地区缺少二三产业及其产业主体，还谈不上农村一二三产业融合发展。

二、探索阶段：农工商联合发展（1978—1990 年）

改革开放以后，我国农村一二三产业融合发展进入以农工商联合为导向的融合探索阶段。1979 年党的十一届四中全会明确要求："要积极试办农工商联合企业"，将农业产业加储销相结合，实行综合经营农工商联合发展意味着改革开放后我国农村一二三产业融合发展的新开端。

在这一阶段，农村一二三产业发展转向市场调节，广大农民为适应市场需求而生产的积极性日益提高，农工商联合经营、协调发展步入正轨，城乡分离发展局面有所改善。第一，农产品与市场初步对接，农村市场机制开始形成，农产品市场流通逐渐畅通。在以家庭联产承包责任制度为核心的农村基本经营制度逐渐完善的基础之上，统购统销机制的破除和农产品流通机制的形成，推动了农产品由生产出的物品向市场中可以相对自由交易的"商品"转化，农产品供给不足的状况明显改善，为农业产业链的形成提供了基本条件。第二，小农户独立自主开展农业生产经营，以乡镇企业为代表的农村二三产业展现出巨大的发展活力，突破了农村单一产业发展格局。小农户与乡镇企业、农垦企业等市场主体达成订购合同，探索构建利益关联体，获得市场利润，农产品生产、加工、销售三大环节相对接，农村一二三产业之间形成了低水平联动发展的产业链结构。在这一阶段，由于多重因素影响，除了农产品加工、销售、服务等涉农二三产业外，农村还涌现出一些以乡镇企业为主要经营主体的一批工业，诸如建筑建材业、小能源工业。这些工业实际上与农业生产的关联度较低，也就不能称之为一二三产业融合发展。

三、起步阶段：农业产业化发展（1991—2014 年）

经过 20 世纪 80 年代农村市场化改革的探索，到 90 年代初，农村改革初见成效，农业生产力极大提升。但是由于市场机制还不完善，农民适应市场竞争的能力较弱，农业产业发展面临巨大的挑战。1989—1992 年，由于农民盲目性生产，造成了频繁的市场波动，大量农产品出现了滞销现象。同时，代表农村第二、三产业的乡镇企业在 90 年代初和 90 年代中后段陆续面临诸多矛盾。20 世纪 90 年代初，山东潍坊、诸城、枣庄等地农民受农产品挤压影响，在实践中逐渐摸索出了"贸工农、产供销一体化"经营模式，带动农业由单纯的种养环节向加工、销售等环节延伸。在此背景下，中央政府为了应对农村经济发展困局，促进广大分散的小农户适应市场经济的发展，基于地方实践和理论探索，及时把农业产业化上升到国家战略高度，并在全国各地推广开来。1991 年中央政府提出"建立产供销、种养加、农工商联合体"的农业产业化发展路径。以此为标志，我国农村一二三产业融合发展进入了农业产业化为导向的产业融合起步阶段。农业产业化经营阶段很大程度上缓解了农业向二三产业延伸、产加销有机连接的问题，奠定了我国农村一二三产业融合发展的基础。

在农业产业化发展阶段，农村一二三产业发展面临市场化转型中的重大挑战，产业发展形势和路径发生了重大调整。随着城乡市场机制不断完善，以贸工农、产供销一体化的农业产业化发展经营模式的兴起和发展为标志，农业产业化水平显著提高。第一，农业生产经营逐步走出单一市场空间的约束，以加工、销售带动农业生产的农业产业化经营方式形成，农村农产品生产加工业和旅游业等涉农二三产业不断发展。农民在不具备市场能力的情况下，以间接地、低水平利益联结的形式融入市场，解决了部分农产品初加工和销售的问题。随着农业产业化的深入推进，一些东部发达地区的农业与工商产业一体化程度逐渐提高，农村第一产业与二三产业信息、资源互动等更加频繁、充分。第二，以龙头企业为核心的农业产业化经营主体延长了农业价值链条，优化了农村土地、资本和劳动力等要素资源的市场化配置，为农村一二三产业持续稳定发展奠定了基础。农业龙头企业在这一过程中扮演着核心作用。借助龙头企业较强的整合能力，农业资源使用效能提高。工商资本为支撑的龙头企业凭借相对较高的技术、管理、物资、市场等优势，逐渐取代乡镇企业成为农业产业化经营的主体。农民与企业的联结方式也由最初的"订单农业""公司+小农户"的形式逐渐演化为"龙头企业+小农户""龙头企业+中介组织+小农户"等更复杂的形式。但是由于龙头企业在与农民的利益分配中追求短期自身利益最大化，而忽视了企业应有的社会责任和长远利益需求，和小农户的利益融合度低，利益分配不均，农业产业链稳定性较差。特别是在经济发展落后、市场空间较小的中西部地区，农业龙头企业极其缺乏，农业产业化发展实际上并未真正有效展开。

四、深化阶段：农村一二三产业融合发展（2015 年至今）

经过 20 多年农业产业化发展实践，农业生产与市场对接水平逐渐提高，农业和农村市场化机制基本形成，农村的生产方式发生了较大变化。但是总体来看，我国农业生产环节长期以生物化肥等要素粗放投入为驱动力，以追求农产品产量为主要目标的发展方式的弊端逐渐显现，我国农业和农村资源环境污染严重，传统农业增值空间越来越小，再加之国内外环境条件的变化，受国际市场价格的挤压，国内农产品生产的成本快速攀升，农民增收和盈利空间微乎其微。基于此，2015 年中央 1 号文件首先提出"推进农村一二三产业融合发展，开发农村二三产业增收空间，是增加农民综合收入，保持乡村收入差距持续缩小势头的重要措施"。农村一二三产业融合发展进入深化阶段。

从农业产业化到农村一二三产业融合发展是我国农村经济发展的客观要求，是我国市场体制改革进入更高阶段的必然选择。一方面，农业产业化与农村一二三产业融合发展具有时间维度的传承性和空间维度的并存性。我国二十多年的农业产业化经营夯实了农村产业基础，为新时代农村产业融合发展提供了丰富的实践基础，创造了很好的融合条件，包括小农户和市场达到一定程度的有效衔接，农业生产主体与二三产业主体构成了专业化协调关系，农业与工商资本联系更加紧密等。二者蕴含农村产业化升级的要求。前者要求按照现代商品生产流通需要，构建产加销、农工贸一体化的产业链条，打通农产品流向消费者的各环节，形成现代技术生产、产品商品化的农业现代化经营模式，这在一定程度上与农村一二三产业融合的要求有所相似。另一方面，与前者相比，产业融合发展意味着融合进入全面深化阶段，具有新的阶段性特征。与以往的农业产业化阶段相比较，农村一二三产业融合发展阶段强调农业价值提升、农民增收和农村繁荣的一二三产业深度融合。

第一，农民的现代经营意识和智能化、信息化生产条件逐渐提高，互联网平台企业、合作社等市场主体逐渐成熟，成为产业融合发展的新生主力军，农企联合的产业组织链转变为以多种市场主体为中枢的战略联盟式产业组织链、全产业链一体化组织链，组织链结构更加完善。农业产业化侧重龙头企业在产业化过程中的核心与枢纽作用，主要组织形式是"企业+小农户"的组织结构，利益分配农企悬殊。农村一二三产业融合发展中，不仅主体类型更加多元化，既包括传统的龙头企业，又包括新型农业经营主体、社会资本等，并且更强调新型农业经营主体的主导作用，各主体间的价值创造更加紧密、利益分配更加合理，更能够克服当前小农经营的困境，农民在产业组织链中的积极性也更高。

第二，随着农村市场化和农村市场机制充分发展、不断完善，农村一二三产业融合发展更加强调通过市场机制调节资源配置，实现价值链融合增值。而在农业产业化阶段，一二三产业只实现了协同发展，还没演进到交叉融合状态，主要强调重点发展农产品加工业、运输服务业等，构成"一条龙"式纵向农业产业链，所产出产品更多地为低成本、高产量、大规模、同质化的农产品加工品，这些加工品附加值相对较低。农村一二三产业融合是要将二三产业生产方式与生产理念应用到农业，调整农业生产结构，推动农业产业链功能拓展、组织创新，实现资本、技术以及资源要素的跨界配置和"农业+"的多业态发展。价值链条不再是简单拼接，而是优化重构，生产的融合产品更加特色多样化，附加值更高，市场差异化竞争能力强，既有物质形态的农产品，又有以农产品为载体的生活服务以及以农业活动为基础的其他消费服务。

第三，在农村一二三产业融合发展深化阶段，更加强调农村空间的多元价值体现和空间载体功能。传统的农业产业化根本上还是将农村定位于充当单一的原料供给来源地的经济功能，以扩大农产品原料供给范围支撑农村经济发展。依赖大市场垄断优势，农业产业化进程实际上只推动了少数农村地区的产业兴旺和城乡融合，对多数农村地区带动的成效不充分。当前的农村产业融合则要求以多业态、多产业的创新发展，发挥包括经济在内的生态、社会、文化等多元功能。强调市场导向和消费导向，深挖农村区域特色，注重将二三产业向重点乡镇等区域集中下沉，全面推动城乡全方位融合和大多数农村地区的经济繁荣。

五、农村一二三产业融合发展历史实践的启示

我国农村产业融合发展经历了萌芽阶段到探索、起步阶段，再到现在进入融合发展深化阶段，阶段性特征不断转变，政策重点也不断调整。总体上，我国农村产业融合发展的历史实践是农村产业发展突破认知、资源、政策、知识等约束，不断提高生产力的过程，各个阶段的演进始终坚持以解决"三农"问题为导向、以农民利益为核心、以市场化改革和农村产业政策创新为手段三个关键点。

第一，保证农民核心利益是我国推进农村产业融合发展的出发点。不管在农村产业融合发展的哪个阶段，一项成功的农村产业发展政策一定是为农民谋福利的。土地改革和合作化使得农民当家做主、联合发展。土地产权和流通制度改革激励农民进行农产品生产和销售，进而摆脱贫困。乡镇企业的发展和农业产业化的推进使得广大农民就业程度提高，并且从事报酬更高的二三产业。70多年来，从计划经济体制下的工农结合到市场经济体制下农村一二三产业深度融合，我国农村一二三产业发展时刻以农民利益提升作为主要利益诉求。

第二，优化农村"区域"和农业"产业"效能是我国推进农村产业融合发展的主线。我国农村产业结构演变和制度与政策的调整都围绕解决农业现代化中的突出矛盾和问题，是理论与政策服务于社会实践、实事求是解决农业问题的鲜明写照。改革开放以前的工农结合发展虽然重心在于重工业发展，但是重工业发展的目的之一也在于生产农用机械，解决粮食短缺等问题。改革开放后，统购统销制度的瓦解、流通制度的改革以及乡镇企业的兴旺，主要是因为农产品流通渠道不畅、农村人口刚性管理下的过剩人口压力大、农业生产资料短缺等问题，希望通过解决这些问题，释放农业生产活力。农业产业化政策的不断推进，主要是针对农产品生产过剩、农业经营规模小且散等突出问题，这些问题既是当时我国农业面临的突出问题，又是我国基本国情。通过贸工农、产供销等农业产业化形式，全面提高我国农业深加工水平，

促进小农户与市场的对接，一定程度上缓解了上述问题。现阶段，我国农村产业融合发展主要是针对"大国小农"背景下农产品供需不匹配、农民增收缓慢、农村衰退等问题，以产业融合产生的新动力促进农村产业全面兴旺。

第三，加强政策供给，发挥好政府与市场的双重作用是推进我国农村产业融合发展的关键。发挥市场的作用就是要持续推进农村市场化改革，完善农村市场体制机制，使市场在农村地区配置社会资源。发挥政府的作用，就是要及时制定颁布科学合理的政策与制度，推动农村经济发展。一方面，市场化改革能否顺利推进决定了城乡融合、国内融合的市场经济体制能否有效建立，目的在于破除要素与产品市场的垄断，确保融合主体在市场中的自由竞争。通过市场化改革能够完善高效运行的市场机制，保障涉农产品及相关服务市场充分竞争，从而推动农业与二三产业的要素融合与市场扩大。另一方面，各级政府依据国家整体发展战略和产业发展状况建立涵盖政策引导、公共服务供给、法律法规制定等政府政策与制度体系，有目的地推动农村产业结构升级。当前，传统的农村产业融合发展相关政策效用正在不断弱化，当然这符合产业政策效用的一般规律，即每一项农村产业政策都是刚实施时效用最为明显，此后随着时间的推移，效用逐渐递减。传统和常态化的农业农村政策推动农村经济发展的空间越来越小，可供选择的政策工具也越来越少，未来还需要不断创新农村产业发展政策体系。

第三节　农村一二三产业融合发展现状

一、融合程度较低

习近平总书记多次指出，推动乡村产业振兴，发展农业现代化，必须围绕农村一二三产业融合发展，构建乡村产业体系。自 2016 年以来，全国各地积极探索、大胆实践，聚焦农业主导产业，重点培育地位突出、成长性好、参与主体多的产业，到 2021 年 6 月年已经基本建成 300 多个融合特色鲜明、产业集聚发展、利益联结紧密、配套服务完善、组织管理高效、示范作用显著的农村一二三产业融合发展示范园，创建了近百个全国休闲农业和乡村旅游示范县，建成了 100 个涉农产业示范基地和 100 家"中国乡村旅游创客示范基地"，农业产业功能不断增强，层次不断提升，发展方式不断创新，新型业态不断生成，农业新技术、新商业模式、新空间布局等不断涌现。但同时融合程度较低的问题也逐步暴露。

（一）产业融合链条较短，附加值较低

自 2014 年中央首次提出推进农村一二三产业融合发展至今不过七年时间，在一些地区刚刚起步，基本上属于新生事物。对广大小农户来说，农产品的加工率一直比较低，高附加值农产品少，农产品就地加工转化率不高，辐射范围不大，市场竞争能力较低，融合链条较短，附加值没有得到有效提升。

（二）农业多功能性发展不足

当今社会中，农业具有食品保障、原料供给、市场、就业增收、劳动力输出、生态保护、生物质能源、观光休闲和文化传承等 8 项功能，但是就目前来看，农业多方面功能的发挥明显不足，极大地影响了农业和教育、文旅、医养健康等产业的融合。第一，经济功能方面存在的问题：主要表现为生产方式落后，耕地数量和质量不断下降，农业技术推而不广，农业规模化、产业化水平低，机械作业、信息化水平仍然偏低，食粮性牲畜比重大于食草性牲畜比重，农业内部结构局部不合理现象较为严重。第二，农业社会功能方面存在的问题主要表现为劳动力素质不高，人才流失严重，55 岁以上中老年人和女性在农业劳动力中占据主要地位，75% 以上的农民仍属于传统型农民，自身的素质与农业发展需求之间存在很大差距。第三，农业文化功能存在的问题表现为对传统农耕文明认识不足，现代石油农业浸润较深，农村传统优秀文化资源利用程度低、效率差，农村旅游业与文化业融合度低；第四，农业生态功能方面存在的问题表现为农药、化肥滥用、地力下降、土壤板结、农业环境污染较为严重，农业生物质类资源浪费严重。

二、新型融合主体带动性不强

习总书记指出，培育新型农业经营主体，有助于优化农业资源要素配置，推进农村一二三产业融合，实现农业高质量发展，对于推进农业现代化、实现乡村全面振兴意义重大。2012 年以来，我国新型农业经营主体发展较快，农村合作社带头人、农村能人、农机大户和家庭农场数量增长较快，营业额、资产规模和利润提升较快。但由于基础不扎实、起点不高等原因，对农村一二三产业融合发展的带动能力不强。无论是农业专业合作社、家庭农场，大都生产经营结构较为单一，以种养殖业为主，技术和经营管理水平低，规模较小，与小农户联结比较松散，对农村产业融合的示范引领作用不明显，难以发挥出促进农村一二三产业融合发展的基础性作用。

三、利益联结机制不健全

健全的利益联结机制是农村一二三产业融合发展的策动力和主要载体。目前来看，农业经营主体与小农户之间尚未形成互惠互利的利益联结机制，农民难以分享产业融合的收益。订单农业是我国农村绝大部分地区一二三产业融合的主要联结形式。实践中，订单农业违约率较高，农民利益屡次被边缘化，经常无法通过价格保护、股份分红和利润返还获取应有的收益，极大地打击了农民参与农村三大产业融合发展的积极性，不利于稳步推进农村三大产业融合发展。同时，大多数农村地区也没有形成健全的风险防范机制，土地流转风险保障金制度存在很多漏洞，担保机制也不健全，无论是合作企业还是小农户，均需要承担很大的风险，从长期来看不利于农村三大产业融合发展。

四、要素瓶颈尚未突破

实践上，当前我国农村三大产业融合的瓶颈仍然没有能够实现有效突破，人才、土地、科技、资金等要素供给明显不足。

（一）农村专业人才缺乏

农村一二三产业融合发展的根本是为了人，也依赖人。目前，一方面，大量农村青壮年劳动力外出务工，农村劳动力的主力军是"38""61""70"队伍，各种农业专业人才严重缺少；另一方面，农村地区基础设施落后，教育医疗条件较差，工资待遇较低，生活便利化程度落后于城镇，对优秀人才缺少吸引力，农业专业和技术人才供给不足。

（二）土地流转不畅

成片、适度规模的土地供应是农村一二三产业融合发展的前提。但由于我国的土地流转制度还不够健全，缺乏灵活的流转机制，再加上我国农村地区基本上以小农户为主，这些因素极大地阻碍了农村三产融合发展。

（三）融资环境堪忧

资金是一二三产业融合发展的血液和黏合剂。我国多数农业从业者规模较小，信用等级不高，风险抵御能力较差，难以获得贷款。此外，土地及农业相关设施也难以获取抵押贷款，融资渠道比较狭窄，融资难、贷款难问题非常突出。

（四）科技创新能力弱

科技创新是农村三产融合的动力源。我国农产品精深加工技术、创意创新能力明显不足，农业技术成果转化利用率低，农业产学研三者彼此独立，农业理论缺乏实践经验，农业科学技术不能够广泛地应用到农业生产中，不能实现其最大价值。

（五）基础设施建设滞后

首先，农村地区的供水、供电、供气、道路、物流设施落后，环境、卫生条件不好，污水和垃圾处理能力低下。其次，农村地区信息网络建设较为滞后，缺少信息化服务平台，不利于农业新技术的应用。

第四节　国外农村三产融合经验及启示

相比较我国，国外发达国家工业化起步早，经济发展水平较高，农村社会化服务体系较为完善，农村三产融合起步较早。从 20 世纪 60 年代开始，日本、法国和荷兰等国家就开启了农村三产融合之路，各具特色。"它山之石，可以攻玉"，欧美发达国家农村三产融合发展实践是跨越传统农业发展障碍的重要路径，不乏值得后发国家借鉴学习的成功经验。

一、国外农村三产融合经验

（一）日本农村"六次产业化"融合发展的实践经验

"无粮不稳"，粮食安全关系一国根本。日本作为粮食自给率较低的国家，非常重视农业农村的可持续发展。20 世纪 90 年代中期，日本著名学者今村奈良臣面对农业农村发展困境，提出了"六次产业"观点，即六次产业＝第一产业＊第二产业＊第三产业，或者第一产业+第二产业+第三产业，主张大力发展农业生产、制造、加工、流通、休闲旅游等农业本土化产业链，实现农村一、二、三产业的融合发展。目的在于以"地产地消"为核心，活化农村本地资源，力争将工商活动在地化于乡村地域系统，增强农村经济社会发展活力效果显著，其实践做法如下。

1. 提供法律支撑

为了进一步推进"六次产业"发展，日本政府陆续出台了《农业六次产业化》《粮食、农业、农村基本计划》《农山渔村六次产业化政策实施纲要》《农山渔村六次产业化政策工作相关补助金交付纲要》等一系列法律法规。

2. 组织保障

为了确保"六次产业化"战略的顺利推进，日本政府先后组建了"水产业六次产业化推进团队""地产地消推进委员会"等相关机构，同时帮助农民和相关农业企业围绕"六次产业化"制订经营改善计划。

3. 促进农、工、商合作

日本政府大力支持农业生产者和工商企业各自利用自身优势开展合作。同时规定工业、商业的出资股份不能超过49%。

4. 促进科技创新

日本政府制订的"农林水产技术基本研究计划"指出，要鼓励革新性技术的研究开发和推广，要注重保护知识产权。

5. 注重品牌建设

日本政府组建了生产者协议会，完善科学的管理体系，推进食品区域品牌化战略。

6. 加大金融支持力度

为了推动一二三产业融合发展，日本政府在不断加大财政补贴力度的同时，还对融合主体提供贷款优惠、"劣后"贷款①、政策补助金，鼓励政府金融机构参与出资组建农村农业产业化成长基金。

7. 培育多元化经营主体

为了进一步活化农村资源、彰显农村活力，日本政府大力注重因地制宜培育多元化经营主体。主要包括企业主导型（涉农企业，业务范围包括农产品加工、直销、农村饮食和住宿业等）、农业生产者主导型（主要从事农业生产的专业小农户）、社区主导型，自治体主导型（农协主导）和农工商连带型。

8. 地产地销

为有效推进地产地销，日本将大量直销所建立在城市近郊区，直销所实行

---

① "劣后"贷款是指没有优先还债义务的贷款方式

会员制，主要面向当地市民。经营主体包括农协、生产者、企业、其他社会团体等，小农户需缴纳少量会费就可以加入直销所，并负责生产包装流通，同时直销所还与当地医院、学校、幼儿园和福利院等机构进行农产品销售合作。

（二）荷兰"农业产业链"融合发展经验

作为一个人多地少的发达国家，荷兰具有高度先进的农业产业化经营水平，是农产品出口大国，积累了许多农业现代化发展经验。当前，我国正处在由传统农业向农业现代化转型的重要阶段，结合现代荷兰农业发展的先进经验，立足我国国情，得出我国农业现代化融合发展的启示。

1. 强调整合与分工协作

荷兰政府对于农业产业链的整合与分工协作非常重视，对产业链和价值链试点项目的资助力度一直较大。

2. 重视农业技术推广和产业创新

荷兰政府始终重视农业科研、教育和推广，并科学组建农业知识创新体系。同时不断向小农户提供完善的农业信息，通过农业教育和推广逐步提高农业从业人员技能水平，鼓励其将各种新技术应用于农业农村实践，不断提高农业整体的生产效率。在重视农业科技创新的基础上，荷兰政府特别重视文化等非技术因素。例如，荷兰政府积极倡导开发地方文化和花卉新品种，挖掘地方文化特色价值，增加文化附加值。

3. 培育农业合作社

为了抵御风险，荷兰农民自发组织各种互惠共赢的农业合作社和各种专业协会组织，如行业协会、商品协会、农场主联合会等。

4. 提升金融服务品质

荷兰成立了农民合作银行，为社员提供金融服务。荷兰农民85%的贷款均来自合作银行。

（三）法国农村一二三产业融合发展的经验

从欧洲国家来看，法国农村一二三产业融合发展的成就主要集中在乡村旅游方面。21世纪以来，法国的乡村旅游业实现了快速发展，农村旅游收入逐步提升，极大地促进了法国农村经济社会的发展，提升了农民的收入，其发展经验值得借鉴。

1. 政府支持引导农民成长为新型农业经营主体

法国政府一直支持把当地的农业从业人员培育为乡村旅游发展的主体，

目的是保护农民利益，增加农业经营者收入，促进农村社会经济的全面发展。之前，乡村旅游一直是由法国政府管理，但是随着一些专业旅游协会组织的发展壮大，各级政府的职能也逐步随之发生转变，政府管理职能不断弱化，而监管职能反而逐步加强，政府主要职能由管理变为支持引导作用。

2. 行业协会作用不断增强

法国政府和行业协会间的合作由来已久。21 世纪以来，法国旅游行业协会和法国政府间的合作进一步加强。法国从上到下，包括各大区各省均建立了旅游协会。乡村旅游行业规范由旅游协会负责制定，乡村旅游实现行业自律，规范推动农村旅游业的发展。

3. 凸显本土习性，维护乡土风貌

21 世纪初，为了避免乡村旅游的同质竞争，法国旅游协会就已经制定了非常严格的乡村旅游管理条例，鼓励当地农产品直销。规定饭店必须使用体现乡村本土特色的烹调方法，确保每个农场每个饭店以及每个村庄都有自己独特的产品和特色。同时，鼓励农民和乡村旅游经营者利用自身的优势，切实坚持乡村旅游产品的原真性，使外来游客能够真正体验本地乡村特有的快乐。

4. 加大财政扶持力度

法国政府陆续出台了一系列财政补贴和税收优惠政策，加大对乡村旅游业从业者的支持力度。例如，为了保障和维护农民传统住房，实现乡村的原汁原味，法国政府提供了许多资助经费。再如，法国政府为了保障餐旅业经营者的利益，取消了餐馆和旅馆的职业税，并把餐饮税下调为 5.5%。

二、国外三产融合经验的启示

（一）加强农村产业融合发展的法律制度建设

为了进一步推进六次产业融合发展，日本建立了完善的法律制度体系，涵盖纲要、推进措施和实施规定等各个方面，这是日本"六次产业"融合发展取得成功的重要原因。当前，我国政府为推动三产融合也出台了一些文件。但是，支撑体系尚不完善，指导意见多且不系统，缺乏一些具有针对性的政策措施。因此，制定和完善三产融合的法律法规刻不容缓。

（二）加大财政金融投入力度

日本、荷兰在推动农村产业融合发展过程中，都非常重视财政金融的支持作用，实践上也取得了成功。我国也应该加大财政投入力度，对三产融合经营主体实行政策性信贷优惠，从财税等方面给予支持和补贴，积极引进各种资本参与融合发展，建立融合发展专项基金，为从业者提供资金支持。

（三）强化科技创新和技术推广

日本政府大力支持农业技术的研发推广和保护，荷兰政府也非常强调农业技术创新和应用，我国也应加大农业技术的研发创新和保护力度，加大侵权的惩处力度，建构有效的技术推广体系，促进互联网技术在农村三产融合的应用。

（四）发挥农业合作组织的作用

日本充分发挥农协产业融合发展中的整合资源、区域协作、联结小农户作用，荷兰农民则自发组建农业合作社，以抵御市场的风险。我国也应积极扶持农业合作社，重视释放各种农业合作组织的作用，扩大其服务范围，以推动农村三大产业融合发展。

（五）保障农业生产者的利益

为了保障农民的利益，日本规定工业和商业在融合主体中的出资股份不得超过49%，同时规定乡村旅游的经营主体必须是所有的开发者和当地居民。我国也要强调对农民的利益保障，要完善利益联结机制，把农村一二三产业融合的附加值留在农村，确保农民分享产业融合的好处。

（六）培育多元化的融合主体

农村经营主体、农民和农业从业人员是三产融合发展的载体，日本荷兰政府积极培育多元化融合主体，增强了农业农村的发展活力。因此，我国也应该积极培育多元化的农业融合主体，要重点培育家庭农场、农业合作社、种养大户和涉农龙头企业等，发挥其在资源整合和市场开拓方面的积极作用，推动农村三产融合和良性发展。

第五节　科学推进我国农村一二三产业融合发展的对策

"三农"问题是关系国计民生的长远性根本问题。中国共产党十九大报告明确提出要实施乡村振兴战略，而产业兴旺是乡村振兴的基础和前提。促进农村一二三产业融合发展，是实施乡村振兴战略、解决"三农"问题的重要途径。

一、提升农村一二三产业融合程度

目前来看，我国许多农村地区三产融合程度仍然比较低。提升一二三产业融合程度，建议主要从两个方面着手。

（一）增加农业附加值，拓展农业产业链

一方面，农村地区应该立足于当地资源特色，积极发展农产品生产地初加工、精深加工，促进农产品就近就地加工，围绕市场需求及变动趋势，健全农村市场体系，打造完整的农业产业链条，加快农业生产由生产环节向前、后延伸，不断实现营销模式创新，将农业生产增值尽量内在化，增加农民收入，促进农村经济社会实现全面发展。另一方面，立足地方特色，促进地方性农产品品牌建设，发挥品牌效应，建设一大批农产品精品基地，完善一村一品、一乡一业的发展建设，提升农业农村发展软实力。

（二）农业多功能同步发展

农业多功能来源于土地的多效用性，主要是指农业具有经济、生态、社会和文化等多方面的功能，一般由土地资源边际效用所决定的、用土地资源价值量来衡量。长期以来，迫于人口多耕地少等多种压力，农业的经济功能被极大地发挥，而生态、社会和文化等功能被严重抑制，进而产生了很多负面问题，如环境恶化、村庄空心化等。要充分挖掘农业的休闲、教育、旅游、文化、健康等功能，并且将这些功能进行融合，大力发展休闲农业、乡村旅游和创意农业等新兴业态，建设一批具有农耕文化底蕴和民俗特质的乡村旅游型村庄，打造功能多样的农村休闲旅游产品，充分发挥农业多功能性。

二、培育新型农业经营主体

农村三产融合发展需要具有高水平的新型农业经营主体，而当前我国新型农业经营主体发育仍然比较缓慢，亟须培育一大批技术能力强、示范能力强、管理能力强的新型农业经营主体。

首先，积极拓宽家庭农场和农业专业户的经营结构，提高其参与三产融合的能力。支持家庭农场和农业专业户实施农产品直销、产地初精深加工，提高家庭农场的组织程度、专业化的经营管理水平，积极带动大批小农户参与农村三产融合。

其次，支持农民合作社发展。鼓励农民合作社向销售、物流配送、初精

深加工等领域拓展，支持农民合作组织向联合型、多功能型的综合性农业经营组织发展。要从政策优惠方面加大对农民合作社的支持力度，努力释放农民合作社在抵御市场风险、扩大产业化规模、提供农业科技金融支持等方面的重要作用，提高农业合作社的经营管理水平，实现农民合作社建设的规范化，真正让农民增收致富。

再次，壮大培育农业龙头企业，发挥引领示范作用。充分发挥农业产业化龙头企业在技术、资金、人才、加工、管理、抵御风险等方面的优势，加强政策扶持，延展龙头企业的产业链，发展农产品精深加工，建设规模化的农产品生产基地，引领广大小农户发展适度规模经营，鼓励小农户、农民合作社、农业从业人员等主体实现利益共享，充分发挥其在农村三大产业融合中的引领示范作用。

最后，鼓励各种社会资本加大投入力度。要逐步消除弱化各种社会资本下乡的一些歧视性政策，政府应该同等对待各类投资项目，建立健全社会资本下乡服务体系，对社会资本全面开放，积极鼓励引导扶持各界社会资本参与农村三产融合。

三、建立健全利益联结机制

推进农村三产融合的根本落脚点是农民。而要保障农业生产经营者的利益，必须建立健全利益联结机制。

（一）建立多种形式的利益联结机制

在坚持平等互利原则的基础上，不断发展完善订单农业，引导农民和企业签订农产品购销合同，规范完善订单合同内容，加强合同管理，建立完善利益分配监督约束机制，强化各种违约责任，建立利益共享、风险共担的利益联结机制。同时，鼓励发展农业股份合作制，逐步开展土地和集体资产股份制改革，把集体经营性资产折股到户，实现以土地经营权入股。此外，以劳动、资本、技术入股，建立按股分配机制。

（二）保障农民利益，强化相关企业的责任担当

鼓励参与三产融合的企业积极聘用农民，为农民提供就业培训、技术辅导、资金扶持等方面的服务，引导鼓励涉农企业充分发挥各种优势，帮助相关农业生产者扩大规模，增强小农户的经营管理水平，保障农民的利益。

（三）完善风险防范机制

健全订单农业的保障金制度，积极发展农业担保、保险事业，积极化解

融合发展的市场风险、自然风险，提高风险防范能力。

四、突破各种要素瓶颈的限制

活化农村要素，突破人才、土地、资金、科技、等要素瓶颈制约，培育农村一二三产业融合发展的新动能。

（一）保障土地供给

农村土地"三权分置"为完善土地供给机制提供了一个非常好的机会。据此，基层乡镇政府可以帮助村庄做好长期发展规划，专门划出一定面积的土地用于三产融合发展的基础设施建设，优先提供给从事产业融合发展的农业新型经营主体使用。允许利用一定比例的土地来发展农产品加工，或者从事休闲旅游等经营活动。此外，还要加快土地流转速度，探索土地信托、土地股份化等新型土地流转方式，完善农村土地流转服务体系和土地流转机制，不断提升土地流转规范化、法制化水平。

（二）改善融资环境

积极发挥各种涉农融资机构的作用，加大信贷支持力度，为各种涉农融合主体提供补贴。同时设立三产融合专项发展资金，扩大经营资本规模，优化资本结构，提升资本运行效率，营造有利于各种涉农融合主体发展的社会环境。积极实施土地承包经营权、农村住房财产权抵押贷款，探索开展各种农机具、农业生产设施、农村宅基地使用权的抵押业务，完善贷款抵押方式。通过发行债券、资产证券化等方式融资，积极发展面向农民、立足农业的小微农村金融组织。

（三）增强农业技术创新能力

完善农业技术研发推广体系，积极实践农产品生产贮藏、分级包装、运输、精深加工等技术，为三产融合发展提供更好更有效的技术条件。科学构建农业科学技术创新推广体系，完善农-科-教模式，鼓励农业从业者和新型农业经营主体对接，加强新型农业科研成果推广转化，为农村三大产业融合发展提供广泛的科技支撑。

（四）大力培养各种农业专业人才

各级政府提供资金支持，加大对农民的职业技术教育力度，帮助农民掌握先进的农业技术以及现代化的农业管理知识，提高其农业技能水平和综合素质，打造出一大批知农民、懂技术、有文化的新型职业农民。努力改善农村的社会环境、文化环境和生活环境，增强农业农村政策扶持力度，鼓励城市里的各类人才到村庄兼职、任职、创新、创业。同时，积极搭建跨领域三产融合合作交流平台，加强农业从业人员与其他相关行业的交流合作，建立健全农业农村人才实习实训基地，培养合格的农村三大产业融合发展的科技人才、经营管理人才和复合型人才，为三产融合发展提供人才支撑。

五、加强农村基础设施

推进三产融合，要加强农村基础设施建设，夯实三产融合发展的基础。

（一）提升农村基础设施建设水平

要尽快完善农村地区道路、桥梁、自来水、沟渠、灌溉设施、电路管网和其他各种基础设施，对在农村从事物流服务的相关企业给予财税支持，建立健全农村的物流网络体系，加快乡村公共厕所、休闲农业等配套设施建设，改善农村卫生条件和生态环境，提高农村垃圾污水处理设施建设水平。

（二）加强农村信息化建设

加快农村地区电子信息网络建设，提升农村通信网络设施建设水平。要设立各种电商服务点，鼓励千家万户发展农村电子商务，积极开展农业现代化+互联网的营销模式，为农业经营者构建销售特色农产品的网络平台，提高农民进行生产经营的积极性。优化农村综合性信息化网络服务平台，提高农村地区信息资源聚集和共享程度。

六、完善相关法律法规，健全管理体制

加快出台相关涉农法律法规，健全管理体制机制，助推农村三大产业融合发展。

（一）完善相关法律法规

出台一些具有针对性的三产融合发展的涉农法律法规，完善各项涉及农村一二三产业之间关系的法规条款，规范农业农村经营主体的市场行为。科学的将相关政策列入立法规划，以提高法律法规的系统性、权威性和约束力，保障农村三大产业融合发展有法可依、有章可循、有据可查。

（二）健全农业农村管理体制

农业农村三产融合发展涉及诸多部门，需要融合性的管理措施。为此，需要健全管理体制，从宏观上统筹规划，从整体上把控，从细微处入手，明

确各级各部门职责，打破部门间分割，为农村三产融合发展提供制度保护。同时，要明确农村三产融合相关部门的职责分工，明确细化财政、农业、环境、民政、国土、科技、旅游等部门的工作任务，简化工作程序，提高办事效率，强化责任落实，节约实施成本，科学推动农村三产融合快速发展。

【延伸阅读】

1. 马克思．资本论（第三卷）［M］．北京：人民出版社，2004：912.

2. 马克思，恩格斯．马克思恩格斯选集（第四卷）［M］．北京：人民出版社，2012：406.

3. 列宁．列宁全集：第5卷［M］．北京：人民出版社，1986：217.

4. 列宁全集：第6卷［M］．北京：人民出版社，1986：286.

5. ［美］西奥多·W. 舒尔茨著．改造传统农业［M］．北京：商务印书馆，1999：72.

6. ［日］速水佑次郎，［美］弗农·拉坦．农业发展：国际前景［M］．吴伟东，等，译．北京：商务印书馆，2014：6.

7. 魏后凯，闫坤主编．中国农村发展报告2018：新时代乡村全面振兴之路［M］．北京：中国社会科学出版社，2018：28.

8. 钟水映，王雪，肖小梅．中国农业现代化的再思考与顶层制度设计［J］．武汉大学学报，2013（11）：112-121.

9. 黄庆华，姜松，吴卫红，张卫国．发达国家农业现代化模式选择对重庆的启示［J］．农业经济问题，2013（4）：102-109.

10. 尹成杰．农业多功能性与推进农业现代化建设，中国农村经济，2007（7）：4-7.

第六章　乡村振兴背景下
农业现代化实现的制度供给

　　伴随城市化进程的不断加速，我国大批劳动力从农村转移到城市，城乡收入差距不断拉大，农村空心化现象日益严重，农业现代化的推进步履维艰，由此形成了所谓的"三农"问题。为了从根本上解决"三农"问题，早日实现农业现代化，增强农村经济社会发展动力，实现城乡经济社会协调发展，2013年中央一号文件第一次提出了要建设"美丽乡村"的奋斗目标。此后，党的十八大报告提出："要努力建设美丽中国，实现中华民族永续发展"；党的十九大报告提出"加快生态文明体制改革，建设美丽中国"。2018年2月4日，新华社发布了《中共中央国务院关于实施乡村振兴战略的意见》，对实施乡村振兴战略进行了全面部署，提出要"要坚持农业农村优先发展，按照产业兴旺、生态宜居、乡风文明、治理有效、生活富裕的总要求，建立健全城乡融合发展体制机制和政策体系，加快推进农业农村现代化"。由于我们幅员辽阔，农业人口众多，农村在区域面积上占据主体地位，因此，没有农业的现代化，没有农村经济的生机勃勃，要实现乡村振兴的建设目标显然是不现实的。

　　实现农业现代化既要靠政府的外力来推动，又要靠农村内部的自我驱动。外力推动体现在：政府通过工业反哺农业、大力改善农村基础设施、加大农业项目投资力度、为农民提供均等化服务与保障、积极规划农村建设等措施切实增强农村吸引力。内部自我驱动体现在：农业现代化的实现需要有足够多的具备一定素质的农业从业人员来呼应政府的努力，为农业现代化提供持续、有力的支撑。

　　当前，农业现代化建设中一个突出的现实问题就在于农村常住居民中"能人"过少，不能为农业现代化提供有力支撑。因此，吸引人才流向农村对乡村振兴战略的顺利实施，对农业现代化的早日实现至关重要。

长期以来，农村务工人员融入城市问题受到了大家的持续关注，相关研究也取得了显著成果，但相反的问题未曾引起我们足够的重视。虽然整体上我国的城市化进程尚未结束，人口的逆向流动处于非主流状态，但不可否认，这种流动是有现实意义的。然而，由于特殊国情所限，外来人才真正融入乡村并不容易，融入过程面临着诸多制度性障碍。这些阻碍人才流向农村的制度性规定严重抑制了外来人才到农村建功立业的念头。这种"抑制"正在加剧农村的人才荒，进而给农业现代化建设带来了负面影响。比较突出的制度性障碍体现为：农村宅基地制度和农村土地经营制度。

工业及后工业时代，各国为促进本国农业发展，普遍实行了一定的农业支持保护政策，这些政策对本国农业现代化的实现起到了十分重要的作用。在这方面，我国也不例外。

第一节　我国农村宅基地的制度创新

一、我国农村宅基地制度的历史沿革

从 1949 年至今，我国农村宅基地制度呼应时代特征而历经多次变革，其历史沿革从不同角度可以进行不同的阶段划分，若依宅基地权属性质为依据，则 70 多年来宅基地制度的演进大体可划分为如下阶段[①]：

（一）宅基地私人所有时期（1949—1962 年）：国家主导下的制度安排

新中国成立初期，为适应农民阶层的传统认知，获得农民群体的支持，国家承认了宅基地的私有性，并于 1950 年颁布《土地改革法》。其中明确规定"土地改革完成后，由人民政府发给土地所有证，并承认一切土地所有者自由经营、买卖及出租其土地的权利"。因而，这一时期，农民可以自由买卖、租赁、继承宅基地及其农房的所有权。但农村土地私有制与社会主义公有制意识形态相冲突，因此，宅基地政策逐渐从自由交易转向了有限制的交

---

① 郭贯成. 新中国成立 70 年宅基地制度变迁、困境与展望：一个分析框架［J］. 中国土地科学，2019（12）：1-9.

易。例如，1953 年我国开始对农村党员买卖、出租土地行为进行了一定限制。

（二）宅基地集体化时期（1962—1982 年）："居者有其屋"的保障功能

随着社会主义改造的顺利完成，私有制基本在我国消失，宅基地私有制与我国社会主义公有制一统天下的现实愈加冲突。1962 年中共八届十中全会通过《农村人民公社条例修正草案》，其中规定"生产队范围内的土地，都归生产队所有。生产队所有的土地，包括社员的自留地、自留山、农村宅基地等，一律不准出租和买卖"，但"社员有买卖或者租赁房屋的权利"。这就意味着，这一时期，农民对自己宅基地的所有权已实质上退变为使用权，政策上虽不禁止农民进行房屋交易，但交易范围和收益都已变得极为有限。

（三）宅基地主体泛化时期（1982—1998 年）：市场化发展的利益诉求

改革力量的崛起对"左"倾意识形态形成了持续的冲击，在此背景下，宅基地集体所有制虽未变，但宅基地交易对象的范围有了适度扩容。1982 年国务院颁布《村镇建房用地管理条例》，其中规定回乡落户的离休、退休、退职职工和军人，回乡定居的华侨，经批准也可以使用农村宅基地建房。该条例首次突破了农业户口居民才能取得农村宅基地使用权的规定。随后，1986 年出台的《土地管理法》将允许取得农村宅基地的几类城镇居民进一步放宽到城镇非农业户口居民。

（四）宅基地流转收紧时期（1998—2017 年）：新农村建设的管理手段

经济的快速发展及城市规模的迅速扩大，城市建设用地资源日益紧缺，于是农村宅基地越来越受市场的热捧，为了消除宅基地过度转卖炒作带来的风险，在新农村建设中，国家开始收紧宅基地的流转。1998 年全国人大常委会通过了新的《土地管理法》（1998 年版），其中规定农民一户只能拥有一处农村宅基地，农民出卖、出租住房后，再申请农村宅基地的，不予批准。同时，国家明令禁止了城镇非小农户口居民到农村购买宅基地的行为。

（五）宅基地赋权强能时期（2017 年至今）：乡村振兴中的制度供给

为配合乡村振兴战略的实施，2018 年 1 月 2 日，中共中央、国务院发布了《关于实施乡村振兴战略的意见》，其中提出"完善农民闲置宅基地和闲置农房政策，探索宅基地所有权、资格权、使用权三权分置，落实宅基地集体所有权，保障宅基地小农户资格权和农民房屋财产权，适度放活宅基地和农民房屋使用权"。这个"三权分置"制度的核心在于赋权强能，逐步弱化宅基地的保障功能，强化其财产、资产功能，将宅基地权能由虚置的集体所有权、无偿无期限的农民使用权拓展为可以提高宅基地利用效率、增加农民土地财产性收入的"三权"（即所有权、资格权和使用权）。2019 年，农业农村部发布了《农业农村部关于积极稳妥开展农村闲置宅基地和闲置住宅盘活利用工作的通知》，通知强调要积极稳妥开展农村闲置宅基地和闲置住宅盘活利用工作，为激发乡村发展活力、促进乡村振兴提供有力支撑。

二、目前我国农村宅基地流转中存在的问题

古人云："民之为道也，有恒产者有恒心，无恒产者无恒心"。拥有属于自己的住房对于每一个外来者都意味着归属感的确立，真正融入本地社会的开始。城市如此，农村亦然。农村相比城市，其吸引人的地方在于乡土自然，在于生活节奏的舒缓恬淡，因此，有意去农村发展的城市人大多希望在农村能拥有真正属于自己的住房，成为地道的本地人，进而能享受农村独有的乡土自然。然而，根据现行农村宅基地政策，农村宅基地由村集体组织按各省（自治区、直辖市）规定的每户标准，从村集体所有的土地中采用无偿、无使用年限的方法划拨给村民使用。村民对宅基地实质上只拥有使用权，宅基地及在其上面建造的房屋不能进入土地市场进行公开转让，特别是不能向非本集体组织成员自由转让。这就意味着，目前外来人员想在农村合法购置宅基地及其房产依旧困难重重。这对那些渴望在农村定居、创业的人员来说无疑是不小的打击。

同时，随着我国市场机制在资源配置中主体地位的不断提升，现行的农村宅基地管理中有关限制农村宅基地上市流转的相关规定也引发了其他诸多问题：限制宅基地流转的制度安排对农民利益、宅基地管理和土地资源配置效率产生了诸多负面影响。限制农村建设用地入市和政府垄断城市建设用地一级市场的制度增加了搜寻、谈判、履约和监督的成本，抑制了非农建设用地市场供给和需求，导致市场失灵。

由于宅基地产权的不完全性，与国家相比，农民处于不平等的契约地位和拥有不对等的讨价还价能力。包括小产权房在内的宅基地"入市"的实践探索体现了民间利益的自发诉求。农民有变现宅基地财产权利的需求，对宅基地流转的限制会催生宅基地的地下买卖，由于缺乏明确的法律依据，交易的风险较高，购买方将面临"敲竹杠"的风险。隐形土地市场的存在导致集体资产流失，空闲宅基地难于管理，宅基地连同房屋出租的现象尤为普遍，使得城市周边尤其是大城市周边的人口过度集聚。农民自发的宅基地交易已

促成城乡分割的非农建设用地市场结构。由于宅基地流转的限制,宅基地的非商品化、非资本化和非市场化造成农民财产利益损失。又因为对宅基地流转限制的制度安排降低了市场需求,使"小产权房"的市场价值大幅低于周边城市住宅,宅基地产权的限制性规定使"小产权"性质的新聚居区成为一种禁锢农民的形式。宅基地使用权流转限制将农民紧紧捆绑在土地上,农民普遍不愿改变身份,也很少有举家迁移的,在农村建房再返回城市工作,农村房屋基本处于闲置状态,置换、复垦、整理等政策配套不健全也导致农民完全丧失退出宅基地的动力①。

三、完善我国农村宅基地流转的制度供给②

在农业现代化持续推进及乡村振兴战略加快实施的大背景下,要求进一步解放思想,大胆放宽宅基地流转限制,特别是取消宅基地购买人资格限制的呼声日渐强烈。

允许城市居民到农村购买宅基地,可以释放出巨大的市场需求,从而有利于为农业现代化建设吸引并留住人才,对稳增长形成有力的支撑。同时,国家正在大力推进城市化,倡导城乡一体化,统筹城乡协调发展,鼓励农民进城置业创业。如果放开宅基地的转让,尤其是允许城市居民到农村购买宅基地,宅基地的价值就会大幅度提升,宅基地使用权人就会获得一笔进城创业的资本,或者购买住房,或者去做生意,真正实现人的城市化。同样,允许城市居民到农村购买宅基地,也会为农村发展注入一笔不小的资金,从而促进农村经济社会发展,推动社会主义新农村建设,加速乡村振兴的早日实现。

国家一直在要求提高农民的财产性收入,但对绝大多数小农户来讲,宅基地是最主要的财产。而如今对宅基地的转让进行如此严格的限制,使得宅基地很难变现,大大降低了宅基地的财产属性,也就谈不上增加农民的财产性收入。有些人担心:放开宅基地流转,会导致大量农民无家可归、影响社会稳定。特别是允许城市居民购买宅基地,可能导致大量违法用地行为的发

---

① 孙秋鹏. 农村宅基地流转问题研究述评 [J]. 西北民族大学学报 (哲学社会科学版). 2020 (1):114-131.

② 翟全军,卞辉. 城镇化深入发展背景下农村宅基地流转问题研究 [J]. 农村经济. 2016 (10):10-17.

生，不利于18亿亩耕地的保护等问题。这种担心不能说毫无道理，但是，经济常识告诉我们，绝大多数农民都是有理性的经济人，当他们拥有宅基地自由转让权之后，在卖还是不卖的问题上，他们有能力做出最合乎自身利益的决定。改革开放以来，国家没有禁止过城镇房屋的转让，城镇也没有发生居民因出售房屋而大批流落街头的现象。

根据我国现行的《土地管理法》，宅基地的获取方式是无偿使用、划拨，类似于20世纪90年代之前的城镇住房由单位和国家提供的形式。农村宅基地没有市场价，应赋予宅基地商品属性，让农民获得宅基地的使用权、处置权，获得土地流转升值的财产价值。建立宅基地流转法律制度，其核心内容应该是：在保持农村宅基地集体所有的基础上，政府取消原有限制农村宅基地流转的相关规定，对手续齐备、合法建造的农村宅基地及其地上房屋，颁发《集体土地使用证》《房屋产权证》等证书，允许农村宅基地进入土地交易市场，和城市商品房、房改房一样，合法上市转让。土地的供给是有限的，无法持续为农村人口分配宅基地。这种解决方式也让拥有宅基地的人口承担了土地使用权成本，合理反映土地稀缺价值。

（一）完善宅基地使用权登记制度

借鉴城市房地产登记管理办法，尽快建立农民房屋宅基地使用权登记制度，界定宅基地边界和产权，全面开展宅基地登记发证工作。对于手续齐全、合乎法律法规的小农户宅基地，应当参照国有土地房地产权属登记办法，发放统一的、具有法律效力的宅基地证书，即《集体土地使用证》《房屋产权证》等具有法律效力的房屋产权证书，形成完善的宅基地使用权统一登记制度，保护小农户宅基地用益物权，为农村宅基地的流转、抵押、担保、退出提供有效依据。

（二）清理空置住宅，"一户多宅"和闲置宅基地

在城乡一体化进程中，大量农宅因农民进城而常年闲置，形成空心村和闲置宅基地，造成土地资源极大浪费，也导致宅基地私下交易盛行。对农村宅基地进行彻底普查清理，建立健全宅基地档案，对宅基地使用权的转让和变更，也应该及时变更登记。通过对农村现有宅基地进行全面清理，依法明晰宅基地使用权的主体，对超标准使用宅基地者进行纠正，对违法使用宅基地者进行罚没。当然，具体问题要具体解决，如对于"一户多宅"的情况，要区分原因分别对待，对历史形成的，应予以有偿退出；对通过非法手段获

取的，则应予以无偿退出。

（三）探索宅基地有偿取得制度

要改革目前农村宅基地"三无偿"（无偿取得、无偿退出、无偿回收）制度，减少宅基地闲置浪费现象，探索有偿取得制度。农民取得宅基地时必须缴纳一定费用，费用金额根据各地区土地补偿费和劳力安置补助费标准确定。该费用可由区（县）政府委托乡（镇）政府统一收取，再返还给村集体，主要用于本应由政府完成的固化宅基地区域的水路管网等基础设施配套建设。

（四）建立有利于促进城乡一体化的宅基地使用权退出机制

探索建立宅基地退出补偿激励机制，建立规范的宅基地退出节余指标调整利用及利益分配机制，制定多样化的补偿方式和合理的补偿标准，增加农民财产性收入。宅基地有偿退出或者转让，能够让进城农民免去后顾之忧，亦可让大量闲置宅基地获得"解放"，还可以为农村新一轮发展拓展土地资源调整空间，一举三得。当然，要把好事办好，务必兼顾各方利益，尤其是要因地制宜制定合理补偿标准，保证转让宅基地农民利益不受损。按照"局部试点、封闭运行、结果可控"的原则，鼓励各地逐步开展试点，创新建立宅基地退出机制，盘活农村空闲宅基地和空闲房屋。一是鼓励农民可以依法对取得的宅基地置换商品房、廉价房、农民公寓；二是通过资金奖励和补助方式鼓励腾退或转让空闲宅基地和房屋；三是对城市规划区内符合城乡规划已建成房屋的宅基地，允许宅基地使用人申请并经所在农村集体同意将宅基地转为国有，由宅基地使用权补办出让手续并按土地评估价的一定比例补缴土地出让金后入市交易。

（五）对宅基地使用权实行有条件流转

虽然国家明令禁止宅基地使用权的流转，但实际上宅基地使用权隐形流转的现象大量存在。一方面说明允许宅基地使用权的流转有着现实的需要，现行农村宅基地流转制度已不符合时代要求；另一方面，限制宅基地使用权流转造成隐形市场的存在，也增加了当事人的交易成本和风险，不利于交易双方合法权益的保护。禁止城市居民在农村购置宅基地，却因现实中的许多例外而屡禁不止。

因此，需改革现有的农村宅基地使用权流转制度，逐步放宽宅基地使用权的流转。现行的乡村宅基地制度是中国城乡二元体制的组成部分，从长远来看应该向城镇看齐，即允许宅基地使用权自由交易。但考虑到现有条件的约束，近期内只能将宅基地自愿有偿退出与农民工城镇化挂钩，作为解决农民工城镇住房整体方案的一个组成部分。

1. 关于宅基地使用权的转让问题。不妨先进行限定，以限制直接转卖宅基地从中牟利，即：宅基地使用权不得单独转让、抵押，只有在宅基地上的住房转让、抵押时，宅基地使用权才一并转让、抵押。

2. 明确农村房屋转让的前提。是闲置住房的存在，以保证农民能够居有其所，不至于成为"流民"。

3. 宅基地的交易应符合政府的土地利用规划。土地利用规划应体现节约土地资源和保护耕地的原则，只有符合规划的宅基地才可以交易，要坚决杜绝把耕地转变为宅基地再行出售的做法。

加强对进城农民原宅基地及房屋的产权管理，切实维护进城农民的合法权益。①进城农民的住宅可以出售给符合宅基地享受条件的本集体经济组织的农民；符合规划的亦可将宅基地征为国有，由宅基地使用权人补办出让手续并按土地评估价的。②乡（镇）可成立农民住宅置换中心，由农民住宅置换中心对因区位因素暂时无法交易的农民依法取得的住宅，在支付部分预付款后进行收购储备，余额待住房交易后一次付清。③鼓励集体经济组织兴建农民公寓住宅，进城农民自愿退出依法取得的宅基地使用权的，可与自购的农民公寓住宅用地等价置换。④在探索农民增加宅基地财产性收入的过程中，出现了天津市"宅基地换房"模式、嘉兴市"两分两换"模式、成都市温江区"双放弃"模式以及重庆市"地票交易"模式，等等。上述几种扩展农村宅基地财产权权能的尝试，涉及农村宅基地用益物权和担保物权，虽各有利弊，但不失为有益尝试。

（六）完善相应社会保障制度

农村宅基地的流转必然要涉及少数没有生活来源的失地农民的住房保障问题，而建立失地农民保障制度也是有必要的。对全部退出宅基地、承包地的农民，要加大扶持力度，全部纳入城镇社会保障体系，解除进城落户农民的后顾之忧，保障其长远生计，使他们安心进城落户。同时，将这类农民纳入城镇就业体系，并优先保障。结合当地产业发展实际，搭建农民进城就业平台，更好地促进农民进城稳定就业并安家落户，使他们有房住、有工作、有社保。随着我国改革的推进，人们期待社会保障体系的逐步健全，将使农民工可以领到失业保障金，在政府和社会的帮助下获取新技能，在打工城镇有福利保障房，就不用再回到农村老家。

第二节　我国农村土地经营的制度创新

在社会经济不断发展、城镇化进程加快的背景之下，全面深化农村土地经营制度改革成为当前社会发展和建设的重要任务，新农村建设、农业发展的重要性和紧迫性凸显。农业土地经营制度创新是激发农村生产力的动力源泉。

一、我国农村土地经营制度的历史沿革

自古至今，土地产权是中国农村制度变迁的核心，农村土地经营制度的变迁都是围绕着农村土地产权制度的改革[①]。从新中国成立后到土地革命完成之前，我国社会的主要矛盾是"农民阶级和地主阶级的矛盾"，农民长期处于封建政治和封建经济压迫之下，"没有人身的自由，地主对农民有随意打骂甚至处死之权，农民是没有任何政治权利的"，这时期的农民极端穷苦和落后[②]。新中国成立后，土地革命消灭了这种矛盾，农民被赋予了新的政治地位，人民当家做主，而且从产权角度讲，农民有了对农业剩余的索取权，这时期的土地经营制度为新土地制度。新中国成立后的土地产权制度经历四个明显的阶段性变化。

（一）平均地权，"产权合一"

新中国成立初期（1949—1955），实行农民土地私有制。"耕者有其田"一直是中国农民的梦想，决定了谁赋予农民以土地产权，谁就能获得广泛的政治资源与社会支持[③]。在新中国成立初期，土地集中在地主手中，在"打土豪、分田地"的战略指导下，中国共产党主张变革地主土地所有制为农民土地所有制，也因此获得了广大农民的支持和爱戴，最终取得革命胜利。为巩

---

① 黄祖辉，王朋. 我国农地产权制度的变迁历史———基于农地供求关系视角的分析［J］. 甘肃社会科学，2009（3）：1-5.

② 毛泽东. 中国革命和中国共产党. 毛泽东选集（第二卷）［M］. 北京：人民出版社，1967：587-588.

③ 罗必良. 农地保障和退出条件下的制度变革：福利功能让渡财产功能［J］. 改革，2013（1）：66-75.

固革命成果，确保土改政策有效实施，中央颁布了相关法规。1950年中央政府颁布了《中华人民共和国土地改革法》，废除地主阶级封建剥削的土地所有制，实行农民的土地所有制；1953年颁布了《关于发展农业生产合作社的决议》，规定"发展农业合作化，无论何时何地，都必须根据农民自愿"的基本原则，"绝对不能够用剥夺的手段去把农民的生产资料公有化"。至此，我国基本完成农民土地所有制改革。

在此阶段，农民既获得了土地所有权，也获得了土地的使用权、经营权，这次改革大大解放了生产力，促进了农业生产的发展。但是，农地所有权归属农民个人，与"坚持马克思主义和社会主义的内在要求所决定的土地所有制必然是公有制"相矛盾[1]。加之，这次改革是以国家行政手段而非市场手段推行的，造成了贫富差距拉大，不符合我国当时的国情，土地私有制形式未能长期存在，农民土地私有制终结。

（二）三级所有，队为基础

改革开放前期（1956—1978），合作化和人民公社化时期的土地集体所有与集体（合作）经营。为了避免贫富两极分化，逐步地实现对于整个农业的社会主义的改造，即实行合作化，在农村中消灭富农经济制度和个体经济制度，使全体农村人民共同富裕起来。中央在不同时期制定了保障性的政策和实行了相应的措施，在农业生产中推广集体化政策。例如，从1952年到1957年的将农民土地私有制变为土地集体所有制的农业合作化运动；1958年的人民公社化运动，在更大范围内推行公有化。从1962年起，实行生产资料分别归公社、生产大队和生产队三级组织所有，土地的使用权归生产队，由农民统一使用，以生产队集体所有制为基础。

合作社中，农民以土地入社，实行土地集中经营，以避免私有制下的土地兼并和两极分化，维护了社会稳定。但是，变农民个人私有土地为集体所有，实行统一经营，按劳分配，取消土地报酬。农民既失去了土地所有权，又失去了经营权。这种所有制的经营方式，使农民的生产积极性受到挫伤，生产力也遭到破坏。人民公社下的集体化难以为继。

（三）集体所有，两权分离

改革开放后（1979—2013），家庭联产承包责任制——土地集体所有、家

---

① 钟晓萍，于晓华，唐忠. 地权的阶级属性与农地"三权分置"：一个制度演化的分析框架[J]. 农业经济问题，2020（7）：47-57.

庭分户经营，农民享有土地使用权（承包经营权）。1978年遭受"天灾"和饥荒的安徽省凤阳县小岗村村民冒着生命危险自发创造的"包产到户""包干到户"生产责任制，使农民家庭对产量的承包发展为对土地经营的承包。"交够国家的，留足集体的，剩下全是自己的"，农民拥有对土地的经营权以及农业剩余的索取权，实现了土地所有权与承包经营权（使用权）"两权分离"①。这个时期，家庭经营取代了集体劳作，农民享有土地使用权。然而，由于农地产权结构相对不稳定，在此期间我国粮食生产增量依然不高。

（四）集体所有，三权分置

转型发展时期（2014年至今），家庭联产承包责任制——土地集体所有、家庭分户经营，小农户承包权和土地经营权分离。由于各地农村自然、经济、社会条件差异较大，各地农民对农地制度需求日益多元化②。2014年通过的《关于引导农村土地经营权有序流转发展农业适度规模经营的意见》指出，要"坚持农村土地集体所有权，稳定小农户承包权，放活土地经营权"。在发生农地经营权流转的情况下，农地产权分属农民集体、承包小农户和新的经营主体三个层次，承包小农户的相关土地权能也大部分转移到新的农业经营主体身上。

这时期土地制度改革本质上是在此基础上的边际改进，是对农地集体所有制实现形式持续探索的过程和模式创新③。随着城镇化的推进，农村人口转移到非农产业领域，农民有流转其土地承包经营权的可能诉求。

二、我国目前农村土地制度中存在的问题

中国现行农地制度的基本框架是"集体所有，按户承包"。这一农地制度发端于1978年以来的农村改革，以安徽省小岗村"大包干"为起点，探索出一条极具中国特色的农村生产经营之路。

农村基本经营制度的变化也带来了农地产权结构的适度调整。由基层群众创造出来的"两权"分离观念最终得到了有关法律的确认。在派生出土地承包经营权之后，集体土地所有权的功能集中体现在增强生产服务、协调管

---

① 许庆，田士超，徐志刚，等. 农地制度、土地细碎化与农民收入不平等［J］. 经济研究，2008（2）：83-92.

② 张红宇，刘玫，王晖. 农村土地使用制度变迁：阶段性、多样性与政策调整［J］. 农业经济问题，2002（2）：12-20.

③ 陈会广，陈利根，马秀鹏，等. 农村集体建设用地流转模式的多样化创新——基于政府与市场关系的视角［J］. 经济体制改革，2009（1）：87-92.

理和资产积累等方面，而土地承包经营权将承包小农户对承包地的权利固定下来，确定了农民的主体地位，极大地调动了农民生产的积极性，改变了国民经济发展格局。但是，随着农村经济的发展以及工业化和城镇化的稳步推进，现有的土地经营制度存在的问题开始凸显。

（一）农村土地资源难以满足城市化建设用地的需求

我国正处于工业化、城市化快速发展的关键时期，伴随着我国新型城镇化进程的加快，城镇规模不断扩向城郊扩张，农村人口向城镇转移，农村土地非农化的进程飞速加快，用地冲突进一步加剧。根据全面建成小康社会的总体要求，国家提出 18 亿亩耕地红线是中国粮食安全的生命线。随着中国工业化和城镇化进程的加快，土地需求持续扩大，中国面临土地供需矛盾尖锐的现实挑战。而坚持世界最严耕地制度，严守耕地粮食安全警戒线，成为中国发展过程中的不二选择。此外，新型城镇化还必然带来农业分工更为细致，农业劳动力和农业人口的流动日益普遍，必然引发承包地的流转，农业经营的具体形式越来越趋于多样化。现有的农村土地经营制度难以满足农村土地市场多样化的需求。

（二）土地分散、承包经营导致的土地经营效率低下和土地资源的浪费

家庭联产承包责任制是农村土地管理制度的重要转折，这一制度变迁在当时极大地调动了农民的生产经营积极性。但随着经济的发展、社会的进步，农民收入增收、农业产量增长遇到瓶颈，原有的农业生产经营模式难以适应现代机械化农业生产的要求。土地分散、承包经营制约了农业现代化的发展，并使得我国成为农村土地规模程度最低的国家之一。尤其是在经济全球化的今天，外国农产品凭借其价格优势大举进入中国市场，中国农业由于自身的低效率而受到强烈冲击，农业发展面临更大的挑战。

另外，随着农村城镇化发展和农民进城政策的推动，现阶段大量的农民进入城市。这部分农民进入城市之后，其依旧享有农村土地的承包经营权，但由于城市与农村相隔甚远，其土地一直闲置荒芜，无人耕种，农村劳动力的流失加之不完善的土地流转制度，导致大片土地无人耕种，造成土地资源的浪费和土地经营的低效率。

（三）家庭联产承包责任制与大规模农业机械化生产之间的矛盾凸显

自实行家庭承包责任制以来，我国农村土地基本上按现有人口平均分配，把整块土地分割成许多小块分户经营，田埂、沟堰占了不少耕地。由于耕地面积狭小，农民还在沿用传统手工劳动工具，机械化大生产既不合算，又不可能，生产效益低下。这既不利于农业生产规模的扩大，又不利于分工的发展，更不利于农业技术的进步。超小规模的家庭经营使中国农村经济带有浓厚的小农经济色彩，使我国部分地区农业生产长期滞留在半自给自足的自然经济阶段，导致农产品成本过高，缺乏市场竞争力，经济效率低下。

随着农业技术，特别是农业自动化机械的广泛应用，需要将土地集中，以实现规模化种植，对从事农业生产的劳动力的需求数量也大幅度减少。而当前的农业生产的体制则是以家庭为单位，基本上还是以人工劳动为主的小规模农业生产模式。这就出现了自动化农业下的大规模生产与联产承包责任制下的小规模人工农业生产之间的矛盾。

（四）新的土地经营体制与保护农民既得利益矛盾突出

实行家庭联产承包经营责任制以来，虽然国家一直在探索有效措施，加强和扩大农民权利的可行方式和途径，但是由于农村土地管理制度仍然需要完善，土地管理立法滞后于实际需要，土地产权不够明晰，这些不仅阻碍了土地资源市场的有效配置，还损害了农民合法土地权益，农民既得利益得不到应有的保障[1]。这主要表现在农民缺乏土地承包的自主权，农民利益受到损害。现行土地征用制度下，在城市化、工业化进程中，土地的巨额增值收益在分配时，农民分配所得所占比例极低。这种不合理制度剥夺了小农户及其所代表的集体与土地最终使用者直接交易的权利，丧失了其维护权益的话语权。

（五）农村土地市场化程度较低

统筹城乡发展，提高农民收入水平，改革农村土地管理制度的背景主要是城乡土地市场呈现明显的"二元"特征。当前，劳动力、技术和资本要素市场已经得到相当大的发展，但是土地要素市场发展程度还很低，市场分割的城乡土地市场，影响了小农户集体土地产权权能的发挥。

较低的市场化程度不仅会造成土地资源的浪费和低效率，还存在人均土地面积不均衡的问题。包产到户30年不变与家庭内农业人口数量变化（农村户口向城镇户口转移，以及人口的自然增减）导致的人均土地面积的不均衡。

三、我国农村土地经营制度改革的内容

关于农村土地经营制度改革，习近平总书记指出，要根据实践发展要求，

---

① 程雪阳．中国现行土地管理制度的反思与重构［J］．中国土地科学，2013，（7）：15-20．

丰富集体所有权、小农户承包权、土地经营权的有效实现形式，促进农村土地资源优化配置，积极培育新型农业经营主体，发展壮大农业社会化服务组织，鼓励和支持广大小农户走同农业现代化相结合的发展之路，使农村基本经营制度始终充满活力，不断为促进乡村全面振兴、实现农业农村现代化创造有利条件。因此，新时代推进农村土地经营制度改革，要坚持把依法维护农民权益作为出发点和落脚点，具体包括以下内容：

（一）赋予农民更加充分而有保障的土地承包经营权

"土地是财富之母，有恒产者有恒心"。首先，保护农民的权益必须要赋予农民更加充分而有保障的土地承包经营权。《农村土地承包法》的颁布和有效实施，为切实保障农民的土地承包经营权、建立平等保护农民土地承包经营权的制度提供了法律依据。其次，要建立健全农村土地承包规范化管理机制，从制度上、工作流程上确保土地承包法律政策落到实处，依法推进农村土地承包管理工作的经常化、制度化和规范化。最后，要科学部署和推进农村集体土地确权登记工作。确权登记发证是土地管理和利用核心的环节和基础的支撑。这项基础工作做扎实了，我国土地管理制度的摩天大厦才能牢固屹立，才能更大地激发相关权利人保护和利用好土地资源、创造财富的积极性。

（二）建立健全规范的土地征收、退出和补偿保障机制

首先，维护农民土地承包经营权益，要建立合理规范的土地征占补偿保障机制。在明确区分公益性用地和经营性用地的基础上，严格界定政府土地征收权限和征收范围，充分保障农民对土地的基本权利。其次，要完善土地征收程序。建立土地征收听证制度和土地征收纠纷仲裁制度，尊重农民对农地使用权的法律地位。最后，要提高征地补偿标准。强调在同一区域或区片范围内，征地补偿应执行同一标准。同时，针对进城落户但依然享有农村土地承包经营权的农民家庭实施有偿退出农村土地机制，由国家出面回收农村这部分闲置土地，从而提高农村闲置土地资源的合理使用效率，推动农村农业实现规模化发展。

对那些既不愿意种植，又不愿意将土地流转和退出，长期将农村的土地搁置荒废的农民，要根据《土地管理法》规定，当土地闲置荒芜超过三年时，由农村集体组织统一收回。

（三）稳步推进农民土地股份合作制

土地股份合作制能够满足城镇化背景下农民流转土地承包经营权的需求，

通过不损害承包权而流转经营权，满足制度需求主体的诉求。土地股份合作制实际上是在实行土地集体所有制的基础上，按农村集体中所有人进行股份分配的入股合作制度；所有权归农村集体中每一个人，然后经营权通过招标及由全体村民决定的方法承包给专业的农业公司，承包所得按股份进行分配。农业公司可以雇佣本乡村劳动人员，也可以雇佣本乡村之外的劳动人员。本乡村解放出来的农村富余劳动力，可以在享受既得利益保障的基础上，从事其他工作。简单来讲，在这种模式下村庄里的每一个农民都是村子福利的直接受益者，享受村庄集体福利基础上，可通过自己进一步的工作，提升自己的生活质量。

这既可以解决家庭联产承包责任制与大规模农业机械化生产之间的矛盾，又可以有效保护农民的既得利益，而且还可以兼顾家庭内农业人口数量变化（农村户口向城镇户口转移，以及人口的自然增减，包括外来人口落户）。在这种制度之下，农业实现产业化，剩余下来的农业人口，仍然可以享受土地的福利保障（相当于最低生活保障），并可从事其他工作，以使生活水平得到进一步提升。

（四）建立健全规范有序的土地流转机制

土地流转是随着农村土地确权、土地"三权分置"改革之后，推出的一项新政策，主要针对不愿意种地和进城务工的农民。由于粮食价格低迷等问题的影响，许多农民都不愿意在农村种地，而是选择将农村土地搁置荒芜进城务工，这样一来也导致了农村土地的闲置浪费。同时，近几年国家正在积极推动职业农民、家庭农场、农业合作社、涉农企业等新型农业种植群体的发展壮大。这些农业种植群体要实现规模化、现代化发展，需要大量的土地资源进行自持，而通过土地流转不仅可以有效提高农村土地使用效率，还能够促进农村农业实现规模化发展。土地流转要坚持承包方的主体地位，严格按照自愿、有偿的原则，依法引导农民流转土地承包经营权。建立健全土地流转的登记备案制度、合同管理制度、纠纷调解制度、动态监测制度、土地流转风险评估和控制制度，加强土地流转的中介服务，促进土地承包经营权流转市场的健康发展。

（五）建立城乡统一的建设用地市场

在全面完成确权的基础上，保证农村居民与城市居民享有同样的财产权利，稳步开放农村集体建设用地流转市场，建立完善的城乡统一的建设用地流转收益分配体系。配套改革和完善农村集体建设用地供应和取得制度，建立城乡统一的土地有形市场和交易平台，为城镇国有土地出让转让、城镇国有划拨土地入市、农村集体建设用地流转和农村土地承包经营权流转等提供市场中介服务，最终建立城乡统一的建设用地使用权制度。

第三节　我国农业支持保护的制度创新

农业支持保护制度是现代化国家农业政策的核心，也是我国发展农业现代化的必然要求。这些年来，国家财政对"三农"的投入快速增长，农业补贴涵盖的范围越来越广，但同时我们也应看到，我国目前的农业支持保护制度还有一些不尽如人意的地方需要完善。

一、农业补贴政策

（一）农业补贴政策的意义

我国农业补贴的政策体系随着对于农业产业化认识的加深正在不断完善。在保障国家粮食安全、加快推进农业现代化建设的前提下，政府实行农业补贴的目的在于保持粮食播种面积，稳定粮食产量，并且持续优化农产品结构，提高经济效益，不断提高地方农业综合生产能力。根据地方农产品产区对国家粮食产量的贡献度，建立健全地方粮食产区利益补偿制度，通过转移性支付对农业生产进行合理的补贴，确保农业生产主体的经济收益得到保证的同时促进粮食产量的稳定发展，进一步强化责任落实，强化惠农政策，强化政策扶持，提高其种粮积极性，促进农民收入持续增长。同时，进一步对农产品市场体系进行完善，形成稳定的价格机制，不断地完善耕地保护制度和粮食补贴制度，稳定农业生产，持续增加小农户收入。

（二）我国当前农业补贴政策存在的主要问题

1. 补贴政策资金分散

这一问题主要表现为补贴环节较多，地方政府的运作成本较大，许多直接补贴政策运行成本太高。我国财政对于农业的补贴几乎已经涉及从农业生产、销售到流通的各个环节和各个类别，几乎覆盖了全部过程。农民与政府之间缺少一个互动沟通的中介组织或平台，其结果是难以保证农业补贴政策的实施效果，降低了补贴效率，很难实现对农民利益切实有效的保障，难以真正的缩小城乡居民收入上的差别。

2. 管理机制不够完善

目前，我国农业补贴的管理机构还缺乏一定的制度约束，尚未形成规范化。农业补贴政策体系的意义在于保障国家粮食安全、稳定农产品供给和增加农民收入。虽然在不同的发展阶段不同的国家的农业补贴政策都有很大的差异①，但是有几点是基本一致的：一是增强本国农业竞争力，二是调整产业结构，三是提升农业从业人员的收入。一般来说发展中国家进行农业补贴的目标主要是提升收入和增加产量两个方面。基于当前社会实际和农业发展趋势考虑，我国应主要考虑农业补贴机制的建立健全，在保障农民收入的基础上，提高农业综合生产能力，保护农业生态效益。

（三）进一步提升农业补贴政策的对策和建议

1. 优化直补结构，提升农业补贴效率

优化直补结构是提升农业补贴效率的重要方式。只有农资综合和直补资金两种补贴方式，还难以较为明显的发挥农业补贴政策的激励作用。在我国的农业补贴政策的调整过程中，最重要的在于避免资金分散，突出补贴重点，合理化补贴结构②。一方面对于优质作物品种、深加工产品和高技术含量的产品要进行全方位的支持；另一方面要根据市场动态设立动态补贴机制，对种植受市场冲击较大且经济价值较低的农产品主产区的纯小农户进行补贴，重点以贴息贷款和直接补贴帮助其进行再生产。我国农业补贴政策的调整重点在于扩大农业补贴的范围、方式及对象，建立健全动态补贴机制，加大补贴力度。

2. 形成反周期的收益补贴

根据市场周期，形成应对市场变化的收益补贴机制也十分必要。目前我国的补贴还属于传统的按年度发放补贴的方式，缺乏应对市场变化和风险的功能。直接补贴从性质上来分析，其所发挥的功能与效用都与保护收购价格

---

① 商文斌. 我国农业补贴政策的演进·问题与对策分析 [J]. 安徽农业科学，2012，40（5）：3195-3198.

② 彭慧蓉，钟涨宝. 新中国农业补贴政策的阶段性分解与分析 [J]. 农村经济，2011（1）：6-10.

政策有着很大的区别，难以进行简单的归类或者是合并。但是随着市场化进程的推进与 WTO 农业协议的执行，许多发达国家都在逐渐地弱化价格补贴而将资金向反周期直接补贴上转移。这对稳定农产品产量、维持本国农业竞争力起到了很大的作用。我国应借鉴其成功经验，针对我国实际情况在进行粮食补贴的同时进行反周期价格补贴。

3. 完善粮食生产保障和动态补贴机制

完善地方粮食生产保障和动态补贴机制，提升土地利用率，促进农产品销售和流通。首要问题应该是加快地方农业基础设施建设，提升小农户生产所用的机械化水平，将农业补贴真正地运用到需要农业补贴进行农业生产的那部分小农户中去。其次应当建立适当的产业保险，保证有土地流转意愿的小农户得到良好的经济保障。小农户自身的产业经营转化离不开资金和技术，对新加入的粮食品种、扩大粮食播种面积等情况政府应当及时调整农业补贴水平以保证产业的正常进行，实行动态的农业补贴机制。

二、农产品价格支持政策

（一）农产品价格支持政策意义

农产品价格支持政策提高了粮食种植的积极性，有效地保障了粮食安全。实施粮食价格支持政策，能够有效地保障小农户利益，尤其是在最低收购价格和临时收储价格不断提高的背景下，小农户种植粮食能够获得稳定且良好的收益，这极大地提高了小农户的种植积极性[①]。同时，促进了国内粮食市场的稳定与发展，规避国际粮价波动对中国造成的影响。实施粮食价格支持政策，能够在国际粮价波动之际有效维护国内粮食市场的稳定，从而有利于社会稳定。同时粮食作为重要的生活必需品，保持粮价市场的稳定，对于国计民生的发展都具有重要价值。在最低收购价和临时收储收购政策的作用下，政府收购了大量的政策性临时储备粮，使得国家的粮食调控能力有了比较坚实的物质保障，在粮食市场出现波动时，能够有效地进行干预。

（二）我国当前农产品价格支持政策存在的主要问题

1. 严重扭曲了粮食价格形成机制，难以发挥出市场的调节作用

实施最低收购价格和临时收储价格政策，在有效"托底"的同时，也带

---

① 王娜．价格支持政策对我国主要粮食作物播种面积变化影响与差异［D］．武汉：华中农业大学，2020.

来了不少的问题与考验。当粮食的市场价格低于国家"托底"价格时，国家的"托底"价格将直接代替市场价格。这种价格形成机制是由人为干预形成的，短期内能够对粮户形成补贴和帮助，但对于粮食生产中的上下游关联企业、粮食市场的长期发展而言都是比较不利的。

2. 粮食市场政策化逐渐加重，不利于农业资源的优化配置

最低收购价格和临时收储价格政策对于农业资源配置的扭曲效应逐渐凸显。由于国家对粮食价格进行托底，并且国家持续进行最低收购价和临时收储。在利益驱动下，大量小农户选择种植有国家保障的粮食作物，相应的，大量农业生产要素流向这些领域，农业生产中的其他领域受到抑制，农业生产的资源配置由于市场机制的扭曲而产生扭曲①，并且政府被动地收购了大量粮源。这种政策性粮源的投放将对市场的供应状况产生重要影响，使得粮食市场的政策化趋势更加明显。长此以往，国内粮价市场与国际粮价市场将形成比较大的差价，进而使得整体的粮食购销流通格局产生重大变化。

（三）农产品价格支持政策调整与改革的思路

1. 在粮食安全上，由保总量向应急战略储备转变

在新的经济形势下，农业生产面临着新的发展任务。中国已经实现对粮食产不足需的跨越，在农业生产技术和农业生产总量上都有了比较大的提升，国内对粮食生产的需求逐渐稳定。因此，当前的主要任务在于调整产业结构，提高农业竞争力。针对中国农业发展过程中的结构性问题，在未来的发展中，要从城乡居民的粮食需求出发，在保障基本供给数量的同时，更好地满足城乡居民多样化、个性化的粮食需求，提升粮食供给质量。

2. 在价格支持政策上，从直接的促增收转变为间接的抗风险

随着经济的不断进步，在中国农村地区，许多农民的收入来源更加多元化，种粮收入在其总收入中所占比重逐渐降低，通过实施粮食价格支持政策并不能显著促进小规模个体农民实现收入提升②。对个体农民来说，其收入来源的多元化，加之种粮增收的效果不明显，导致粮食价格支持政策对其影响程度不断降低。事实上，粮食价格支持政策对种粮大户的影响比较明显，由

---

① 杨柳. 我国粮食支持政策视角下国际粮食价格传递效应研究 [J]. 价格月刊，2016（4）：22-24.

② 王赟，钟钰. 中国粮食价格支持的政策优化与未来走向——基于美国指控中国粮食价格支持过度的分析 [J]. 中国农业资源与区划，2020（1）：122-128.

于种粮大户收入来源主要是种植粮食作物，粮价和收益将直接影响到其种粮的积极性。因此，政府要加大对粮食种植中的保险、信贷和基础设施建设等环节的投入力度，加大对种粮大户的支持力度，帮助他们进一步增强风险抵御能力，提高其种粮意愿。

3. 在调整机制上，注重发挥市场机制的价格调节作用

目前的主要发展问题在于结构性失衡，推进中国粮食价格支持政策调整与改革，必须认识到市场调节机制的价值，要增强粮食产业的自身活力，使整体的供需实现有效衔接。首先，要积极推进市场定价，降低政府的干预，进一步实现农业结构的优化调整，实现农业资源的优化配置。其次，在政府的收储方面，要减少直接收储，可以通过将购销的主体地位交给其他市场主体的形式，使粮食生产的上下游产业实现有效对接。此外，要加大对优质品种、高质量粮食作物的支持力度，根据农业供给侧结构性改革的发展要求，推动农业供给质量和水平的提升，更好地提升中国农产品的竞争力。

三、农业保险政策

（一）农业保险政策的必要性和意义

中央财政自 2007 年开始实施农业保险费的补贴政策，我国农业保险在中央政策引导和《农业保险条例》的规范下，正飞速发展。自古农业靠天吃饭，完善的农业保险可以有效地分散农业生产经营中的风险，是农业规模生产经营的基石。党的十九届五中全会明确提出，优先发展农业农村，健全农村金融服务体系，发展农业保险。农业保险作为分散农业生产经营风险的重要手段，对巩固拓展脱贫攻坚成果、全面推进乡村振兴、加快农业农村现代化等具有重要作用。

（二）我国农业保险当前存在的主要问题

1. 立法和分散风险机制的缺失

农业保险具有社会公益性，商业保险公司不愿参与做农业保险业务是因为政策性农业保险的高风险、高成本、容易亏损与公司的目的相违背。所以，政策性农业保险需要政府政策支持。虽然政府做了不少有利于农业保险开展的工作，但是仍然存在不少问题。有些地方在实施过程中，让承保的保险公司减少了风险，但有些需要的保险品种没有在承保范围内，没有发挥保险的作用。这将会影响农民投保的积极性。除此之外，政策性农业保险试点起步

晚，需要让农民了解更多投保知识，所以需要政府加大宣传力度，能够让农民充分了解，并积极投保。

2. 保险品种和财政补贴方式单一，缺乏创新

我国地形复杂，土地的资源利用率差别很大。不同的气候、地形导致种植养殖的种类丰富多样，但现有保险品种单一。例如，西北地区杂粮、畜牧业资源丰富，但保险公司缺少对羊、苦荞等动植物的保险种类，而在中部、南部山区种植的杂粮品种也没有在政策性农业保险范围内。农业保险险种以及财政补贴方式缺乏创新、品种少导致农业保险不能满足广大农民的实际需要，不能满足农业现代化发展需求。

3. 基础设施建设以及大灾风险机制建设不完善

当前已有的农业保险信息综合管理平台等基础设施建设还不完善，相关平台还没有充分发挥其功能，导致对于农业保险政策的宣传和普及还不够，还有很多小农户对这些支农惠农政策缺乏了解。另外，大灾风险分散机制还未建立健全。

（三）改革建议

1. 加快顶层设计，建立健全农业保险政策体系

实行农业保险政策不只是一个政府财政补贴的单项政策行为，而是一项长期性、制度化的农业综合政策行为。因此，在农业保险政策制定中在坚持和强化保费补贴基础政策的同时需要进一步建立健全包括市场准入、税费优惠、信贷支持、经费补助、支持发展基层服务体系、扶持再保险发展和巨灾防范等各项配套政策，形成一个综合性的农业保险政策体系。这种综合性政策体系的建立和完善，需要国家农业农村部成立专门机构来落实"三农"工作的方针政策和决定部署，统筹推动发展涉农金融保险等政策制定。

2. 鼓励创新发展市场化商业保险

鼓励和引导保险机构进一步发挥市场主体作用，主动对接各类农业生产经营主体，深入了解风险保障需求，创新开发针对性强、发展前景广的农产品商业保险产品。重点探索开发农村新业态全产业链保险、绿色保险以及开发高投入、高附加值的农产品商业保险，形成涵盖财政补贴险种叠加商业险的农业保险保障新模式。

3. 提升增信功能

推动建立"政银保担企"合作新机制，加强农业保险与信贷、担保、农产品期货期权等金融工具联动，探索开展"农业保险+期货""农业保险+涉

农信贷"等新模式,提高小农户信用等级,优化农村金融环境。同时,支持保险机构与金融机构深度合作,鼓励运用大数据等手段开发小农户信用码,实现"见码放贷",缓解"三农"贷款难、贷款贵问题。

4. 强化科技赋能

加快实现财政、农业农村、扶贫、林业、气象、保险行业监管等部门及保险机构涉农数据和信息共享,提升农业保险政策设计的可行性和精准度。探索构建"保险+科技+服务"的商业新模式,激励保险机构积极运用区块链、云计算、大数据、物联网、AI技术、卫星遥感、生物识别技术等科技信息化手段,解决保险标的不精准、查勘定损难度大、道德风险管控难等问题,实现智慧农险、科技农险。

四、农村普惠金融

近年来,随着乡村振兴战略的提出,国家对"三农"治理和发展问题更加重视。多层次、多元化、开放型现代化金融体系的搭建,使得农村普惠金融发展越来越成熟。然而,在实践中,农村普惠金融也面临不少问题,阻碍了农村普惠金融的发展。因此,我们有必要了解现阶段农村普惠金融发展困境并在此基础上探讨农村普惠金融发展的应对策略。

(一)农村普惠金融的必要性和意义

农村金融是我国金融体系的重要组成部分,是实现乡村振兴的重要举措。《中共中央国务院关于做好 2022 年全面推进乡村振兴重点工作的意见》明确要求要强化乡村振兴金融服务,更好地支持地方经济发展和社会进步。因此,普惠金融在农村大有发展空间。但因市场经济环境多变,各省经济发展速度不一,且农村地区面积辽阔等原因,农村普惠金融在发展中还是存在一些现实困难和问题,"最后一公里"问题尚未完全解决,仍需要多方通力合作,使普惠金融在乡村振兴大局中发挥应有效力。

(二)农村普惠金融当前发展中存在的主要问题

1. 普惠金融主体及服务产品不够丰富,难以满足市场需求

乡村振兴背景下,"三农"特别是新型农业企业对金融服务的针对性、产品种类、贷款周期、利率等提出了更高的需求。但是,目前服务"三农"的金融机构仍以农村信用社、邮政储蓄银行、地方村镇银行和部分小额贷款公司为主,而国有商业银行、股份制银行、大型保险公司针对"三农"而研发

的保险、贷款金融产品较少。另外，普惠金融产品仍主要依靠财政扶持政策、税收减免和财政补贴，存在过度依赖国家财政、政策性担保的情况，且现有普惠金融产品主要以农村居民储蓄、小额信贷以及抵押类贷款为主，涉农的风险分担类金融产品和新型小额金融产品较少。

2. 基层乡村农民金融知识少，普惠金融意识有待提高

我国农业普惠金融的主要服务对象是普通小农户和农村小型企业，小农户主要以老年人、未成年人为主。服务对象的受教育程度普遍较低，大部分缺乏必要的金融知识和使用技能，对金融产品的了解以及金融风险性认知不足，排斥数字金融方式，更依赖银行柜面服务，倾向于定期存款或购买保险产品。且因近期电信诈骗、套路贷等社会现象，农村居民对金融服务产品不信任，有资金需求时，一般倾向于向亲朋好友间进行民间借贷，投资理财、农业保险需求缺失。

3. 客户准入门槛高，金融服务可得性较低

基层乡村金融产品普遍存在结构单一、贷款利率高等问题。为降低金融风险，很多中小银行往往为普惠金融产品设有附加抵押担保的要求。这无疑给广大轻资产小农户提高了资金准入门槛。由于更多地考虑到金融风险防范问题，基层金融机构往往采取多种限制手段，加上基层金融机构信贷手续烦琐、人性化服务不足，直接或者间接抑制了基层农民信贷的实际需求。

4. 金融机构与政府之间存在信息壁垒，降低了金融服务效率

政府部门掌握了大量的小农户、中小企业基础信息，银行、小额贷款公司等金融服务机构对农业企业、小农户家庭的情况并不了解，但银行、小额贷款公司与政府部门间信息暂未对接、同步。此外，金融机构还需要投入人力、物力，了解农村社会所蕴含的软信息、乡村社会信用治理机制，这增加了金融服务成本，一定程度上阻碍了金融服务信用产品的发展。

（三）改革建议

1. 促进乡村普惠金融产品创新与研发力度

金融机构要紧密结合基层乡村经济情况，积极推进高效的小额信贷工作，为广大农村龙头企业和小农户生产，提供更多信贷金融渠道①。同时，可以采取信贷联保模式，将银行金融机构和担保等其他机构相互联合，最大限度地

---

① 曲研，康涌泉. 农村金融助力乡村振兴面临的主要问题及发展建议［J］. 南方农机，2021，52（4）：31-32.

降低金融机构的信贷风险。大型商业银行为满足农村农民农业发展的需要，可以尝试推出新型职业农民创业贷款、小农户联保贷款等，采取针对性的农民信贷模式，为农民购置农业生产设备及原材料提供相应的金融和资金贷款支持。

2. 加强对农村普惠金融对象的保护和教育

首先，要遵循"教育为主、预防为先"的原则，强化基层乡村金融知识教育。通过金融知识宣传和金融政策灌输，提高农民、小农户的金融财务管理综合素养以及自我保护能力。其次，完善基层监督，切实强化行为监管。加强乡村基层金融管理机构建设，完善金融管理机构职能部门，引进高级金融人才队伍，将基层金融机构及其全部的金融业务纳入监管当中，避免出现"法外之地"，营造公开、公正、透明、有序的农村金融市场环境。

3. 多元化引导，提高普惠金融效率

各级政府及金融机构，要采取多元化手段进行科学合理引导，提高普惠金融效率。首先，要大力支持乡村银行及社区银行等小型金融机构建设，不断丰富和扩展普惠金融机构种类，实现普惠金融机构多元化发展。其次，鼓励设立小微企业金融超市、小微企业专营中心，有目的地对小微企业进行点对点帮扶，促进小微企业普惠金融标准化和规模化。最后，全面落实国家在乡村金融方面的政策，明确基层乡村普惠金融的重点帮扶对象，同时借助政府财政税收政策，双管齐下形成政策合力，降低小微企业及"三农"经营对象的运营难度和融资成本。

4. 大力推进基层乡村数字普惠金融系统

信息化时代，数据信息是重要的资源，政府、金融机构、农村电商企业等相关单位，要积极构建信息共享平台，消除金融机构与客户之间的信息不对称现象。同时，还要强化数字金融体系监管，保护客户隐私不被侵犯，促进基层乡村数字普惠金融系统健康发展。另外，基于农业链条金融视角，要严格参考农业产业链条发展特点以及其上下游资金运用和收入规律，大力开发适合农业、农村、农民需求的金融贷款和理财产品。

【延伸阅读】

1. 郭贯成，李学增，王茜月. 新中国成立70年宅基地制度变迁、困境与展望：一个分析框架 [J]. 中国土地科学，2019（12）.

2. 孙秋鹏. 农村宅基地流转问题研究述评 [J]. 西北民族大学学报（哲

学社会科学版），2020（1）．

3. 翟全军，卞辉．城镇化深入发展背景下农村宅基地流转问题研究［J］．农村经济，2016（10）．

4. 黄祖辉，王朋．我国农地产权制度的变迁历史——基于农地供求关系视角的分析［J］．甘肃社会科学，2009（3）．

5. 毛泽东．毛泽东选集（第二卷）［M］．北京：人民出版社，1967．

6. 罗必良．农地保障和退出条件下的制度变革：福利功能让渡财产功能［J］．改革，2013（1）．

7. 钟晓萍，于晓华，唐忠．地权的阶级属性与农地"三权分置"：一个制度演化的分析框架［J］．农业经济问题，2020（7）．

8. 许庆等．农地制度、土地细碎化与农民收入不平等［J］．经济研究，2008（2）．

9. 刘守英．土地制度与农民权利［J］．中国土地科学，2000（3）．

10. 彭慧蓉，钟涨宝．新中国农业补贴政策的阶段性分解与分析［J］．农村经济，2011（1）．

11. 王娜．价格支持政策对我国主要粮食作物播种面积变化影响与差异［D］．武汉：华中农业大学，2020．

12. 杨柳．我国粮食支持政策视角下国际粮食价格传递效应研究［J］．价格月刊，2016（4）．

13. 党红斌，党心怡．县域普惠金融发展问题探析——基于陕西宜君县农村普惠金融综合示范区的实践与思考［J］．当代金融家，2022（1）．

第七章 乡村振兴背景下
农业现代化下的城乡融合

乡村兴则国家兴，乡村衰则国家衰。当前，我国人民日益增长的美好生活需要和不平衡不充分的发展之间的矛盾在乡村最为突出。乡村问题已经构成影响民族复兴历史进程的重要因素。针对这一问题，习近平总书记在党的十九大报告中提出要以乡村振兴战略推动农村发展，进而加快民族复兴的整体步伐。这一战略为解决新时代农村农业农民问题指明了方向，开启了中国农村发展的新纪元。但是，乡村基础薄弱，振兴之路较之城市繁荣之路要艰难的多。中国特色社会主义乡村振兴道路怎么走？中国共产党与中央人民政府一直在思考、探索。百年的农村发展历史告诉我们，现代化是乡村振兴的必由之路。与工业现代化相比，农村与农业的特殊性质决定了农业现代化很难在农村内部实现，需要城市的支持，因此，乡村振兴背景下农业现代化必须"重塑城乡关系，走城乡融合发展之路"。

第一节　城市与乡村：现代化进程中的
二元主体及其辩证关系

在从原始的聚落到现代大都市的人类社会发展过程中，城市与乡村是永远无法绕开了两个变量。如何科学规制城乡关系，进而提高整个社会产出以及改善人们生活水平一直是人们关注的焦点。尤其是进入新时代之后，当落后的乡村已经成为整个社会发展的突出问题时，城乡发展问题就不仅是一个经济结构问题了，而且是一个社会、政治和文化问题。而要解决城乡问题，首先必须从学理上厘清城市与乡村之间的辩证关系，这是实现城市与农村融合发展的理论基础与政策依据。

一、产业视角下的城乡关系理论

从发生学角度来看，先有乡村，后有城市。在人类早期社会，并无城乡对立。11 世纪后，欧洲城市才逐渐兴起。随着城市出现并与农村分离后，城乡才逐渐有所区分。直到工业革命之前，城市的意义一直是政治中心与军事堡垒，对乡村经济具有严重的依赖性和寄生性。随着工业革命的出现，农业与工业的分离，特别是机器大工业的产生加速了城市和乡村在经济上的对立，现代意义上的城乡关系逐步形成。伴随而来的是人们对城市与乡村之间的关系的思考与研究，并形成了多种理论。

（一）农村依据农业主导着工业与城市生活

在原始社会，人类的生存是依靠自然生产物，主要获取方式是采集、狩猎等。到了后来才出现了畜牧业与农业。当农业创造的产品出现剩余之后，手工业得以产生与发展。因此，在早期社会，既没有工业，又没有城市。工业和城市之间并没有今天意义上的对应关系，而农业与农村之间则始终保持密切关联。在奴隶社会末期与封建社会，农业是社会各部门的基础，在整个社会中发挥着主导作用。即使对于国家来说，农村的农业收入始终是国家与社会的主要收入，人们对农业的关切度是最高的，不论是在中国古代典籍中还是在西方古典材料中，农业一直是庙堂歌颂的主题。

农业效率的提升产生了越来越多的农业剩余，直至达到了能够为哪些不从事农业的劳动者提供生活资料的程度。此时，工业才从作为农民工作的一个部分发展为独立的活动，这是农业与工业的一次大分工。工业的这次分离得益于农业的发展与农村的支撑，但是随着城市的出现，这种分离也带来了两大对立：工业与农业的对立以及乡村与城市的对立。城市出现初期，其在经济上与农村没有差别，主要作用是军事与政治中心，本质是奴隶主或封建主实现更好统治的据点。此时的农村农业生产与城市的工业生产都是为了满足统治者的生活需求，工业生产的经营地主要是城市里的少数手工业以及乡村里普遍存在的兼具农业与手工业于一体的乡村工业。因此，即使在封建社会，工业与城市始终没有必然的对应关系，但始终是在农村和农业的支撑下发展的。

（二）基于产业发展意义之上的城乡关联发展理论

随着城市工业的发展，工业创造的社会财富逐渐超过了农业，使其与农业在经济社会中的位置发生了扭转，但二者的联系始终为人们谨记。亚当·斯密在《国富论》中对城乡发展的关系曾做过系统论述。首先，城市是乡村发展的结果。亚当·斯密在《国富论》中写道"设使人为制度不扰乱事物的自然倾向，那就无论在什么政治社会里，城镇财富的增长与规模的扩大，都是乡村耕作及改良事业发展的结果，而且按照乡村耕作及改良事业发展的比例而增长扩大"。其次，城市与乡村之间应该存在一个比例。亚当·斯密不仅看到了从乡村到城市的自然发展进程，更为重要的是他指出了城市与乡村之间的比例关系，认为城市和乡村是相互依存、互利的关系，而且只有遵循自然顺序并保持一定比例的城乡关系才是良性和合理的。最早从地理角度来分析城乡关系的是杜能。他提出了城乡一体思想，认为只存在以工农业产品互换为基础的"孤立国"实际上是一个城乡关系模型，探寻了城乡之间不同产业的空间分布规律，指出运费决定了城乡产业的空间分布。在如何规划城乡关系上，霍华德走得更远。霍华德在他的著作《明日，一条通向真正改革的和平道路》中认为应该建设一种兼有城市和乡村优点的理想城市——"田园城市"。田园城市实质上是市城和乡村的结合体。霍华德设想的田园城市包括城市和乡村两个部分。城市四周为农业用地所围绕；城市居民经常就近得到新鲜农产品的供应；农产品有最近的市场，但市场不只局限于当地。田园城市的居民生活于此，工作于此。所有的土地归全体居民集体所有，使用土地必须缴纳租金。城市的收入全部来自租金；在土地上进行建设、聚居而获得的增值仍归集体所有。城市的规模必须加以限制，使每户居民都能极为方便地接近乡村自然空间（如图7-1所示）。

1961年，美国著名城市学

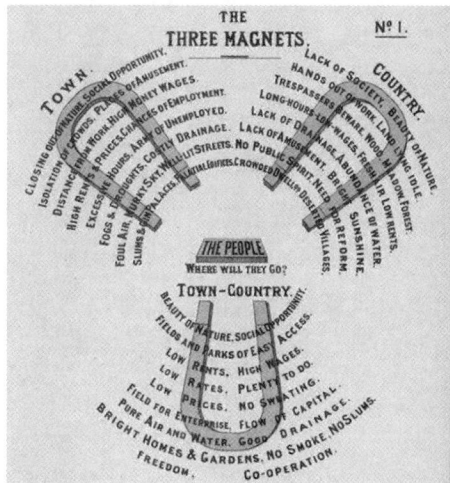

图7-1　霍华德三磁铁理论图

家芒福德（Lewis Mumford）在其巨著《城市发展史：起源、演变与前景》中进一步指出："城与乡，不能截然分开；城与乡，同等重要；城与乡，应当有机结合在一起。如果问城市与乡村哪一个更重要的话，应当说自然环境比人工环境更重要。"但是这一理论随着工业化的进程逐渐被人们抛之脑后。

（三）城市偏向的城乡二元结构理论

英国经济学家刘易斯的出现，打破了传统经济学关乎城乡关联发展的理论。他从经济学角度分析了城乡在生产效率上的差别，进而助推人们城市偏向观念的形成。刘易斯认为，由于传统农业部门人口过剩，而耕地数量是有限的，加之生产技术简单而很难有突破性进展，生产的产量在达到一定的数量之后，基本是无法再增加的，所以每增加一个人其所增加的产量几乎为零，即农业生产中的边际生产率趋于零，有时甚至是负增长，那部分过剩的劳动力被称为"零值劳动人口"。正是由于大量的"零值劳动人口"的存在，才导致发展中国家的经济发展水平长期处于低水平，导致城乡差距。在城市现代工业体系中，各工业部门具有可再生性的生产资料，生产规模的扩大和生产速度的加快可以超过人口的增长速度，即劳动边际生产率高于农业部门的生产边际生产率，工资水平也略高于农业生产部门，所以可以从农业部门吸收农业剩余劳动力。由于工业部门所支付的劳动力价格只要比农业部门的收入略高，农业剩余劳动力就会选择到工业部门去工作，所以农村劳动力是廉价的，这样工业部门可以支付较少的劳动报酬，而把多余资本再投入扩大再生产的过程中，这样一来又可以吸收更多的农民到工业部门，形成一个良性运行过程，促使农业剩余劳动力向非农转移，使二元经济结构逐步消减。这是发展中国家摆脱贫困走上富裕之路的唯一途径。

在刘易斯之后费景汉、拉尼斯（H. Fei & G. Ranis）于1964年修正了刘易斯模型中的假设，在考虑工农业两个部门平衡增长的基础上，完善了农业剩余劳动力转移的二元经济发展思想。他们首先将剩余农民分为两个部分：一部分是不增加农业总产出的人，边际产出为零的那一部分人，另一部分是不增加农业总剩余的人，虽然边际产出不为零，但并不能满足自己消费需求的那一部分人。他们认为，工农数量的转换必须经过三个阶段：第一阶段是边际劳动生产率为零的农民向工业部门转移。这部分农民的转移，不会对农业总产出水平产生影响，所以，只要工业部门的发展有增加劳动力的需求，就会吸引这部分农民向工业部门转移。付给这部分农民的工资只要相当于他们在农业部门所得到的报酬就可以，促进工业积累和工业部门的进一步扩张。

并且由于农民数量的减少，使其他农民的人均所得也有增加。当前一部分人转移到工业部门之后，后一部分人由于工业部门的吸引也开始流向工业部门，这时，工农数量的转换就进入第二阶段。由于后一部分农民的边际产出不为零，他们转出农业部门后，不仅农业总产出水平会下降，而且其他未流出的农民人均所得也上升，当农民总产出下降到一定水平，必然引起农产品（尤其是粮食）相对价格的上涨，从而迫使工业部门提高工资水平，增加成本。这样就妨碍工业部门的积累和扩张，进而妨碍其对剩余农民的吸纳，因此，这一阶段必须依靠提高农业劳动生产率的办法，以补偿那些并不完全"剩余"的农民流出农业部门所造成的影响。否则，工农数量的转换就难以顺利实现，当工农数量的转换度过费景汉和拉尼斯所谓的"粮食短缺点"后，工业部门继续吸纳剩余农民。当农业部门中不再有剩余农民（不增加总产出的和不增加总剩余的）时，工农数量的转换就进入第三阶段，这时，社会劳动力在工农两个部门间的分配将由竞争性的工资水平决定，不仅农业部门要向工业部门继续提供剩余劳动力，而且工业也要反过来支持农业的发展。这就意味着传统农业必然转化为商业化农业。

20世纪末期，人们对城乡关系的认识出现了一个转折，从二元对立回归到了关联发展，不再将城市与乡村看作是相互隔离的实体，而将它们视为经济和社会整体中的组成部分，城市与乡村是相互作用和影响的。虽然在城市和农村的发展中存在着明显的差别，需要采取不同的干预方法，但是最终可持续发展不会也不应该完全偏重于一方，而忽视另一方。在此思想的影响下，"统筹"和"协调"城乡发展已经被广泛认可。

二、马克思城乡关系理论

马克思对城市与乡村关系的关注不仅体现在其对城市生成的历史梳理当中，还体现在对资本的运行当中。马克思的城乡关系理论对社会主义国家的经济发展具有较大影响，其主要思想体现在以下几个方面。

第一，从防守之城到商业之城。马克思认为，城市并非与乡村同时出现，而是在原始社会末期，人们为了防卫其他族群侵犯建立起来的，是用石墙、城楼、堆叠围造起来的防御之地。所以，最初的城市与乡村不对立，经济发展更无关系。而后，马克思认为，城墙在阻断敌人的同时，也改变了墙内人们的生产方式、交往方式与生活方式。当生产要素和消费要素在围墙之内不断聚集之后，以交易为特征的商业活动产生了，此时的"城"便逐步演变成了"城市"。

第二，生产力的发展是城乡关系变迁的主要原因。城市的变迁源于社会生产力的发展，城乡之间的关系也因生产力水平的不同而有所不同。在古代社会，生产力发展水平低，城市的变迁速度很缓慢，农业经济仍占统治地位，一方面，城市里的商品交换极为有限；另一方面，城市也是一个相对封闭的社会空间。因此，这些依赖于农业经济的城市在很大程度上只是王公贵族的家园，或是帝国对广阔疆界实现统治的一个个孤立的"岛屿"。那时，乡村里存在着王公、贵族、僧侣和农民等身份鲜明的等级结构，城市里只有师傅、帮工、学徒、平民的劳动分工外，再没有大分工了。这表明，在古代社会，乡村中的等级秩序虽然分明，但城市里的劳动分工却相对简单。产业革命发生之后，城市人口开始急剧增加，"资产阶级已经使乡村屈服于城市的统治，它创立了规模巨大的城市，使城市人口比乡村人口大增加起来"①。如此，作为先进生产力的产业革命加速了农业人口从乡村社会走出来，被吸纳进入城市工厂，成为专门从事工业劳动的产业工人。

第三，城乡分离是生产力发展和社会分工专业化的必然产物。马克思认为，乡村和城市都是一定历史阶段的产物，在古代社会，随着生产力的发展，出现了从事生产食物的农民为不生产食物的人提供食物的现象，也出现了从事农业的人和从事工业的人的分工，这意味着"工商业劳动同农业劳动的分离，从而也引起城乡分离和城乡利益的对立"②。如此，生产力的发展和劳动分工的专业化深刻影响了城乡结构的分化。进入资本主义社会，以生产资料的资本主义私有制为基础、以社会化大生产的分工协作为条件、以资本剥削雇佣劳动为主要特征的生产方式，不仅让城乡之间的差距迅速拉大，而且也加剧了资产阶级与无产阶级之间的对立。资本主义的产生和发展致使工业和人口集中于城市，并为城市的工商金融资本剥削农业生产者创造了便利；随着生产力水平的不断提高，社会分工也逐渐深化，商品经济快速发展，由此推动城市与农村的分离。而城乡对立的结果只能是"资产阶级使农村屈服于城市的统治"，城市剥削农村的现象极为突出，城乡差距不断扩大。资本主义大工业的发展将农村人口汇集到了城市，庞大的城市人口所消费土地的组成成分，形成的对地力的大量消耗和巨大掠夺，将对乡村发展和农业生产造成

---

① 马克思，恩格斯．马克思恩格斯全集（第1卷）［M］．北京：人民出版社，1956：255.
② 马克思，恩格斯．马克思恩格斯全集（第1卷）［M］．北京：人民出版社，1956：676.

灾难性的后果。

第四，城乡融合的实现路径。在如何解决城乡之间的对立与矛盾，马克思仍然从生产力发展角度提出了城乡融合发展的方法。一是要发展生产力。即推动生产力发展，通过大工业带动城市化和农业现代化，进而促进城乡融合。二是以统筹代替对立。马克思认为，资本主义国家的城乡对立是由于资本主义生产方式引起的。要消除这种城乡对立，只有消灭资本主义生产资料私有制。建立社会主义公有制，建立城乡统筹发展的制度框架。三是建立农民合作社制度。"在农业中采用集体的、有组织的劳动，并且只有在广泛利用现代科学技术成就的基础上，才能保证农业生产的不断发展。"① 也就是说，农民将在无产阶级领导下，通过合作社组合成大规模经济，实现城乡融合。四是在城乡之间合理布局产业。要统筹城乡产业，让大工业在全国能够平衡地布局，不可集中于大城市。同时，也要促进工业生产与农业生产之间的密切联系。"使农村人口从他们数千年来几乎一成不变地栖息在里面的那种孤立和愚昧的状态中挣脱出来。"②

第二节　中国共产党人的城乡关系观及其实践

城市与乡村是中国革命与建设当中两个重要因素，是中国共产党人不断反思的对象。建党100多年来，中国共产党人继承和发展了马克思主义城乡理论，并结合中国实际，深入分析了不同时期中国城乡关系的本质，形成了自己的认识，采取了具有中国特色的城乡政策，加快了革命的进程，促进了经济社会发展，也为今天城乡融合发展积累了宝贵经验。

一、以农村为中心的革命道路

从中国共产党成立到中华人民共和国成立，中国共产党人基于革命与经济建设实践，对农村与城市之间的关系进行了初步探讨，形成了一些城乡经济思想。在大革命时期，中国共产党就认识到农民对中国革命的重要意义，

---

① 马克思，恩格斯．马克思恩格斯选集（第18卷）［M］．北京：人民出版社，1974：64.
② 马克思，恩格斯．马克思恩格斯全集（第1卷）［M］．北京：人民出版社，1956：215.

提出了依赖工农革命解决土地问题的思想。1927年后，毛泽东对城乡关系进行了深入思考，认为当时的城乡是一种"帝国主义和本国买办大资产阶级所统治的城市极野蛮地掠夺乡村"[①]的对抗关系。因此，需要依靠贫农，团结中农，有步骤地、又分别地消灭剥削关系，并需要将农业生产当作"我们经济建设工作的第一位"[②]。抗战爆发后，为了保证产品供应，农村的意义更加突出，毛泽东在《新民主主义论》中提出，要节制资本、平均土地，变土地为农民的私产，大力发展农村经济。在这种思想指引下，中国革命没有走城市革命的老路，而是选择以农村为中心，走上了从农村包围城市的中国特色的革命道路。党在农村根据地建立基本政权，逐步废除封建土地制度，着力于保障农民的经济利益，通过调整土地政策来满足农民对土地的需求，通过发展生产保障供给、改善农民生活，推动农民参与乡村建设与乡村治理，使得广大农民成了中国革命的主力军。但是不断的战争阻断了中国城乡的生产交流。

二、城市领导乡村下的城乡统筹兼顾

抗战胜利之后，党对城乡关系有了更多思考，对城乡关系的理解有了较大改变，提出了在工业的领导下提高农业生产水平的决定。伴随解放战争前夕城市的陆续接管，如何消除城乡发展障碍、重塑城乡间的相互合作关系被提上日程。在最早解放的东北地区，张闻天同志就指出，新城乡不同于城乡对立、城市剥削农村的旧城乡，城市要为乡村服务，乡村也要为城市服务，城市和乡村要互助合作[③]。为了恢复城乡间的商品联系和生产联系，政策的重点转向重塑城乡间的经济生产合作。周恩来同志进一步提出，"城市对粮食和工业原料的需要刺激乡村的农业生产，城市以消费品和生产资料的供应保证和促进乡村的农业生产"[④]。1948年，主要城市已经掌握在人民手中，毛泽东同志提出适时改变"农村包围城市"的政策。在解放战争最终取得全面胜利之前，新政权开始酝酿新的城市政策。在1949年2月党的七届二中全会上，毛泽东同志明确指出，"从一九二七年到现在，我们的工作重点是在乡村，在

① 毛泽东. 毛泽东选集（第1卷）[M]. 北京：人民出版社，1991：336.
② 毛泽东. 毛泽东选集（第1卷）[M]. 北京：人民出版社，1991：131.
③ 张闻天. 张闻天文集：第4卷 [M]. 北京：中共党史出版社，2012：7.
④ 周恩来. 周恩来选集：下卷 [M]. 北京：人民出版社，1984：8.

乡村聚集力量，用乡村包围城市，然后取得城市。采取这样一种工作方式的时期现在已经完结"，从现在起"党的工作重心由乡村移到了城市"，而新城乡关系是"城乡必须兼顾"①。"使城市工作和乡村工作，使工人和农民，使工业和农业紧密地联系起来。"② 以毛泽东为代表的第一代中央领导集体，更是把"统筹兼顾"当作处理城乡关系的根本原则，把合理对待"重工业、轻工业和农业的关系"放在"十大关系"中的第一位。在这一思想的指导下，工商业获得较快发展。我国进入由城市到乡村，并由城市领导乡村的新时期。

三、从城乡兼顾到农业支持工业

中华人民共和国成立后，经济基础差，农业落后，工业弱小，恢复城乡经济成了首要难题。对于如何实现独立自主基础上的现代化，毛泽东同志指出，要实现完全的独立，必须走符合中国国情的现代化道路，并强调工农并重，通过工业支援农业，实现农业的机械化、化学化、电气化，从而解决我国人多地少、单位面积产量低的主要矛盾。1957 年之后，党对实现现代化认识发生了变化，认为根本是实现工业化。但也不是不发展农业，"发展工业必须和发展农业同时并举"③，党力图构建一种"城中有村、村中有城"的全新城乡发展模式。但是，1958 年，《中华人民共和国户口登记条例》出台，严格限制农民进入城市。作为紧密联系和相互强化的制度体系，人民公社制度、统购统销制度、城镇居民社会福利保障制度都服务于工业化赶超和重工业优先发展战略。于是，城乡兼顾的思想逐步被"农业支持工业，农村支持城市"替代。"农业支持工业，农村支持城市"所服务的工业化赶超和片面强调重工业发展，一方面为中国建立了比较完整的民族工业体系，为中华民族伟大复兴和"四个现代化"打下了坚实的物质基础，另一方面也塑形了城乡二元分割的发展格局。

四、家庭联产承包责任制与城乡劳动力自由流动

党的十一届三中全会以后，以邓小平为代表的党中央领导集体提出了"以经济建设为中心"的改革思想。这项改革实践首先从农村做起，废除人

---

① 毛泽东. 毛泽东选集：第 4 卷［M］. 北京：人民出版社，1991：1426-1427.
② 毛泽东. 毛泽东选集（第 4 卷）［M］. 北京：人民出版社，1991：1427.
③ 中共中央文献研究室. 毛泽东文集（第 7 卷）［M］. 北京：人民出版社，1999：24.

民公社，实行"家庭联产承包责任制"，"家庭联产承包责任制"成为农村改革的基本制度，也是新中国成立以来城乡体制改革的开始，全面解放了农村活力，调动了全国农民的劳动积极性和创造性，打破了过去城乡之间互不流动的分割状态，为广大农村剩余劳动力在城乡之间自由流动提供了制度保障，农村、农业和农民再一次获得了新生。农村改革取得的巨大成就为其他领域的改革提供了经验，推动了以城市为重点的全面经济体制改革。1985年在确立了"建立有计划的商品经济"的经济体制改革目标后，国家不再向农民下达农产品统购派购任务，按照不同情况，分别实行合同定购和市场收购，取消了运行30多年的农副产品统购派购制度。一系列的改革打破了城乡之间的制度隔阂，劳动力在城乡间自由流动，拉近了城乡之间的关系。然而，这个阶段的现代化变迁并没有突破其局限性，虽然在多个维度的制度转轨中城乡二元格局被市场化改革逐步打破，农民发展的权利和机会都有所提升，但以城市为中心的现代化并没有将农村纳入进去，农村的发展缓慢，尤其是农村公共服务和公益事业的发展严重滞后。人民公社解体后，农村公共服务继续沿用了村民委员会组织的做法，这就导致农村居民的公共服务投入必须通过基层政府预算外的各类收费、集资、摊派以及罚款等方式筹集，一方面导致农村公共服务供给数量减少，另一方面也加重了农民负担。

五、工业反哺农业的城乡统筹思想

改革开放带来巨大收益，但是与城市相比，农村获得的收益较少，城乡差距日益拉大、城乡矛盾日益凸显。为了缩小城乡差距、改善城乡关系，从2000年开始逐步从减负和增收两个方向推行了一系列重要政策：为减轻农民负担和规范农村收费行为而推出农村税费改革，取消了实行数千年的农业税；对农业生产者进行直接补贴、放开粮食市场和实行最低收购价制度等促进了农民增收。党基于城乡发展的现实，着手对"农业支持工业，农村支持城市"的原有城乡关系做出重大调整。2002年，党的十六大报告明确将"统筹城乡经济社会发展"作为解决城乡二元结构问题的基本方针。2003年，党的十六届三中全会提出"五个统筹"的要求，并将"统筹城乡发展"列为五个统筹之首。2004年，党的十六届四中全会对城乡关系做了重新分析，指出"在工业化初始阶段，农业支持工业、为工业提供积累是带有普遍性的趋向；但在工业化达到相当程度以后，工业反哺农业、城市支持农村，实现工业与农业、城市与农村协调发展，也是带有普遍性的趋向。"① 进而提出了"两个趋向"的重要论断和"两个反哺"的重要思想。此后，我国总体上已进入以工促农、以城带乡的发展阶段，长期以来重城市轻农村、城乡分割的局面逐步改变。

六、以工促农基础上的以城带乡

为进一步提高"统筹城乡发展"的实效，2007 年胡锦涛在党的十七大报告《高举中国特色社会主义伟大旗帜为夺取全面建设小康社会新胜利而奋斗》中提出"城乡经济社会发展一体化"思想，要求"必须建立'以工促农、以城带乡'的长效机制，形成城乡一体化的新格局"。政策主要是财政投入向农村转移以及建设社会主义新农村，重点是做好四个方面的工作：明确统筹城乡经济发展的方向和路径，做好城乡经济统筹发展规划，创新城乡经济管理体制机制，培育城乡一体的经济核心竞争力。2008 年，党的十七届三中全会专门讨论农村发展问题，提出"要着力破除城乡二元结构"，推进城乡经济社会发展一体化，把加快形成城乡经济社会发展一体化新格局作为根本要求。这样的论断在中央文件中第一次出现，彰显了国家改革城乡体制的决心。城乡经济社会发展一体化思想增加了财政对农村的投入，带动了一系列农村公共服务供给政策的出现，对缩小城乡差距发挥了作用。但是，城乡二元结构并未被超越，城乡隔阂及其制度因素继续存在。

七、"以人为本"的城乡一体化

2012 年前后，我国经济社会发展的内外部环境发生了很大变化。城乡发展不平衡、农村发展不充分的问题凸显。据此，党的十八大报告提出"推动城乡发展一体化"，要求加快完善城乡发展一体化体制机制，着力在城乡规划、基础设施、公共服务等方面推进一体化。2013 年，党的十八届三中全会进一步提出，必须健全城乡发展一体化体制机制，形成以工促农、以城带乡、以农互惠、城乡一体的新型工农城乡关系，让广大农民平等参与现代化进程、共同分享现代化成果。2014 年户籍制度开启了新一轮改革。《国务院关于进一步推进户籍制度改革的意见》明确提出要统一城乡户口登记制度，全面实施居住证制度。至此，农业户口和非农业户口不再区分，统一登记为居民户口，

---

① 中共中央文献研究室. 十六大以来重要文献选编（中）[M]. 北京：人民出版社，2006：79.

全面实施居民证制度，从而消除了城乡居民自由迁移的制度障碍。2014年中央一号文件对"健全城乡一体化体制机制"作出了部署，提出整治村庄人居环境、推进基本公共服务均等化及推动农业专业人口市民化等举措。同年颁布的《国家新型城镇化规划（2014—2020年）》提出，新型城镇化的核心是"以人为本"。"以人为本"是实现广大城乡居民需求和利益的新型城镇化，"以人为本"的新型城镇化实质上强调让城乡居民能够拥有更多的实实在在的"获得感"。2015年中央一号文件围绕城乡发展一体化，提出必须坚持不懈推进社会主义新农村建设，加大农村基础设施建设力度，提升农村公共服务水平，引导和鼓励社会资本投向新农村建设，加强农村思想道德建设。2016年中央一号文件提出要推动城乡协调发展，提高新农村建设水平。

八、"工农互促、城乡互补、全面融合、共同繁荣"的城乡融合发展新理念

2017年党的十九大报告提出了"城乡融合发展"新理念，要求建立健全城乡融合发展体制机制和政策体系。党的新型工农城乡关系指导思想从"以农促工"调整为"工农互促"，从"以城带乡"调整为"城乡互补"，从"工农互惠、城乡一体"调整为"全面融合、共同繁荣"。2019年4月《中共中央国务院关于建立健全城乡融合发展体制机制和政策体系的意见》提出，要顺应城镇化大趋势，牢牢把握城乡融合发展正确方向，树立城乡一盘棋理念，突出以工促农、以城带乡，构建促进城乡规划布局、要素配置、产业发展、基础设施、公共服务、生态保护等相互融合和协同发展的体制机制[①]。在城乡融合发展理念的指导下，党的十九大报告同时指出，农业农村农民问题是关系国计民生的根本性问题，必须始终把解决好"三农"问题作为全党工作的重中之重，实施乡村振兴战略。十九届五中全会进一步强调，要全面推进乡村振兴，加快农业农村现代化。在新型工农城乡关系下，乡村与城市被视为一个融合共生有机体中优势互补、平等交换的两个部分，充分挖掘乡村在价值链中独具的自然生态和历史文化价值，尊重乡村所特有的文明特质，为现代化进入高质量阶段奠定了城乡融合发展的社会基础。从这个角度来看，目

---

① 中共中央国务院关于建立健全城乡融合发展体制机制和政策体系的意见［M］. 北京：人民出版社，2019.

前的城乡融合发展是尊重工农城乡个体特质下的融合，对城乡关系的现代化要求更高。

第三节　农业现代化视域下的城乡融合路径

农业现代化视域下的城乡融合问题的实质是如何通过农业的现代化实现城乡融合，具体表现为在处理工业与农业的关系、城市与农村的关系中促进城乡融合，核心是以工业与农业的融合为主要手段的城市与农村的融合。从人类经济发展实际情况来看，工业是城市的主体，农业是农村的主体，工业与农业的关系就是城市与乡村的关系。因此，农业现代化视域下的城乡融合就是工业与农业协同发展的问题。

一、工业化与农业现代化概念及其关系

工业是对自然资源的开采、采集和对各种原材料进行加工的社会物质生产部门。工业是第二产业的组成部分，分为轻工业和重工业两类。18 世纪英国出现工业革命，使原来以手工技术为基础的工场手工业逐步转变为机器工业，工业才最终成为一个独立的物质生产部门。工业是唯一生产现代化劳动手段的部门，它决定着国民经济现代化的速度、规模和水平，在当代世界各国国民经济中起着主导作用。工业还为自身和国民经济其他各个部门提供原材料、燃料和动力，为人民物质文化生活提供工业消费品；它还是国家财政收入的主要源泉，是国家经济自主、政治独立、国防现代化的根本保证。工业化通常被定义为工业（特别是其中的制造业）或第二产业产值（或收入）在国民生产总值（或国民收入）中比重不断上升的过程以及工业就业人数在总就业人数中所占比重不断上升的过程。库兹涅茨对工业化的定义最能展现工农的关系："工业化是产品的来源和资源的去处从农业活动转向非农业生产活动的一种过程。"① 工业现代化就是用电子计算机等最新的技术装备来武装工业的各个部门，用现代化的管理工具和管理方法来管理工业，使工业生产实现高度的自动化，使工业劳动生产率达到或超过世界先进水平。工业化是

---

① 库兹涅茨. 现代经济增长，中译本［M］. 北京：北京经济学院出版社，1989：1.

现代化的核心内容，是传统农业社会向现代工业社会转变的过程。

农业是利用动植物的生长发育规律，通过人工培育来获得产品的产业，包括种植业、林业、畜牧业、渔业、副业五种产业形式。农业属于第一产业，是提供支撑国民经济建设与发展的基础产业，也是一切非生产部门存在和发展的基础。国民经济其他部门发展速度，都要受到农业生产力发展水平和农业劳动生产率的制约。农业的根本特点是经济再生产与自然再生产交织在一起，受生物的生长繁育规律和自然条件的制约，具有强烈的季节性和地域性；生产时间与劳动时间不一致；生产周期长，资金周转慢；产品大多具有鲜活性，不便于运输和储藏，单位产品的价值较低。当代世界农业发展的基本趋势和特征是高度的商业化、资本化、规模化、专业化、区域化、工厂化、知识化、社会化、国际化交织在一起。农业现代化是指由传统农业转变为农业现代化，把农业建立在现代科学的基础上，用现代科学技术和现代工业来装备农业，用现代经济科学来管理农业，创造一个高产、优质、低耗的农业生产体系和一个合理利用资源、又保护环境的、有较高转化效率的农业生态系统。农业现代化的目标是建立发达的农业、建设富庶的农村和创造良好的环境。农业现代化也是现代化的核心内容。

通过对工业与农业的概念分析，我们可以看出工业与农业之间具有内在联系，主要表现在：

首先，农业是工业的基础。农业生产维持人类生存最基本的生活资料、生存资料，因此是一个国家人民赖以生存的基础。农业对工业的贡献主要体现在产品贡献、市场贡献、外汇贡献和生态环境贡献等方面。因此，没有农业的发展就没有工业；没有农业，工业就没有生产原料；没有农业，工业产品的市场就打不开。从发生学角度来看，只有当农业生产率提高到一定程度，产生了产品剩余，能够让一部分人可以从农业劳作中解放出来，其他产业才具备了产生的可能。农业产品充足了，才能解决人们的基本生存需求，进而维护社会稳定。在工业化初期，农业对工业的意义更大。大量农产品通过价格控制、税收等途径作为原始资本进入工业，加速资本积累。在世界市场，农业的价格优势可以用来换取外汇，再用外汇购买先进设备、先进技术以及管理方法，为工业发展服务。马克思因此指出"农业的一切发展阶段，不管是本国的还是外国的，是资本发展的基础"①。

---

① 马克思，恩格斯. 马克思恩格斯全集（第26卷）[M]. 北京：人民出版社，2014：23.

其次，工业化是农业现代化的必要条件。工业虽然产生于农业，但并不代表工业对农业永远是依附关系。工业一旦建立起自己的发展逻辑，就会对农业产生巨大的促进作用：一是为农业现代化发展提供农用机械、基础设施、农药化肥、实验设备等，进而提高农业投入要素的数量和质量；二是提升了对农业产品在数量与质量上的需求，进而刺激农业增长和促进结构优化；三是增加对非农业劳动者的需求，进而加速农村富余劳动力的转移，在提高农民收入的同时，让农业走上规模化发展之路，进而提高农业生产率；四是为农业提供管理理念与经验，促进农业生产方式变革，进而提高农业的综合效益。

再次，农业产业化是工业化的核心内容。农业现代化的一个重要内容是农业产业化。从产业角度来看，工业化主要包括工业产业化和农业产业化。因此，农业产业化本身就是工业化。实现工业化就是要实现工业产业化和农业产业化。当前形成我国农业与工业差距的一个重要原因就是工业化的单向度推进，即只着眼于工业产业化，忽视农业产业化的发展。这种发展模式的结果是农业落后，进而制约工业化，并最终影响工业化的整体实现。

最后，工业与农业之间存在按照比例协调发展的关系。工业与农业的发展不是任意的，而是存在一定的比例关系。一旦比例失调，则工业与农业都将出现问题。如20世纪60年代，虽然执行了工业优先政策，但是工业发展未能如愿，反而出现了农业产值和粮食总量持续下降与工业连续三年递减的工农同步衰退的情况。造成这一现象的主要原因就是过度的工业优先策略破坏了工业和农业之间的合理比例。其实，马克思的再生产理论深刻地解释了工业与农业之间的关系。马克思将社会产品划分为两大部类：生产生产资料部类、生产生活资料部类、这两大部类必须维持适当的比例关系，具体表现为 $I(c+v)=Ic$。他们之间的关系具体表现为，如果第一部类的产出等于第二部类的消耗，则社会生产处于一种简单再生产形式，社会财富无法增加。如果第一部类的产出大于第二部类的消耗，并将超过的部分作为积累投入到下一轮生产，这时进行了的就是扩大再生产，社会总财富不断增加。马克思展示的生产原理中，第一部类相当于重工业，第二部类相当于农业和轻工业，农业和工业的关系与两大部类的关系非常类似，都需要按照一定的比例发展。

二、工业和农业关系的历史性和城乡关系

工业与农业之间的关系除了存在上述四种情形之外，还因受到时间影响

而存在历史性，主要体现在工业发展不同阶段下的工农关系。工业化是一个从无到有、从低级向高级迭进的长期过程，呈现特征鲜明的不同发展阶段。在不同的阶段，工业与农业之间存在不同的作用机制，进而在城乡之间架构起不同的联系。按照钱纳里工业化阶段理论分析，工业发展一般存在六个阶段。

第一阶段是不发达阶段。产业结构以农业为主，没有或极少有工业，生产力水平主要体现在农业上很低。在这一时期，城市也已经出现，但是数量、规模及其职能极其有限，城市没有起到经济中心的作用，城市内的手工业、商业不占主导地位。此时的城市是乡村中间的一个"堡垒"，其主要意义在于政治、军事或宗教中心，保证中心的安全是城市的核心职能。这一阶段，农业与农民在社会经济中起着决定作用。城市与乡村之间的关系主要体现为城市对农村的极度依赖，进而形成周边农村为其提供生活资料的现象。因此，在前工业化时期，城市与乡村的关系是主要是人口流动与生活生产资料的流动。

第二阶段是工业化初期阶段。产业结构由以农业为主的传统结构逐步向以现代化工业为主的工业化结构转变，工业中则以食品、烟草、采掘、建材等初级产品的生产为主。这一时期国民收入的绝大部分还是来自农业，劳动人口主要分布在农村，经济发展主要是以劳动密集型产业为主。此时工业化面临的主要问题是资本的原始积累。但是，工业刚刚起步，基础薄弱。因此，资本的来源就主要来自农业了。据此，在工业化初期，是农村支援城市，农业支持工业。此时的政府一般在保证食品充分供应的基础上，极力推动将农业的剩余劳动力转移到工业。此时的农村处于被汲取的位置。

第三阶段是工业化中期阶段。制造业内部由轻型工业的迅速增长转向重型工业的迅速增长，非农业劳动力开始占主体，第三产业开始迅速发展，也就是所谓的重化工业阶段。重化工业的大规模发展是支持区域经济高速增长的关键因素，这一阶段产业大部分属于资本密集型产业。此时的工业积累已经不再依靠农业，而是自己具有了自我积累的能力，国民经济增长要素主要来自非农产业。同时，经济发展的重心由劳动密集型工业向工人劳动生产率迅速提高转型。基本集中导致工人劳动生产率快递提升，农业与工业之间的劳动生产率差距扩大，农业贫困问题凸显。由于工业不再从农业中抽取剩余劳动力，工业逐渐独立，并与农业分离。这种分离导致的直接后果就是城市与乡村的隔离。

第四阶段是工业化后期阶段。在第一产业、第二产业协调发展的同时，第三产业开始由平稳增长阶段转入持续高速增长阶段，并成为区域经济增长的主要力量。这一时期发展最快的领域是第三产业，特别是新兴服务业，如金融、信息、广告、公用事业、咨询服务等。这时，工业的成长已经趋于成熟，自身的剩余创造能力土断提升，并在工业领域形成了大量剩余。这些剩余除了满足工业自身发展之外，还可以用于扶持其他产业的发展，如对农业的支撑。与此同时，随着农业生产率的持续下降，农业比较利益越发地下，人们对农产品的需求增长缓慢甚至减少。工业化后期，乡村在城市化的进程中逐渐丧失了主体地位，走向了隔绝、分散和落后，城乡差距逐渐拉大。但是，城乡差别对一个国家的现代性使不利的，于是国家介入城乡关系调整当中，开始致力于消除城乡差别，推动城乡融合发展。

第五阶段是后工业化社会。工业内部结构由资本密集型产业为主导向以技术密集型产业为主导转换，同时生活方式现代化，高档耐用消费品被推广普及。技术密集型产业的迅速发展是这一时期的主要特征。后工业化社会一方面使城市化进程加快，使得后工业化城市市区人口和企业大量向郊区迁移，另一方面产生郊区化和逆城市化现象，形成卫星城镇以及城市地域互相重叠连接而形成的城市群和大城市集群区。后工业化时代同时改变了人们的观念：更加重视人与自然的和谐，把城乡当成一个生命共同体，把社会当成一个命运共同体；更加重视以人为本，即以人民为中心的高质量发展，更加重视城乡的生活功能，满足人民对美好生活的向往；更加重视区域协调、融合发展，致力于构建"多中心、网络化、组团式、集约型"的城乡发展格局；等等。

第六阶段是现代化社会。第三产业开始分化，知识密集型产业开始从服务业中分离出来，并占主导地位：人们消费的欲望呈现出多样性和多边性，追求个性。这一阶段，城市化进程逐步放缓，城乡差距不断缩小，经济进入高度发达水平，城市与乡村处于一种互补性协同发展状态。

三、农业现代化下的城乡融合的路径

农业现代化不仅是城乡融合的重要内容，同时还是实现城乡融合的主要载体。通过发展农业现代化来实现中国目前的城乡融合，需要在厘清问题的基础上，有效运用各方力量，选择高效的具体形式来链接城乡。

（一）当前农业现代化下的城乡融合存在的主要问题

不论从城乡融合现状还是从农业现代化进展来看，我国目前遇到的问题还有很多。

一是城乡二元体制矛盾突出。城乡二元体制在一定程度上发挥了特定的历史作用，促使农村的优质资源和资金不断流向城市，为城市经济迅速发展奠定了基础，特别是在改革开放后让经济活力得到释放，国民经济实力不断增强。但城乡差距也由此拉大，二元体制弊端日益凸显，所带来的社会矛盾逐渐突出，形成了市民和农民在身份上的刚性隔离，不利于新时代城乡融合发展。

二是城乡生产要素单向流动。在改革开放初期，我国走了"以农哺工"的道路来保障工业发展，在经济发展模式上采取了"以城市为中心"的策略来促进城市发展，这样一来，造成包括资本、劳动力等在内的重要生产要素资源不断流入城市和工业部门，造成城乡两极不平衡的发展态势。生产要素的不合理流动导致了农村生产要素短缺，制约了城乡融合发展、阻碍了城乡良性互动关系的形成。

三是城乡收入差距较大。城乡收入比是衡量城乡差距的一个重要指标，在某种程度上表征城乡融合程度。我国城乡居民人均可支配收入从 2009 年的 17174.65 元（城镇）、5153.17 元（农村），增长到 2018 年的 39250.8 元（城镇）、14617.0 元（农村），城乡收入比由 3.33 降至 2.69，虽有缩小趋势，但仍然保持了较大的绝对差距。城乡居民收入两极分化会对中国经济稳定发展带来隐患，也会成为引发各种社会问题的深层原因。

四是城乡数字鸿沟。作为经济和社会分化的结果，城乡居民之间在信息基础设施的接入程度、电子资源的获取机会、信息通信设备的支付能力、数字信息的应用意识和使用能力等方面都存在显著差距，形成了城乡"数字鸿沟"。城乡数字鸿沟不仅是技术方面的问题，更是一个经济社会问题。截至 2020 年 6 月，我国城镇地区互联网普及率为 76.4%，网民规模 6.54 亿，占网民整体的 69.6%；农村地区互联网普及率为 52.3%，网民规模 2.85 亿，占网民整体的 30.4%。农业的数字化转型受到制约、农村的社会建设面临新的挑战，对我国城乡融合发展产生的影响正日益凸显。

五是农业现代化进程的滞后性。在工业化、城镇化和农业现代化当中，最薄弱的环节是农业现代化。落后的农业产业在城乡融合当中力量微弱，作用有限。

（二）三大主体培育：农业现代化视域下城乡融合的主体力量

从目前我国城乡实际情况来看，城市与乡村的融合需要充分发挥城市、乡村、政府三个主体的内在主动性，通过激发与整合三个主体力量来促进融合。

第一，发挥城市主体的优势，以全域城市化实现城乡融合发展。全域城市化的城乡融合发展，基本前提是依托产业发展、人口迁移和管理制度的变革，主要在发达地区市域或者县域来推行实施。一是通过产城融合来解决城市产业发展的空间问题和农村产业的匮乏问题，当前的路径是通过城郊的轨道交通，把城市中心区与周边地区密切连为一体，这样能够防止城市的产业空心化和农村产业失去城市的依托。二是城市发展中地价、劳动力价格上升促使工业产业等退出城市，而郊区的城市化可以为这些产业提供发展空间。三是伴随开发区的重组，老旧开发区向产业新城转变，实现产城融合，也为城郊地区带来了发展的希望。

第二，发挥乡村的内生动力，加速农业现代化，以乡村振兴为中心实现城乡融合发展。马克思主义强调事物发展力量主要源于事物内部的矛盾运动，内因是主要的，外因是次要的。农业现代化视域下的城乡融合关键还是在农村，在农业。但是，与发达地区相比，农村是欠发达地区，底子薄；与工业相比，农业生产力远低于工业生产力，农业发展的内驱力不足。这些问题的存在迫使农业更加需要快速积累自己的内驱力，以农业现代化实现振兴，进而缩小与城市之间的差距，在乡村振兴中实现城乡融合发展。

第三，发挥好政府力量。在社会主义中国，政府是唯一能够从整体现代化的维度、从全体人民的角度推动城乡融合的，是一股巨大的外在力量。政府一方面要通过体制机制创造良好的产业环境，为城市与农村实现农业现代化奠定基础，另一方面要充分激活与培育城乡的主动性，最大限度地发挥城乡的内在驱动力。同时，发挥政府的优势，以外在驱动力的形式为城乡融合注入新的活力，最终形成三个主体的合力。

当然，不同主体的协同合作才是城乡融合的最佳状态。因此，在激活每一个主体的同时，要寻找或构建共同的目标或利益，消除或缩小三者之间的偏差和隔阂，形成统一认识、统一行动，为城乡融合集聚强劲动力。

（三）八个路径：农业现代化过程中的城乡融合的主要突破口

以农业现代化为抓手实现城乡融合，则要充分发挥农业在城市与乡村之间的纽带作用，以农业将城市与乡村链接起来，融合起来。在这当中，要素效率、产业链条、农村物流、跨城乡农企、休闲农业、网络空间、科技创新、市场机制是八个重要的突破口。

第一，以农业全要素生产率的不断提高推动农民收入增加，消除城乡收入不均，为城乡融合创设平等社会关系。城乡不能融合的一个重要原因是城乡居民收入与发展空间上的巨大差异。只有不断缩小直至消除了这种因差距而带来的城市偏向或乡村鄙视才能让农村以一个平等身份与城市并进。农业全要素生产效率的提高，一方面会释放出大量的农业人口，这些人口会以非农化方式进入城市，进而直接促进城市化发展；另一方面，随着更多的农民融入城市，少量剩余的农民在农业高生产率的情况下，收入会提高得更快，进而逐步拥有了与城市劳动者相等的收入与地位，这最终会为城乡融合创造平等条件。

第二，利用农业产业链在城乡间的延伸将城市与乡村紧紧锁定在一起，构建城乡融合的无形链条。产业是经济社会发展的首要因素，尤其是在利益面前，产业没有城乡之分。同时，农业产业链发展具有自组织性，城乡融合成本最低。因此，农业产业链是促进城乡融合最佳突破口。首先，要培育农业支柱产业和主导产品的竞争力，让农业具有向城市延伸的能力。其次，利用城乡在资源、市场方面的优势差异，将农村的农业产业断链与城市的农业产业断链链接起来，形成一条有机的农业产业长链。当然，从另一个角度来考虑，就是要将城市产业链向农村延伸，与农业产业链接，利益共享，形成工农长链。再次，由于农业部门的弱势地位，其在整个农业产业链当中一般会处于劣势，进而分享的利益会相对较小。为此，政府要介入农业产业链的构建，支持、扶持与壮大农业、农村在产业链中的力量与地位，继而形成相对平等的、城乡协同发展的农业产业链以及农业产业链群。

第三，以交通为线，构建城乡融合的有形血脉。与工业不同，分散是农业的特点。因此，农业没有工业的规模效应与集聚效应。农业的分散让乡村到城市的延伸成本倍增，因此造成了城乡之间的断裂。为解决这一问题，除了上述产业链方式之外，要在对区域内的农业产业分布及其出入路径分析的基础上，通过顶层设计，做好高质量快速道路建设。与传统的农村道路不通，这种一条为产业服务的"产业大道"。通过这条产业大道将农业产业链上的不同生产环节贯通。在这里，还要特别注重农村物流中心、农产品生产基地的建设，不仅要将农村物流中心、农产品生产基地成为农产品生产和交换的中心，还要将其打造成城市性行为和农村性行为同时并存的生活区，让产业、产品、生活在城乡互联互通。

第四，以农业企业集团建设创设城乡融合的内生动力。城乡融合发展，政府是主导，企业是关键，大型集团农业企业是关键中的少数甚至个别。农业产业的特点决定了农村存在很多小企业。这些小企业基础差、实力小，在城乡融合上很难发挥作用。要通过农业现代化推动城乡融合，必须是有实力的大企业才能发挥作用。因此，各地区（以县为主）要大力培育与发展一至两个大型农业企业，如美国的 ADM、Dole plc、Bunge、Cargill 以及中国的康达尔、双汇、民和牧业、华英农业、得利斯、雏鹰农牧、煌上煌等。这些都属于跨越城乡的涉农企业集团，其规模效应允许企业通过纵向一体化在生产、销售、设计、购买等环节以及其他领域里获得费用节省与高效益。此外，他们通过企业内部的结构调整，利用市场逻辑打破了城乡壁垒，进而具有极强的城乡融合功能。

第五，以现代都市休闲农业促进城乡协同发展。发展现代都市休闲农业，必须从以下两个方面破题：一是以观光休闲体验功能为核心，以综合开发为手段，以农业庄园为主要开发模式，集中打造一批集"生产观光功能、农事体验功能、娱乐休闲功能、教育科普功能、农耕文化传播功能、度假养生功能"于一体的休闲农业综合体，是目前许多城郊结合带发展现代都市休闲农业的普遍做法，有着广泛的前途。二是借鉴国际产业集群演化与整合趋势，对照农业价值链演化规律，依据产业补链、伸链、优链的需要，形成综合产业链。重点构建包括核心产业、支持产业、配套产业、衍生产业四个层次的产业群：核心产业是指以特色农产品和园区为载体的农业生产和农业休闲活动；支持产业是指直接支持休闲农产品的研发、加工、推介和促销的企业群及金融、媒体等企业；配套产业则是为创意农业提供良好的环境和氛围的企业群，如旅游、餐饮、酒吧、娱乐、培训等等；衍生产业是以特色农产品和文化创意成果为要素投入的其他企业群。通过以上两个途径，可见现代都市休闲农业是城乡一体发展的典范。

第六，以农业的数字化在城乡之间创造虚拟通道。推进大数据、物联网、云计算、移动互联网等新一代信息技术向农业生产、经营、加工、流通、服务领域的渗透和应用，促进农业与互联网的深度融合。支持流通方式和业态创新，开展电子商务试点，推进新型农业经营主体对接全国性和区域性农业电子商务平台，鼓励和引导大型电商企业开展农产品电子商务业务。积极协调有关部门完善农村物流、金融、仓储体系，充分利用信息技术逐步创建最快速度、最短距离、最少环节的新型农产品流通方式。积极探索农业物联网应用主攻方向、重点领域、发展模式及推进路径，稳步开展成功经验模式在国家级、省级、县级等层面推广应用。

第七，用科技创新促进农业与工业一体化发展。加大农业基础科研投入力度，鼓励科技创新以加快农业技术进步，摆脱对土地、劳动力等粗放型生产所需要素的依赖且向集约型生产方式转变，使 TFP 持续高速增长是农业现代化的重要步骤，而提高农业机械化、电气化、农用物资使用以及农田水利化则是农业现代化稳扎稳打的必经之路。此外还应继续完善农产品、农业资源市场，加强农业部门与其他社会部门的联系。各地区应该根据自身农业现代化发展状况，针对不足加大投入力度，提高农业生产率，从而促进城市化发展。

第八，让市场在城乡融合中发挥更大作用。市场机制在工业现代化进程中的作用已经被历史所证明，借助市场的力量促进农业现代化与农村现代化同样是必须的。一是充分调动各类市场主体力量，激发主体内生驱动力；大力支持乡镇企业，扶持其走环境友好型农业现代化发展道路；培育农民的市场观念，鼓励农民迈进市场，走合作经营之路。二是建立与市场化要求相符合的产品销售机制，解决农产品的市场问题。三是发展与产业发展相配套的现代高端服务业，重点扶持农业技术、电子商务、会计、律师、管理咨询、金融等市场后端内容。

【延伸阅读】

1. 刘易斯·芒福德. 城市发展史 ［M］. 宋俊岭，倪文彦，译. 北京：中国建筑工业出版社，2005.

2. 雷长林，李富义. 中国农村发展史 ［M］. 杭州：浙江人民出版社，2008.

3. 姚毓春，梁梦宇. 城乡融合发展的政治经济学逻辑——以新中国 70 年的发展为考察 ［J］. 求是学刊，2019 (5).

4. 方创琳. 城乡融合发展机理与演进规律的理论解析 ［J］. 地理学报，2022 (4).

5. 周清香，何爱平. 中国城乡融合发展的历史演进及其实现路径——马克思主义城乡关系理论的视角 ［J］. 西安财经大学学报，2022 (2).

6. 龚勤林，陈说. 新中国成立以来党领导城乡关系调整的历程与经验 ［J］. 经济问题探索，2022 (2).

7. 刘先江. 马克思恩格斯城乡融合理论及其在中国的应用与发展 ［J］. 社会主义研究，2013 (6).

8. 郑国，叶裕民. 中国城乡关系的阶段性与统筹发展模式研究 ［J］. 中国人民大学学报，2009 (6).

第八章 中国乡村振兴背景下农业现代化典型模式

第一节 杨凌农业高新技术产业示范区

一、总体情况介绍

杨凌农业高新技术产业示范区，简称杨凌区或杨凌示范区，隶属陕西省，位于陕西关中平原中部，西安市西部85公里处，总面积135平方公里，城市规划区面积为35平方公里，是我国唯一的国家级农业高新技术产业示范区。

杨凌示范区是陕西经济最具发展潜力的增长点和西部大开发的亮点，已被国家批准为向亚太经合组织开放的十大工业园区之一，是国家重点支持的五大高新区之一和全国六个海峡两岸农业合作试验区之一。

二、农业现代化运行模式

杨凌农业高新技术产业示范区积极发展"大型企业-家庭农场-合作社"的新型农业主体运行模式，有行业龙头企业54家、家庭农场70余个，农民专业合作社170余个、现代农庄30多个，带动全区2万余户小农户一起走上小康之路。

（一）专家大院科技成果转化模式

农业科技专家大院是为农业专家们科搭建的科技成果快速转化的平台。对专家而言，是科研中心、试验中心和新技术、新品种的推广中心；对农民而言，是技术培训中心和信息中心；对地区农业生产而言，是农业良种中心和科技龙头。

农业科技专家大院多数建在田间地头，配有专家起居室、办公室、实验室、培训室、图书资料室和科技咨询室。农业专家大院的旁边，有实验田或农业科技示范园。专家进门能进行科学研究和技术培训，出了门可以进行现场指导和大田示范，使科技成果进村入户、先进适用技术到田间地头成为现实。专家在开展技术服务的过程中，也有效地捕捉农民的需求信息，有针对性地进行研究开发，使研究开发与成果转化相互促进、相得益彰。

从 2000 年起，西北农林科技大学和宝鸡市政府一道在农村田间地头建立了 32 个农业"专家大院"，学校选派 28 名教授作为首席专家，直接将新技术、新成果从实验室带到"专家大院"里的示范园①，通过"专家十龙头企业+农民""专家+技术推广单位+农民""专家+中介服务组织+农民"等方式培训科技骨干和新型农民，带动 70 万小农户创造社会经济效益 5 亿多元，有力促进了当地农业经济的发展②。农业专家大院从 2000 年起在宝鸡市规划立项，现已建成秦川牛、苗木花卉、设施农业、辣椒、乳品加工、农业信息等 32 个各具特色的专家大院，分布在全市 11 个县区、24 个乡镇。杨凌农业高新技术产业示范区是我国最早建立的农业高新示范区，区内有西北农林科技大学和杨凌职业技术学院等教学科研单位，被称为中国农业的"硅谷"。其中，西北农林科技大学有涉农专业 67 个，科教人员 2201 人（包括高级职称者 1840 人、工程院院士 2 人、科学院院士 1 人）。截至 2019 年，西北农林科技大学研发成果共计 6000 余项，重要品种如"秦冠"等转化效益超过 3000 亿元，杨凌示范区的高校主导模式可以被总结为专家大院模式与试验站模式。目前，杨凌示范区西北农林科技大学与宝鸡市合作建立专家大院 21 个，其他专家大院 3 个，农业试验示范站 61 个，累计创造效益 800 多亿。

（二）"一村一品"校村共建专业化模式

为充分发挥杨凌的科教、人才优势，示范区从 2000 年开实施了"校村共建、科教兴杨"工程，从西北农林科技大学和杨凌职业技术学院抽调了数百名科技人员与杨凌区内各村建立校村共建关系，通过帮助共建村制订发展规

---

① 赵武军."农业专家大院"——新型农业科技推广模式的探索与思考 [J]. 陕西农业科学，2004（4）：69-70.

② 高翔，魏安智，张俊杰，等. 西北农林科技大学"两园一区"农业科技推广体系建设的思考与实践 [C]. 2003 中国作物学会学术年会文集，2003：127-130.

划、开展科技培训、技术指导，进行以村容村貌治理为主的精神文明创建活动，促进了杨凌的农村发展和农民增收工作。

"一村一品"项目工程指的是在一定区域内（通常以村为单位），依托当地的资源优势和原有主导产业，由政府聘请专家教授引入高品质高附加值的新品种，在当地规模化生产，以此达到规模经营、生产良品的目的。国外的实践表明，农业现代化要取得效益就必须要先形成规模化、产业化。中国农村地域的复杂性，决定了要形成产业化就必须根据各地不同的自然条件、社会条件，走专业化之路。

杨凌示范区"一村一品"项目开展于2003年，是政府主导的农业科技成果转化模式的典型体现。目前杨凌示范区内已建成61个"一村一品"示范村，其中包括4个国家级"一村一品"示范村，揉谷镇新集村1983年开始种植葡萄，品种以酿酒葡萄为主，因为品种差规模小等原因，农民收益偏低。划归杨凌示范区之后，借助"一村一品"项目，新集村在杨凌示范区政府的帮助下与西北农林科技大学建立了合作联系。杨凌示范区政府聘请西农葡萄种植专家，为新集村引入户太八号、巨峰、夏黑等葡萄品种，在专家的指导下实行标准化生产。

杨凌示范区政府在新集村推进"一村一品"项目时，具体实施步骤分为以下四步：首先，杨凌示范区政府制订实施该项目的原则和目标；其次，示范区政府聘请西北农林科技大学与杨凌职业技术学院的专家教授对新集村原有产业情况和自然环境情况进行调研，确定"一品"的品种选择，由政府出资聘请专家引进优质品种及全套的生产技术和管理方法，在新集村全村投入生产使用；再次，杨凌示范区政府在投入项目专项资金后，也积极促成杨凌示范区信用社加盟"一村一品"项目工程，为该工程提供专项贷款，解决成果引进和基础设施建设的资金问题；最后，杨凌示范区政府引导并鼓励新集村成立自己的农业企业，创立自己的葡萄品牌，发展葡萄加工产业，使新集村的葡萄产业链条由产中向产后延伸，使小农户收益进一步增加。目前，新集村主要发展产业为鲜食葡萄和葡萄育苗，现种植葡萄面积2200亩，育有葡萄种苗800亩，葡萄亩收入平均可达到15000元，新集村人均收入达到19000元。

（三）"公司+企业+小农户"的产业化模式

杨凌示范区成立以来，在政府的推动下，科技人员、小农户民、企业采取多种方式进行了合作，涌现了以"企业十科技人员十小农户"特色的一批农业企业，以金坤公司最为典型，故称为"金坤模式"。这种模式是由公司或企业提供资金、设备和场地，科技专家提供新技术成果和技术服务，共同组成股份公司。公司根据生产需要、采取自愿的原则组织小农户，通过建立相对稳定的合同关系，形成比较紧密的产、加、销一体化的经济实体。协会推广模式近年来，示范区农民在自愿的前提下，按照"民办、民管、民受益"的原则，组建了奶业协会、蔬菜协会、草墓协会等多个农民专业协会，会员达数千人，会员遍及杨凌及周边各县区。各类专业技术协会、经济合作组织的健全和发展，把一家一户分散经营的小农户有效地组织起来，提高了农民的组织化程度，较好解决了小农户与市场、农业生产与科技的连接问题，解除了小农户发展产业和进行结构调整的后顾之忧①。

三、农业现代化运行特色

（一）校园共建科研融入

高校主导的农业科技成果转化模式在其运行过程中可以分为三个步骤。首先，基地试验中心引进培育新品种，并围绕主导产业各环节的关键技术进行系统化开发；其次，试验站通过互联网等平台获取研发成果，在试验基地建立标准化生产体系，对主要产业种、肥、设施、机械等一体化生产进行示范；最后，由技术推广站的技术服务人员在试验站专家教授的带领下通过培训班、现场指导的方式推广新技术新品种，同时培养技术专业人才。高校主导模式运行过程中的主要资金来源于项目专项资金或者合作企业提供的研发资金。高校能提供优质的科研能力输出及充分的科技成果供给。农业科技成果转化的前提是转化主体拥有先进的农业科技成果，好的农业科技成果成功推广转化后可以有效地带动农业增产、农民增收，高收益可以吸引小农户进一步将科技成果投入日常生产，也可以吸引企业买入然后大范围投产。高校作为我国科技创新的主力之一，是农业科技成果的孕育地，拥有集良种、技术等全套的经过国家审核认定的农业科技成果。高校拥有大规模专业对口的人才储备。农业高校培养了大量专业的农业科技成果推广队伍，可以有效实现专项技术专项指导。具体来看，农业高校从专家教授到其带领的科研队伍都经历过严谨的科学训练，其不仅具有过硬的专业素养，还有着充足的实践经验，对所要转化的农业科技成果更是有着清晰的认知，进而可以为一般小

---

① 张治平. 加快农民专业合作社发展的几个关键问题探讨［J］. 甘肃农业，2007（2）：57-59.

农户、合作社、农业企业等新型经营主体提供最清晰的培训和技术指导。

（二）政府主导招商引智

杨凌示范区推广部门进行科技成果转化推广的资金主要来源于财政拨款，有政府主导项目成果转化过程中所需资金主要来自国家或省级专项资金或者金融机构提供的贷款。国家或省市的专项资金一般均需要针对特定项目进行资金扶持，因此在具体实践过程中基本遵循专款专用，灵活性相对较差，但来源相对稳定。金融机构提供的贷款，一般除了银行的正常资金贷款业务外，还会受到政府相关政策的影响而设置专项优惠贷款项目，有助于推动政策项目建设。

杨凌模式突出了政府职能的转变。政府应从具体的生产经营中退出来，集中精力搞好组织引导和协调服务。政府应从市场经济的要求出发，认真研究农民进入市场的各种不利因素和困难，立足当地实际，探索农业产业化经营的路子，把小农户组织起来，带入市场，实现农民增收的目的。政府在指导农业产业化经营的过程中要从具体的农业生产经营中退出来，重点抓好宏观规划和指导工作；从直接要求农民种什么、不种什么，转向制订规划，政策引导；通过龙头企业，根据市场导向引导农民有目的地进行生产经营，从行政命令的方式转变为主要依靠政策手段和分配机制来调节；搞好协调引导和服务，促进企业和小农户的联合。杨凌模式顺应了市场经济利益驱动，分散决策、市场引导的特点。

（三）企业主体成果转化

杨凌把扶持龙头企业作为推动农业产业化的关键，着力培养和引进农业企业，同时扶持本地专业大户、科技户发展。通过财政、信贷等手段，进行经济引导，形成政府贴息、银行贷款、企业结算的办法，既解决了小农户生产缺资金的困难，化解了银行向小农户贷款的风险，又强化了企业带动作用，加快了"公司+小农户"模式的形成。园区引导科技人员走出校门，积极创办或领办科技型企业，以技术入股与龙头企业联结，实现技术与资本结合。科教人员创办、领办的企业已有50多个，提升了杨凌农村产业的科技含量和市场竞争力。农业企业主导模式在实践运作过程，主要表现为以"企业+小农户"的形式进行农业科技成果转化，对此为进一步阐释杨凌示范区企业主导的农业科技成果转化模式，以杨凌本香农业产业集团为例展开分析。杨凌本香农业产业集团与小农户的合作方式是典型的小农户承包和"反租倒包"。杨凌本香农业产业集团成立于 1999 年 3 月，最早是一家饲料有限公司，公司于 2002 年成立杨凌格润尔光明猪畜牧有限公司，发展到 2004 年成立杨凌本香农业产业集团有限公司。现在其集团已经形成较为完整的产业链条，具体包括饲料生产、种猪繁育、商品猪养殖、屠宰深加工以及产品销售，产业链已经形成，产业化生产基地包括安全饲料生产基地、优良种猪繁育基地、无公害商品猪养殖基地、猪肉深加工基地以及猪肉食品专卖店。

四、农业现代化发展方向

（一）培育壮大龙头企业，形成杨凌示范区品牌效应

农业龙头企业不仅是农业科技创新的核心主体，还发挥着信息中心、服务中心、营运中心以及对接农产品市场的作用。同时，农业龙头企业凭借在行业中的强大影响力，发挥在中小企业、农民与市场之间建立联系纽带并有效维护中小企业与农民权益的作用。因此，杨凌示范区在缺少优势产业、竞争能力不足的情况下，应当积极培育本地农业龙头企业，提高农业核心竞争力，应从以下几个方面做出努力：

一是拓展产业链，完善利益链。鼓励龙头企业积极引进农业高新技术，采用标准化生产模式、发展农产品深加工以及订单式农业等，增强自身发展优势，进一步推动农业现代化的发展。同时，利用最低保护价收购、股份合作等方式，将龙头企业的利益与下游小农户的利益结合在一起，这样企业在发展运营过程中获得原料保障的同时，小农户也可以从农业产业化经营中享有一定收益，龙头企业的产业链得以拓宽。

二是加强关键技术攻关。着力培育企业发展和效益增长的新业态、新模式，增强龙头企业创新能力和发展后劲，提升龙头企业核心竞争力，推动向产业链中高端延伸。进一步完善科技成果评定机制和农业科技人才激励制度，为农业科技人才搭建良好的发展平台。

三是实施品牌战略，增强产品竞争力。当下，要牢固树立打造特色品牌的理念，通过培育特色品牌产品，并借助品牌的效应，来进一步促进主导产业发展。实施品牌策略的重点是力求产品符合消费者的消费需求，具有良好的品质和质量、提供简洁且精美的外包装以及贴心优质的服务。

四是切实增强龙头企业的经营管理能力。经营管理水平的高低关系到企业能否实现长久发展的问题。龙头企业应立足于农业，切实做好农业开发工作，提高农产品的深加工程度和产业发展深度。为了实现经营管理科学化，

一定要防止过度扩张，不能一味地追求项目数量，盲目扩大产业规模。在充分发挥主业优势的基础上，通过有计划、有策略的兼并、联合，做大做强企业。另外，一个能够实现可持续发展的企业，需要重视企业的文化建设，要树立正确的核心价值观来引导公司内部企业文化及经营理念的形成。同时，诚信要始终摆在第一位，只有把农民的切身利益以及消费者的利益放在第一位，企业才能形成积极向上、开拓创新、诚实守信的良好氛围。

（二）加大财税政策支持，扩大杨凌示范园区规模

针对杨凌示范区投资吸引力不足，我们给予杨凌示范区以下几点建议：

一是创新金融扶持政策。在投融资渠道的选择上应以市场化运作为主，政府引导为辅，充分发挥各投融资主体的作用，积极进行投融资模式创新。例如推进示范区管委会与社会资本合作（PPP）模式，引导社会资本集聚，为杨凌农高区基础设施建设提供充足的资金支持；同时鼓励设立农业领域创业投资基金，更好地推动示范区科技成果集成转化。积极引导社会资本参与投资建立新型农村金融机构，如村镇银行、农民资金互助社等。主动对接商业银行、政策性银行、风险投资机构、金融保险机构等，鼓励各金融机构根据职能定位和业务范围为符合条件的建设项目和入园企业提供信贷支持[①]。

二是完善政府财政支持政策。要积极通过贴息、担保、补助等形式大力支持提升示范区的基础设施建设、高新科技研发以及发展特色优势产业。并且，把倡导的科技孵化、科技示范、低碳减排以及品牌培育作为重点扶持对象。同时，应该加大对高端农业科技奖励的力度，如：种子种苗培育、农产品保鲜和深加工、生物科技、农业工程以及新型农业资源开发与高效利用等技术。此外，将一些风险较小、前景较好的投资项目积极向市场开放；而对一些风险较大、处于成长期的项目则应该加大财政投资的比例，促使其向明星项目转变。

（三）提升管理服务水平，提升杨凌示范区现代化运营水平

针对杨凌示范区管理服务水平较差的问题，杨凌示范区需要积极开展全方位服务。为了更好地为示范区的投融资者提供便利的服务，这就需要进一步转变服务观念，提高服务意识，开展"保姆式服务"。所谓"保姆式服务"

---

① 房东升，王锐，王建军．新型农村金融机构可持续发展路径选择［J］．内蒙古金融研究，2010（10）：22-24.

就是指向投融资者提供全面、细致、周到的服务，尤其是在前期等待项目审批、合作洽谈过程，中期开始筹建以及后期运营的各个环节，都不能疏忽服务质量，要优化办事流程，加强部门之间联动作用，提高办事效率。建立起入园企业与小农户个体之间的沟通协商机制，一方面要积极推动农民合作组织在保障农民个体权益方面的作用发挥；另一方面鼓励企业完善调研机制，重视并收集小农户个体反馈的信息，以更好地调整生产活动等。此外，在土地流转和租赁过程中，要切实保障好农民的切身利益，正确协调处理好各方利益关系。此外，可以鼓励流转土地的小农户在示范区企业内就业，这样不仅可以增加企业的劳动力，还可以带动农民增加收入，使广大农民继续分享示范区发展成果，达到双赢的目的。

（四）大规模引进和培养科技型人才，以科技助力杨凌示范区发展

杨凌农业高新技术产业示范区的快速发展离不开农业人才的支撑作用，让更多人从事农业、让更多人才转变成为有知识、懂科技、会经营的新型农民，成为当下需要解决的重要问题。为了推进农业人才队伍建设，要做好以下方面的工作。

第一，人才的引进。可以借助政府的名义与各大高校以及科研单位建立友好合作关系，并且聘请相关领域的高层次人才组成专家库，发挥好智囊团作用，为示范区发展提供充足的人才资源和技术服务。企业在引进高科技人才提供的先进技术的同时，也可以为专家和学者提供试验基地，从而更好地推进科技成果转化。此外，企业应该在开发一个项目时，注重引进相关领域的专业人才，这样可以提高针对性与实用性，使得每一位专业性人才都可以人尽其力，研发出更好的项目。

第二，人才的培养。根据市场引导的原则，结合当下农业发展的需求进行多种形式针对农业人才的培训。要建立技术型专业人才培训体系，加大培训投入，创新培训机制，建设富有特色的农业人才培训基地；鼓励入园企业、大中院校和社会力量开展专业化教育，进一步提高农业人才的数量和质量，切实将农业产业化人才的培训工作落到实处，高度关注科技型农业人才的培养，并督促农业人才发展任务高标准完成。

第三，订单式农民的培养。按照目前农业人员所从事的工作，人才培养类型大致分为管理型与技术型。对不同文化水平的农民，应该开展不同方式的培训：文化程度相对较低的，可以开展单独培训；文化程度较高的，可以采用集中培训的方式。同时，一定要把握好企业的发展情况与农民的自身素

养情况，合理地制定课程，要做到难易适中，保证所学内容便于理解、容易接受并能够满足岗位所需。同时，为了使企业用人要求得到充分的满足，企业内部可以有针对性地对农民进行相关培训教育。

第二节　贺兰县农业现代化产业园区案例分析

一、发展状况介绍

贺兰县农业现代化产业园区隶属于宁夏回族自治区，位于银川平原北部，东临黄河，西倚贺兰山。2019 年成功入选国家农业现代化产业园，是宁夏回族自治区该年唯一入选产业园。园区以绿色农业现代化发展为引领，紧紧围绕"节本增效、质量安全、绿色科技"，突出"发展动力、增长方式、产业结构"三大转变，走农业融合发展、绿色发展、创新发展之路，加大农业供给侧结构性改革力度，稳步推进国家农业现代化产业园建设，实现贺兰县农业现代化产业园区的产业化、标准化、科技化、生态化。

贺兰县把发展农业现代化作为促进农民增收的重要抓手，按照"规模化发展、区域化布局、标准化生产、专业化运作、产业化经营"的思路，加快推进传统农业向农业现代化转变和跨越。2010 年贺兰县开始创建国家农业现代化示范区，在此方向的基础上 2011 年起贺兰县转变农业发展方式，加快发展农业现代化，着力推进"一优三特（优质粮、特色蔬菜、特色水产品、特色奶产品）"产业，推进国家农业现代化示范区建设，效果显著。其中，优质粮食生产基地初具规模、蔬菜产业布局合理、适水产业效果显著、奶畜产业规模不断扩大、农业产业化龙头企业带动作用明显。这些在一定程度上展现了贺兰县农业现代化的发展成效，为其农业进一步发展打下了坚实的基础。

二、农业现代化运行模式

（一）农业专业合作社模式

农业专业合作社模式属于农民合作型的组织类型，其最根本的基础为家庭承包经营。通过农业专业合作社的实施，能够提升整体农业的生产力水平以及在场环境中的竞争力，能够为农产品的生产、销售、加工、运输、储藏等各项服务工作提供更为专业的基础，支持农业专业合作社的实施，对于农业产业的长期发展以及农业经济水平的提升有非常重要的促进作用①。是园区农业现代化发展的动力引擎这种模式的利用，有效提升了农业经济的增长速度以及增长效率。

其具有非常显著的经济互助性，农业专业合作社的基础结构比较清晰，各个成员均是农业专业合作社的权利享有人以及责任承担人。由此，整个合作社人员之间的相互依靠以及帮助性更强，凝聚力也有明显提升，是非常值得推广的一种经营发展形势，且在贺兰县的实际推广过程中，对农业经济水平的提升以及农业产业的综合发展均有所促进。

在农业专业合作社模式发展中，农业土地的流转是该模式建立的基础，土地的利用率是影响农业经济水平的重要素。该地土地条件较为优越，90%以上为黄河自流灌溉，贺兰县土地流转工作开始较早且流转比例较大。据统计至2016年底，贺兰县农村家庭承包经营小农户3122户，家庭承包经营耕地2.37hm²；全县7个乡镇（场）和62个村建立了土地流转服务中心和设立了信息员，全县土地流转1.61万hm²，占家庭承包耕地68%，百亩以上规模经营面积1.5万hm²，其中千亩以上1.11万hm²，占流转面积69.2%。同期全国土地流转比例为30%，宁夏土地流转比例为24%。贺兰土地规模化流转比例已经将近50%，贺兰县土地流转比重明显高于全国和全区水平，在西部地区处于较高水平。贺兰县探索和创新农村土地承包经营权流转机制，形成了以出租为主，转包、转让、互换、股份合作和其他流转形式并存的格局②。

在土地流转承包成效显著的基础上，贺兰县又积极培育和发展农业专业合作社。据统计至2019年全县专业合作组织达192个，会员总数17218人，入社率已达到44.15%；培育家庭农场99个，成员421人；创建各级示范社69个，其中国家级10个，区级16个，市级21个，县级22个；创建各级示范家庭农场38个。其中，区级19个，市级8个，县级11个。培育农业产业化示范联合体2家，参与联合体经营的企业、合作社、家庭农场共251家，带动小农户共20220户。

在此基础上贺兰县按照地域相近、产业趋同、产销互惠原则，实行强村

① 刘桂萍．探析农业专业合作社在促进农业经济发展中的重要作用［J］．农机使用与维修，2021（8）：54-55.

② 张亚娟．西部地区农业现代化实现路径研究——以宁夏贺兰县为例［J］．河南农业，2017（17）：11-12+14.

带弱村，实现集体经济共同发展。这其中较为突出的有习岗镇黎明村、和平村、桃林村、经济桥村、德胜村五村联合，投资德林果蔬合作社，发挥资金规模效益；立岗镇幸福村、星光村、通伏村创办集体合作社，联合经营农机劳务服务，实现规模化经营，实现了资源整合、风险共担、利益共享的效果。

在贺兰县的诸多合作社中，宁夏贺兰县丰谷稻业产销专业合作社创建于2010年3月，历经10年的发展，已成长为资产总额1700万元、固定资产830万元、年营业收入达到950万元的国家农民合作社示范社[①]。

宁夏贺兰县丰谷稻业产销专业合作社秉持"为耕者谋利、为食者造福"宗旨，按照"企业+合作社+基地+小农户"的经营管理模式，利用其新型经营主体的优势，将科技融入农业发展中，同时加大了产业融合力度，从而建设了有机水稻立体种养农业现代化科技示范基地和稻渔空间乡村生态观光园，示范推广水稻工厂化育秧、旱育稀植栽培、稻渔综合种养、绿色高产创建等技术，通过上联市场，下联小农户[②]，中间依托广银米业公司，推进一二三产业融合发展，带动当地农民走科技致富的道路，实现了合作社、企业、小农户三方共赢，由此取得了明显的经济效益和社会效益。

贺兰县农业现代化产业园依托农业专业合作社模式，探索出了一条适合该地区的发展路径，从而大力地促进了当地的农业产业发展，提高了农业产业经济效益。

（二）龙头企业带动模式

龙头企业带动模式是指龙头企业将开拓市场、引导生产、深化加工、科技创新、融通资金、销售服务等功能整合在一起，是农业发展新阶段中加快农业现代化，进行新农村建设，带动区域经济发展的重要力量。

与传统的"公司+小农户"的农业产业化经营模式相比，贺兰县农业现代化产业园采用的"公司+合作社+基地+小农户"的农业产业化经营模式具有明显的优越性。首先，公司（企业）通过农民专业合作社这一主体来管理或衔接广大小农户（社员），可以大大降低公司（企业）直接与分散小农户打交道的成本，市场交易成本会大大降低。

---

① 宁夏贺兰县丰谷稻业产销专业合作社　织牢联农带农纽带　铺实强农富农新路［J］．农村经营管理，2021（5）：44-45.

② 全国农民合作社典型案例（2020年）——创新经营模式，加强成员利益联结，中华人民共和国农业农村部门户网站.

　　其次，通过农民专业合作社这一载体，公司（企业）和小农户的连接空间很大。比如，公司（企业）和小农户可以共同入股合作社，这样既可以使公司（企业）通过购销合同或技术扶持等机制来稳定上下游关系，又可以通过股权这一利益纽带，深化公司（企业）与小农户之间的关系。

　　再次，通过农民专业合作社这一载体和平台，可以为小农户（社员）提供的多种专业化的服务，进而形成"生产在户、服务在社"，"生产小规模、服务规模化"的新型农业规模经营形态和新型农业双层经营体制。

　　简单来说，这一新模式突破了传统的"公司+小农户"的农业产业化经营模式的局限性，使农业产业化经营过程中的公司（企业）与小农户的利益关系更为紧密，产业化经营中的小农户经营、合作经营和公司经营这三种经营制度实现有机结合，制度优势得到充分发挥。而贺兰县农业现代化产业园则在农业专业合作社+小农户的基础上创新发展出"企业+合作社+基地+小农户"的新模式。

　　这其中较为突出的是"宁夏广银米业有限公司"，该企业依据该模式通过发挥龙头企业带动作用，实行"公司+合作社+基地+小农户"的生产经营模式和品牌战略，走产业化经营道路。同时利用其成功流转的土地，配合科技的投入，建立了农业现代化立体生态种养科技示范园区，由此通过引进新技术、新品种，示范推广水稻工厂化育秧、旱育稀植栽培、钵盘摆栽机插秧、生物有机肥、生物除草技术等，重点在有机水稻品种筛选、育苗栽培、有机肥施用、病虫草害防治、机械化植保等关键技术环节集成应用与试验示范，并实施定量化作业和精确化管理，提高了粮食产量、降低了生产成本、解决农村剩余劳动力、增加农民收入，扩大了优质原粮的生产规模。

　　与此同时广银米业有限公司与贺兰县四十里店村联合创办丰谷稻业土地股份合作社，吸引了213户群众以土地入股的方式参与企业规模化经营，发展稻鱼立体生态种养，同时企业按照每亩土地每年800元给予小农户保底收益，并根据企业经营效益进行分红，"保底+分红"双份收益，由此让农民收入更有保障。2019年，园区土地入股面积达到2002.6亩，每亩分红50元，户均增收近8000元。

　　贺兰县农业现代化产业园依据该模式成功打破传统农业经营模式，培育建立了新型农业经营主体。发展了新业态，为农业发展探索出了新道路，由此提高了该地区的农业经济收入，解决了农村的剩余劳动力问题，同时大力推动该地区农业企业及农业产业链条的延伸和发展，实现了农民增收、企业增效的目的,带动了该地区全产业链发展。

(三) 三产融合模式

农村三产融合发展,是通过对农村三次产业之间的优化重组、整合集成、交叉互渗,使产业链条不断延伸,产业范围不断扩大,产业功能不断增多,产业层次不断提升,从而实现发展方式的创新,不断生成新业态、新技术、新商业模式、新空间布局等①。当前我国农村三产融合在多方发力的作用下,势头正劲,呈现出许多新特征、新态势。

贺兰县农业现代化产业园通过创新经营体系,利用产业融合的模式,打造了"稻渔空间"项目。该项目是集有机水稻种植、稻蟹和稻鱼生态健康养殖、田间培训学校等产业为一体的农业现代化示范区。示范区创新了稻田综合种养、池塘工厂化循环水养殖模式,并融入休闲农业元素,让稻田变景区、田园变公园,实现了一二三产业深度融合发展,从而促进农业增效、农民增收。在该模式中,农民的土地没变,只是创新了农业经营模式,从而使得农民的收入翻了一番。

三、农业现代化运行特色

(一) 专业合作社模式带动效应明显

在专业合作社模式中,其最基本解决的问题便是农民土地流转的问题,农业土地是农业生产中重要的生产资料,其利用率将直接影响农业经济。虽然我国改革开放之后施行的家庭联产成本责任制将农业用地进行了有效划分,保障每户农村家庭都能够有土地来进行生产经营,在一定程度上解决了农民的温饱问题②。但这种划分数量过多,且单位面积过小。这种土地划分方式随着社会整体生产力水平的提高以及城镇化建设的推进其弊端逐渐显现,即大量农村劳动力外流导致农业土地撂荒严重,而真正需要大量土地来发展的农业项目却拿不到足够的土地。这种矛盾使得农业土地资源大量浪费,制约了农村经济发展。

贺兰县通过互助联合方式将农村零散土地集中起来进行统一经营管理,使得农业土地有了更多用武之地,并发挥规模效应,提高了农业土地利用率,

---

① 刘奇. 农村三产融合:如何融,怎样合 [J]. 中国发展观察,2019 (5):40-41.
② 都光明. 农业专业合作社在促进农业经济发展中的重要作用 [J]. 商场现代化,2020 (3):141-142.

促进了农业经济发展。贺兰县农业产业园就是通过多年的土地流转工作将零散的土地集中流转，形成农业专业合作社，作为新型农业主体，从而大大地解决了土地撂荒的问题，也为形成"农业专业合作社+小农户"的创新经营模式打下了基础。

（二）发挥龙头企业的先进典型作用

引入龙头企业参与产业园区建设，可以创造出了许多就业岗位，从而使农村大量闲置劳动力得到安置，减少了农村人才的流失。贺兰县农业产业园的龙头企业带动模式中采取集中统一经营运作，主要为农产品销售带来三个方面变革：一是依靠企业的影响力打造出独立的农产品品牌，如"黄河绿康""黄河香"等区域特色品牌。品牌的树立使得合作社在销售上占据了更多主动权，在销售价格上也完全可以实现自主定价，从而为自身争取到更多的利益。二是推广宣传更加专业。在资金与经营理念上都得到改善，其可以借助更大的平台如电视、广播、互联网来宣传自身产品，从而为其产品知名度的提升和吸引更多客户起到积极作用。三是实现企业化的销售运作。通过合作社的企业化经营，其农产品销售流程、销售策略、销售管理等都可以形成一套科学完善的运作体系，这对于农业合作社的市场化发展具有重要作用。

（三）强化技术支撑为农业现代化赋能

贺兰县农业现代化产业园在龙头企业的带动下，利用"公司+合作社+基地+小农户"的模式将农民重新聚集起来。龙头企业引入农业专业技术和科技设备到产业园区，不仅提升了农业生产经营的整体技术水平，提高农业生产效率，而且促进了产业园区农业现代化水平，带来了巨大的经济效益和社会效益。贺兰县农业产业园在基于该经营模式下利用现代科技手段，建立的农业节水模式和节能减排有机模式配合多种经营发展方式有效地提高了农业生产效率和土地利用率，贺兰县为加强信息技术与农业生产融合应用，引导新型农业生产经营主体经营、管理、服务领域推广应用有机水稻质量溯源、设施农业大棚管家自动控制、奶牛场全程信息化管理、渔业养殖水质远程监测、成立并组建了农业农村电子商务等一批"互联网+农业现代化"技术，快速推进智慧农业的发展进程①。提高农业生产管理智能

---

① 陈绘宇，辛怡丽．给传统农业装上聪明的大脑 贺兰县加快推进智慧农业发展进程［J］．宁夏画报，2021（4）：52-54．

化、精细化水平，促进农业节本增效、农民增收，提高农业的生产、大大地促进了当地的农业产业。

四、农业现代化发展方向

（一）加强园区高科技人才的引入和培育

为解决贺兰县农业发展中所遇到的农业从业人才不足的问题，需要当地政府的重视以及推动高等院校涉农专业人才培保持与现实社会需求的同步和协同发展。首先要引导广大青年建立正确的农业农村观，要让全社会重新认识农业产业和农村地区未来发展的潜力和上升空间，要让农业成为吸引广大年轻人的高大上的阳光产业。农业作为一个具有较强专业性行业应用性的领域，在人才培养过程中必须紧密保持与现实社会需求的同步和协同，要让青年人在学农之后能够学以致用，能够在农业领域实现自身人生价值。能够认识到其专业的价值。使其能够利用其专业知识来推动农业产业的发展[1]。同时需要制订出完善的人才引进计划，可以通过网上引进、现场引进、名校引进等多种不同的方式开展。其次研究出台对农林专业的毕业生到农村就业创业的相关支持政策，为乡村振兴战略"留得住人"提供保障。

（二）加大科技投入力度

为了扭转当前地区农业发展中科技落后的问题，和特色农业发展后劲不足的问题。应强化科技投入，其重点：一是强化特色农业物种资源的采集、保藏、筛选与扩繁，为特色农业的持续发展提供优良品种；二是强化特色农业规模化产业化生产技术的集成与应用，以加快该地区特色农业科技创新步伐；三是强化特色农产品标准化生产与质量安全保障技术的研发与应用，以增强应对农产品出口中日益突出的"绿色壁垒"的能力；四是加强技术服务与技术培训，从而提高该地区原有农业人员的科技水平。依靠此类手段来提高贺兰县农业发展的科技水平，从而更加有效地发展当地农业产业，为该地区农业产业发展注入新的活力。

---

[1] 加强农业农村高层次　创新人才队伍培育，宣讲家网，http：//www. 71. cn/2020/0927/1102337. shtml.

（三）拓宽融资渠道

在贺兰县先农业现代化产业园所面对的融资渠道限制问题上，建议该地区在原来融资方式的基础上，积极拓展企业、社会性质资本投入，以各项优惠性政策，积极将省内一些龙头性的农业生产企业引进园区内。政府应积极吸引省外及国外相关企业进驻产业园区，依托龙头企业的优势，利用龙头企业带动的生产体系模式，全面打造全产业链融资模式，以完善的农业产业链为载体打造新型金融信贷模式。为该地区农业产业发展拓宽融资渠道①。

其次也可推动该地区农业经营主体购买农业保险，扩大其保费补贴和覆盖面，保障园区的风险补偿。这能在多个方面拓宽该地区农业融资渠道，保障该地区农业产业的发展。

（四）加强品牌建设

品牌是农业竞争力的核心标志，是农业现代化的重要引擎，更是乡村振兴的关键支撑。在 2018 年中央发布一号文件便提出了质量兴农之路，其指出农业发展需要突出农业绿色化、优质化、特色化、品牌化，全面推进农业高质量发展。品牌建设贯穿农业全产业链，是助推农业转型升级、提质增效的重要支撑和持久动力②。

在贺兰县先农业现代化产业园发展中所遇到的品牌意识不强的问题上，建议该地区在培育新型农业经营主体中，加大对其品牌意识的培育，加强品牌意识的宣传。让该地区龙头企业及合作社甚至于基层小农户都能够更加完善深入的认识到品牌的建设的重要性，使其能够在发展中更加重视品牌的建立，在生产加工农产品时要以工匠精神着力提升产品品质，通过规模化提高综合效益，推动品牌建设发展。在此基础上要立足资源禀赋和产业基础，充分发挥标准化的基础保障、技术引领、信誉保证作用，突出区域农产品的差异化优势，以特色塑造品牌的独特性，以标准确保品牌的稳定性。从而能够在当地建设更多地区知名甚至国际知名农产品品牌，为其农业产业的发展打下更加坚实的基础。

---

① 张利敏. 贫瘠山地农业现代化产业园建设面临的问题及政策建议——以平山县葫芦峪为例［J］. 中国林业经济, 2020（4）: 32-34.

② 林燕青. 农村电商区域公共品牌打造的思考——以尤溪县"我家尤礼"农村电商区域公共品牌建设为例［J］. 现代经济信息, 2019（14）: 335-337.

第三节　庆云县农业现代化产业园区案例分析

一、发展状况介绍

庆云县农业现代化产业园，隶属山东省德州市，位于山东省西北部，北靠京津，南依济南，面积102.7平方公里，其中耕地面积约53.3平方公里。庆云县农业现代化产业园在2019年入选国家级农业现代化园的创建名单；在2021年初又成为山东省首批22个省级农业现代化产业园之一。庆云县先后获评中国金丝小枣之乡、山东省"新六产"示范县、山东省农产品质量安全县、全国创新创业百强县、全国返乡创业试点县等多个荣誉称号。农业现代化产业园区内尚堂镇被认定为首批山东省乡村振兴示范乡镇，南侯、菜张等4个村被认定为山东省乡村振兴示范村。

庆云县农业产业发展历经几千年的历史，其最早可以追溯到商周时期。其中金丝小枣是庆云县特产之一，经过几千年的栽培，庆云县枣品种已经多达30多种，被誉为中国的"金丝小枣之乡"。

二、三产融合模式分析

庆云县农业现代化产业园区的运行模式就是以三产融合模式为主，该地区基于自身农业产业发展现状，通过在实践中的不断探索找出了适合该产业园发展的三产融合模式。在农业产业化发展的基础上，将一二三产业的理念进行交互，将第二产业工业化、标准化的生产理念和第三产业以人为本的服务理念引入第一产业的发展过程中，形成"一产接二连三"的互动型、融合型发展模式。

（一）产业链延伸融合模式

庆云县农业现代化产业园在发展其农业产业体系时根据其自身特点，选取了农业产业链延伸融合模式。依据该模式的特点特色其采取了在三产融合基础上，产业园与"水发农业科技公司"合作打造5.4万亩的蔬菜种植基地，蔬菜年产量达18.2万吨，逐步成为面向京津、辐射全国的有机农产品供应基地，入选粤港澳大湾区"菜篮子"生产基地。发展金丝小枣种植面积3万亩，年产量达 4.5 万吨，种植面积和总产量在山东省领先。产业园引进培育绿友食品、美汁浓等精深加工企业 23 家，开发蔬菜罐头、浓缩枣浆、冻干枣粉汁等加工产品百余种，农产品初加工转化率达到 86%，产品广泛应用于食品行业。

产业园还与"沃森农业科技公司"合作建成了石斛种植基地，通过依托石斛特色种植，大力发展薄膜温室石斛培育、特种育苗和自然种植，解决了石斛种苗培育问题，将石斛种植规模扩大到 2000 亩。产业园培育引进石斛深加工科技园、中药饮片厂等产业项目，从事石斛饮片、药膳等深加工，引导中药康体养生、石斛趣味馆、文化馆、石斛加工参观等产业入驻，集产销于一体。并且开发石斛花茶、石斛含片、石斛牙膏、面膜等石斛深加工产品，提高了石斛品牌知名度和石斛产品的附加值。在产后的销售运输上，产业园投资建设了一个现代化仓储物流园，整合果蔬交易、冷链物流、产品展销、电子商务、餐饮住宿等多功能于一体。由此将农业产业链条向加工业及物流行业延伸，大大缩短了农产品销售链条，促进了产业园产业进一步融合发展。

（二）功能拓展融合模式

庆云县农业现代化产业园以马颊河和德惠新河良好的水系环境和两岸肥沃的土壤条件为基础，统筹规划交通布局、旅游设施及公共服务配套，建设了蔬菜东兴田园小镇、"两河三堤"蔬菜观光带、水发蔬菜种植科普实践基地等农业休闲旅游景点，并且开发兴通食品、蔬菜什锦、果蔬礼盒等旅游商品 50 余种，其中鼎力集团枣食品入选"到山东不可不买的 100 种旅游特色商品"，通过整合唐小僧、庆云香等 12 个地域品牌，以及枣维金、东方枣园等 17 个知名品牌，集中打造出"食在庆云"区域公共品牌，亮出了"庆云名片"。此外，产业园还举办庆云唐枣文化雅集专题推介会，深挖小枣红色文化，建设大唐古枣园林，保护性开发拥有上千年树龄的"唐枣树"、五万株树龄超过百年的老枣树。庆云县产业园通过利用功能拓展融合模式的产业体系优势，将农业产业与旅游业、服务业有机结合起来，从而带动了当地特色农产品的发展和销售。

（三）产城融合型模式

庆云县农业现代化产业园所在的尚堂镇，以发展石斛规模种植为主线，扎实推进 20 个特色农庄建设，打造出铁皮石斛高效生态种植示范区，采用

"公司+农庄+农民"的发展模式，利用科技研发平台，来扩大石斛种植规模。并且与中药研究所合作，帮助完成北斛 DNA 条形码认定工作，创立了"北斛""沃森仙草"两个自主品牌，在山东省多个城市都设立了石斛产品专营店。此外，依托产业园，发展特色民宿、养生体验等休闲旅游业态，加强石斛产业与二三产业的关联度，打造出石斛产业集群。尚堂石斛小镇带动周边群众就业，使小农户实现脱贫增收。庆云县建立集农产品加工、商贸物流、休闲旅游于一体的石斛小镇，通过产城融合模式，带动当地基础设施的更新和生活配套服务功能的健全，使小镇居民生活真正与城市接轨。农业产业园与特色小镇协同发展吸引外来资金与人才，从而为庆云县当地的持续发展带来源源不断的活力。

（四）科学技术渗透融合模式

庆云县农业现代化产业园正是利用该模式，首先将现代科学技术应用于蔬菜、小枣生产环节，建成超大单体智慧温室，配套智能温控湿控、水肥一体化、绿色生物防控等设施设备，通过推广有机肥替代化肥、生物授粉等科学技术，提高蔬菜小枣的质量与产量，促进蔬菜小枣规模化生产。同时，建设覆盖产业园园区域范围内的农业技术咨询与服务云平台，将种植区的气温、降水、风力等气候、土壤要素实时传输到园区农业科技研发中心，实时监控蔬菜小枣的生产状况。其次，以互联网为代表的信息技术推动产业园第二产业延伸产业链，促进第三产业发展，园区内规划建设了电商直播产业园，吸引北京东蒂文化等多家电商培训机构入驻，邀请网红直播来带动农产品在线上营销，农产品网络营销年收入达 1.5 亿元。最后，现代科学技术与产业园第三产业融合发展，能够使产业的发展向产品信息服务及观光旅游产业等全方位延伸。依托于前沿的自动化技术、方便快捷的物流技术与全面覆盖的信息技术等现代科学技术，产业园在农业生产、加工、营销模式的创新方面，都体现了现代科学技术对产业发展的渗透融合。

三、农业现代化发展方向

（一）加强人才引入，专业规划人才

在农业现代化产业园发展的过程中要加强人才引入，因为人才是确保农业产业园发展的重要力量，高素质人才可以提高农业产业的发展水平。目前庆云县产业园缺乏信息技术、物流管理等方面的人才，因此园区需要

进一步加强人才引进，制订出完善的人才引进计划，可以通过从网上、现场、名校等多种渠道开展引进工作。同时，要完善与引进人才相配套的政策，解除人才的后顾之忧，比如针对人才的家属就业安置、家庭的住房等问题都要有相关配套政策。此外，产业园还存在没有专业规划人才的问题，因此园区要定期对从业人员进行技术培训，并形成考核奖励制度，通过聘请专家开展专题讲座、组织到示范种植及加工基地去观摩学习、专业技术人员现场指导讲解、开展在线网络培训、建立信息交流平台等方式，来提高产业园内人才的自身素质，完善人才的自身技能，使得他们跟上产业园发展的步伐。

（二）拓宽融资渠道

庆云县农业现代化产业园的融资渠道大部分是来自于银行，缺乏从资本市场、民间等多种不同的渠道获得融资，农业产业园融资渠道比较狭窄。所以为了提升庆云县农业现代化产业园的发展质量，政府部门需要不断拓展产业园的融资途径，除了需要继续加强与银行之间的沟通之外，政府部门还可以加强产业园区与其他金融机构之间的协作。因此，庆云县政府要主动与金融机构对接，配合金融部门开发出适农的金融产品。并且，制定各项优惠政策来吸引社会资本投入，比如对于社会资本投入产业园建设项目达到一定的规模，就给予一定数额的资金奖励。政府要积极协调金融部门，通过两权质押或政府担保方式获得农业贷款支持，对社会资本投入龙头企业的贷款实行政府贴息等方式，改变园区当前融资渠道狭窄的现状，以此提高庆云县农业现代化产业园的发展质量。

（三）完善利益联结机制

产业融合会使参与主体复杂化，只有良好的利益联结机制才能使得各方同心协力，形成更大的合力，实现"1+1>2"的局面。而产业园建设的落脚点正是应姓农、务农、为农、兴农，带动农民增收致富。所以庆云县农业现代化产业园要把与农民建立紧密利益联结机制作为项目支持的前提条件，强化利益联结，要重点突出小农户在利益联结机制中的主体地位，提高小农户主动性，加强农民素质培训，提高农民技能，让农民更多地分享产业链增值收益，保障农民权益，使得农民成为产业园建设的参与者和受益者。通过建立共赢共管新模式，以龙头企业为引领、农民合作社为纽带、小农户为基础，重点发展股份合作、产加销一体、产业链传导、金融服务、投资分红、托管服务等多种形式的利益联结模式，从而带动农村剩余劳动力就业，切实提高农民的现金收入，让企业、新型经营主体与农民实现双赢[①]。

（四）提升品牌效应

虽然庆云县农业产业园是国家级的农业现代化产业园区，还是中国金丝小枣之乡，但是园区内的农产品知名品牌较少，在市场的知名度与竞争力也不足。为解决该问题，庆云县产业园要进行品牌建设，提升品牌效应。第一，产业园要以生态有机为重点，充分利用庆云县地理、气候优势，并结合庆云县地域文化特色，打造出"好、精、名、优"地理标志农产品。第二，产业园要强化龙头企业引领发展，加大品牌宣传投入力度，在交通枢纽、人流量较大的街道、旅游景区、新媒体等上面，投放静态或动态的宣传广告，通过特色新颖的广告语宣传，结合德州市产业发展平台，打响庆云县产业园区的品牌，提升园区内产品的市场占有率。第三，产业园要积极参加中国农民丰收节、农产品博览会、旅发大会等大型活动，筹办中国金丝小枣、石斛推广节，通过建立庆云县农业现代化产业园区门户网站，及时发布园区简介、特色、概况等各种信息，打造出一个招商引资平台，从而扩大庆云县地区农产品的知名度和影响力，提升庆云县产业园内农产品的品牌效应。

（五）构建绿色发展体系

国家高度重视农业绿色发展。2021年中央一号文件提出到2025年，农村生产生活方式绿色转型要取得积极进展，化肥使用量持续减少，农村生态环境得到明显改善。庆云县农业现代化产业园也应该顺应国家政策导向，构建产业园绿色发展体系。庆云县农业产业园一方面要推行绿色生产方式。通过推广配方施肥、病虫害防治、化学调控等一系列高产高效无公害栽培技术，减少农业面源污染，提高农药利用率。并建设高标准节水农业示范区，推广普及节水灌溉技术，从而打造出土壤环境好、耕地质量优的绿色蔬菜生产基地。

另一方面，产业园要以科技创新引领推进蔬果标准化生产。以产业园建设为抓手，吸引全国科技人才力量，注重技术创新，积极开发庆云县蔬果绿色产品，探索绿色蔬菜产品种植和加工技术，把绿色食品的生产要求同现代先进的科学技术有机结合起来，强化高新技术在生产中的主导作用。并通过

---

① 孙行. 乡村振兴战略下农村经济产业发展模式探索［J］. 中国商论，2021（13）：177-179.

推进绿色蔬菜种植和收获等操作规程、产地环境要求、加工工艺、产品包装、贮运流通、销售等系列标准制定，推动庆云县农业现代化产业园绿色化生产的标准化水平。

（六）完善政府扶持政策

农业本身是属于长周期高风险的产业，相对其他产业一直处于弱势地位，农业的生产周期较长，容易受自然环境条件的制约，农产品的价格又缺乏弹性，导致农业会面临气候、市场的双重风险，因此需要政府大力扶持与保护。而庆云县农业现代化产业园区目前发展比较滞后，建设还处于起步阶段，所以庆云县政府部门更需要完善产业园扶持政策。政府不能仅从产业某几个角度进行扶持，例如只对园区内土地租赁进行补贴，还需要落实农产品加工企业税费减免政策，对产业园物流运输上的损失制定补偿机制，发放产业园科技研发与信息支撑专项经费，加大对人才与科学技术方面的投入扶持力度等。通过建设完善的政策体系来扶持农业产业园的发展。

另外，在出台产业园发展政策之时，当地政府部门需要加强调研，到庆云县农业现代化产业园中，了解产业园发展所需要的政策内容，从而提高扶持政策的针对性和有效性，提高扶持政策的可操作性，确保各项扶持政策可以落实到位，不会存在偏差。同时，庆云县还需要加强政策扶持力度，各项政策不能够仅仅停留在文件上，各项政策还需要真正落实到实践之中，只有落实到实践之中的政策才能够促进产业园的发展。

【延伸阅读】

1. 习近平. 高举中国特色社会主义伟大旗帜、为全面建设社会主义现代化国家而团结奋斗——在中国共产党第二十次全国代表大会上的报告［M］. 北京：人民出版社，2022.

2. 胡兵. 庆云：发展农业现代化，奏响振兴强音［N］. 德州晚报，2021 － 01 － 15.

3. 黄长秋. 激活农业现代化"一池春水"［N］. 中国县域经济报，2021 － 08 － 16.

4. 王洪亮. 培育新动能全民大招商，2018 － 07 － 16，https：//www. yidianzixun. com/article/0JYSbFaC？s = oppobrowser&appid = oppobrowser.

5. 刘俊显，罗贵榕. 农业现代化建设中的问题和路径探究［J］. 农业经济，2021.

6. 冯宗宪. 经济杨凌农业自贸片区发展目标、战略与路径 [J]. 西北农林科技大学学报（社会科学版），2020.

7. 康继乐. 杨凌农业高新技术产业示范区农业现代化发展模式研究 [D]. 咸阳：西北农林科技大学，2008.

8. 梁小雨. 贺兰县项目建设如火如荼 [N]. 银川日报，2022 - 03 - 04.

9. 张晓慧. 贺兰县：加大投资稳增长　项目建设"加速度" [N]. 宁夏日报，2022 - 03 - 31.

10. 梁小雨. 借力特色小镇　助推乡村振兴 [N]. 银川日报，2022 - 03 - 21.

11. 梁小雨. 稳就业促增收让老百姓家底儿更厚 [N]. 银川日报，2022 - 02 - 28.